U0604026

区域产业
高质量发展探索

——以江西省上饶市为例

丁毅　郭朝先　万君 等◎著

Research on High–Quality Development of
Regional Industries
—A Case Study of Shangrao City Jiangxi Province

经济管理出版社
ECONOMY & MANAGEMENT PUBLISHING HOUSE

图书在版编目（CIP）数据

区域产业高质量发展探索：以江西省上饶市为例/丁毅等著．—北京：经济管理出版社，2023.11

ISBN 978-7-5096-9510-4

Ⅰ.①区… Ⅱ.①丁… Ⅲ.①区域经济发展—产业发展—研究—上饶 Ⅳ.①F269.275.63

中国国家版本馆 CIP 数据核字（2023）第 234335 号

责任编辑：胡　茜
助理编辑：张玉珠　王虹茜
责任印制：黄章平
责任校对：王淑卿

出版发行：经济管理出版社
　　　　　（北京市海淀区北蜂窝 8 号中雅大厦 A 座 11 层　100038）
网　　址：www.E-mp.com.cn
电　　话：（010）51915602
印　　刷：唐山玺诚印务有限公司
经　　销：新华书店
开　　本：720mm×1000mm/16
印　　张：15.75
字　　数：291 千字
版　　次：2023 年 12 月第 1 版　　2023 年 12 月第 1 次印刷
书　　号：ISBN 978-7-5096-9510-4
定　　价：98.00 元

前　言

本书以"区域产业高质量发展探索"为题，在打开本书之前，有必要先简要介绍一下本书调研项目的背景，被调研地江西省上饶市基本情况尤其是工业发展情况，简要阐释何谓工业高质量发展，并大致了解一下本书结构安排。

一、研究背景介绍

本书在中国社会科学院国情调研重大项目"上饶市工业高质量发展调研"（GQZD2019002）① 和江西省社科基金"十四五"地区项目"新发展格局下上饶打造内陆开放'东部门户'的机遇、挑战与对策研究"（21DQ35）② 的研究成果基础上修订而成。国情调研是中国社会科学院发扬党的调查研究优良传统、践行理论联系实际的马克思主义学风，通过开展经济社会状况调查和研究，为政府决策和社会发展提供科学依据的重要研究方式。作为一项案例研究，我们希望通过

---

① 课题组成员有郭朝先（中国社会科学院工业经济研究所研究员、产业组织研究室主任）、丁毅（中国社会科学院工业经济研究所副研究员）、刘艳红（中国社会科学院大学副教授）、张航燕（中国社会科学院工业经济研究所副研究员）、孙承平（中国社会科学院工业经济研究所助理研究员）、惠炜（中国社会科学院工业经济研究所助理研究员）、姜斌（江西省社会科学院上饶分院原院长，高级经济师）、万君（南京信息工程大学商学院博士研究生）、杨晓琰（中国社会科学院财经战略研究院博士研究生）、胡雨朦（中国社会科学院工业经济研究所博士研究生）、石博涵（国家石油天然气管网集团有限公司西气东输分公司财务资产部专员）、刘浩荣（中国社会科学院大学硕士研究生）。

② 课题组成员有刘艳红（中国社会科学院大学副教授）、丁毅（中国社会科学院工业经济研究所副研究员）、郭朝先（中国社会科学院工业经济研究所研究员、产业组织研究室主任）、刘浩荣（中国社会科学院大学硕士研究生）、王钰雯（中国社会科学院大学博士研究生）、方澳（中国社会科学院大学博士研究生）、吕鹏（中国社会科学院大学硕士研究生）、王明杰（中国社会科学院大学硕士研究生）等。

对上饶市工业和产业园区发展状况的实地调查和深入研究，解剖麻雀、抓住典型，从而了解地方政府在推动工业高质量发展方面的做法和经验，以及存在的问题，为提出有针对性的政策建议、促进中国工业高质量发展提供决策依据。同时，通过上述项目深化中国社会科学院工业经济研究所与上饶市人民政府、江西省社会科学院上饶分院、上饶经济技术开发区等单位的产学研合作，实现中国社会科学院的学术优势、人才优势与地方经济社会发展需要的有机结合。

之所以选择江西省上饶市作为典型调研地点，主要是基于以下几个方面的考虑：一是产业上的典型性。上饶市产业发展以工业发展为主体，正在打造"世界光伏城、中国光学城、江西汽车城"（"两光一车"产业），加快战略性新兴产业发展，这些都与我国实施"制造强国"战略相契合。二是地域上的典型性。上饶市属于中部地区，近年来上饶市大力承接浙江、广东等东部地区产业转移，这些对于其他中部地区经济发展具有借鉴价值，对于我国实施"中部崛起"战略具有参考意义。三是发展阶段的典型性。上饶市正处于工业化中期阶段，在新形势下如何实现从工业化中期向后期迈进，同时推动工业高质量发展，上饶市的做法和经验对全国处于同样发展阶段的地区具有借鉴意义。四是上饶市在推动工业高质量发展方面做法的典型性和创新型。上饶市在动员金融资源、科技资源、人才资源等支持实体经济发展，上饶经济技术开发区、上饶高新技术产业园区、上饶高铁经济试验区在招商引资、产业集聚发展、园区管理体制机制创新等方面的做法等都具有可资借鉴的价值。

二、上饶市工业发展概况

上饶市，江西省下辖地级市，位于江西省东北部，是长江中游城市群重要成员。上饶，古称信州，有"上乘富饶、生态之都""八方通衢""豫章第一门户"之称。上饶市下辖行政区域包括3区（信州区、广丰区、广信区）、8县（玉山县、铅山县、横峰县、弋阳县、余干县、鄱阳县、万年县、婺源县）、1县级市（德兴市）及上饶经济技术开发区和三清山风景名胜区。上饶市土地面积22791平方千米，占全省土地面积的13.65%，在江西省排名第三。2022年末，全市常住人口643.53万人，其中城镇人口360.02万人，常住人口城镇化率（城镇常住人口占全部常住人口的比重）为55.94%，比2021年的55.31%提高了0.63个百分点。上饶市先后被评为"中国最具幸福感城市""中国最佳浙商投资城市""中国最佳粤商投资城市""中国最佳闽商投资城市""江西省区域发展的四个重点城市之一""中国优秀旅游城市"等。

根据《上饶统计年鉴2022》，2021年全市地区生产总值3043.5亿元，比2020年增长9.0%；人均生产总值47081元，增长9.6%，按年均汇率折算为7299美元。其中，第一产业增加值316.9亿元，增长7.1%；第二产业增加值1200.9亿元，增长8.4%；第三产业增加值1525.7亿元，增长10.0%。三次产业结构为10.4∶39.5∶50.1，第二产业占比较2020年提高1.2个百分点。三次产业对经济增长的贡献率分别为8.8%、35.4%和55.8%。在全国地级市中，上饶市经济发展水平属于中等偏下水平，工业化进程仍处于工业化中期阶段。

近年来，江西省工业增速居全国"前列"，而上饶市工业经济指标增速稳居全省"第一方阵"。从3000亿元出发，历经3年奋进，2021年站上了规模以上工业营业收入5000亿元的台阶，跻身全省前三，被国务院表彰为2021年度全国工业稳增长和转型升级成效明显十大地级市之一，连续四年获评全省工业高质量发展先进设区市，并在2021年排名第一；在2022中国数字经济产业大会上，上饶市被工业和信息化部授予"国家新型工业化产业示范基地（大数据）"。2021年，上饶市规模以上工业企业实现营业收入5040亿元，增长35.9%[①]。

2021年，上饶市规模以上工业增加值同比增长12.0%。其中，轻工业增加值同比下降2.8%，重工业增加值同比增长16.1%。在全市规模以上工业35个行业大类中，24个实现增长，增长面为68.6%。其中，装备制造业增加值比2020年增长21.7%，非公有制工业增加值增长10.8%。经历了突如其来的新冠疫情冲击，上饶市工业经历了2019年略微下滑，2020年明显下挫后，呈现上扬趋势，展现了产业结构的韧性。

上饶市工业企业以民营企业为主体，制造业企业占比高。根据2020年4月发布的《上饶市第四次全国经济普查公报》数据，2018年全市共有工业企业法人单位8068个，比2013年末增长52.0%；从业人员27.75万人，与2013年末基本一致。在工业企业法人单位中，内资企业8013个，占99.3%；港、澳、台商投资企业33个，占0.4%；外商投资企业22个，占0.3%。内资企业中，国有企

---

① 《上饶统计年鉴2022》。

业 66 个，占全部企业的 0.8%；集体企业 65 个，占 0.8%；私营企业 6432 个，占 79.7%。在工业企业法人单位中，采矿业 393 个，制造业 7019 个，电力、热力、燃气及水生产和供应业 656 个，分别占 4.9%、87.0% 和 8.1%。2021 年末，上饶市规模以上工业企业 2133 个，其中内资企业 2100 个，占 98.45%；港、澳、台商投资企业 20 个，占 0.9%；外商投资企业 13 个，占 0.6%。内资企业中，国有企业 19 个，占全部企业的 0.9%；集体企业 1 个，占 0.05%；私营企业 1723 个，占 82.05%。在规模以上工业企业法人单位中，采矿业 90 个，制造业 1927 个，电力、热力、燃气及水生产和供应业 55 个，分别占 4.2%、90.3% 和 2.6%。

上饶市高度重视产业园区发展。截至 2021 年末，上饶市共有 13 个省级及以上工业园区（开发区、高新园区），其中国家级经济技术开发区 1 个（上饶经济技术开发区，2021 年排名全国经开区第 52 位）、省级经济开发区 2 个（横峰、茶亭经济开发区）、省级高新技术产业园区 6 个（上饶、玉山、弋阳、余干、万年、德兴高新技术产业园）、省级工业园区 4 个（信州产业园以及铅山、鄱阳、婺源工业园区）。2021 年末，全市工业园区实际开发面积 95.8 平方千米，年末全市工业园区投产企业 1823 家，比 2020 年增加 118 家；工业园区工业营业收入、利润总额分别完成 4731.1 亿元、304.8 亿元，分别增长 36.2%、36.3%。营业收入超百亿元的工业园区有 11 个，超 500 亿元的有 3 个，其中上饶经济技术开发区达 1497.3 亿元，居全市首位。以工业园区为平台，全市已经形成了"2+4+N"产业体系，"十四五"期间将全力做优做强有色金属、光伏新能源两大主导产业，做精做大电子信息（含光学、物联网）、非金属材料、汽车、机械制造四个重点产业，做实做专生物医药、纺织服装、绿色食品等 N 个特色产业。

上饶市高新技术产业规模不断扩大。近年来，上饶市深入实施创新驱动发展战略，加快科技创新服务平台建设，引导各类创新要素向企业集聚，促进技术研发成果转化，产业结构不断优化，产业发展后劲增强。从产业规模看，2021 年全市高新技术产业企业 455 家，较 2020 年增加 102 家，增长 28.9%，高出全省平均水平 12.3 个百分点。从营业收入和利润总额两项指标增长情况看，均保持高速增长，分别增长 53.6% 和 40.1%，分别高出全省平均水平 30.3 个百分点和 16.7 个百分点。全省高新技术产业营业收入前 100 名企业中，2021 年上饶市共有 12 家企业入围（其中晶科能源股份有限公司营业收入排全省第一位），较 2020 年增加 5 家。高新技术产业增加值占比稳步提高。近年来，高新技术产业增加值占规模以上工业增加值的比重稳步提高，2021 年的比重达到 36.0%，较

2020 年提高 3.3 个百分点；高新技术产业增加值占规模以上工业增加值的比重与全省平均水平的差距从 2019 年的 6.6 个百分点缩小到 2021 年的 2.5 个百分点。

产业结构尚需进一步优化。虽然上饶市高新技术产业规模在逐步扩大，但结构还需持续优化。2021 年，全市高新技术产业主要集中在光机电一体化领域，该领域的企业数占比和营业收入占比虽较 2020 年分别下降 2.1 个百分点和 5.2 个百分点，但仍分别高出全省平均水平 14.1 个百分点和 23.6 个百分点。技术含量和附加值高的领域如电子信息领域及生物、医药和医疗器械领域规模不大。2021 年，光机电一体化领域和新材料领域总营业收入占比达到 85.8%，电子信息领域占全市高新技术产业营业收入比重较 2020 年下降 1.2 个百分点，比全省平均水平低 23.4 个百分点；生物、医药和医疗器械领域占全市高新技术产业营业收入比重较 2020 年下降 0.9 个百分点，比全省平均水平低 5.7 个百分点。全市高新技术产业对光机电一体化领域等传统产业的依赖程度较高，知识密集型产业发展还需提速。

人才相对匮乏是制约上饶市工业高质量发展的重要原因。长期以来，受经济发展水平相对落后、高等教育不发达等因素影响，江西省人才较为匮乏，而上饶市比江西省平均水平还要低。上饶市常住人口规模占江西省人口比重接近 15%，但上饶市的高校在校生规模仅占全省的 3.1%（上饶市仅有高等院校 5 所，其中具有本科培养能力的高校仅为上饶师范学院 1 所，并且无研究生教育）。2021 年，上饶市共有地方国有企事业单位各类专业技术人员 102146 人（其中工程技术人员 7945 人，占比 7.78%；科研人员仅 168 人，占比 0.16%），平均每万人中专业技术人员为 158.02 人。高素质人才匮乏始终是上饶市经济社会发展的重要短板，严重制约了上饶市产业的转型升级和高端发展。

充分发挥区位优势，积极承接东部产业转移是上饶市"换道超车"的一个重要因素。上饶市东连浙江、南挺福建、北接安徽，处于长三角经济区、海西经济区、鄱阳湖生态经济区三区交会处。随着近年来沪昆高铁、京福高铁、衢九铁路开通，以及上饶境内既有的浙赣铁路、皖赣铁路、峰福铁路，上饶市的交通条件得到极大改善。尤其是上饶站成为全国第三个十字交叉四方向、350 千米时速高铁枢纽换乘站，是我国地级市客运列车停靠数量最多的站，全天候 24 小时不间断停靠并发送旅客，上饶市交通实现了跨越式发展。沪昆、济广、杭瑞、宁上、杭长等国家高速公路与上万、德上、上浦等地方加密高速公路，以及 320、206 等国道共同构成了上饶市境内横贯东西、畅达南北的公路骨架。此外，三清山机场也已开通运营，上饶"无水港"东连浙江至宁波港、南下福建至宁德港也已建成运行。"东进西联、南融北接、通江达海"的"海陆空"立体大交通网络，是今天上饶市交通的写照，交通的改善大大提升了上饶市的区域优势。上饶市是江西的"东大门"，是长三角地区进入江西的第一站，对接长三角，上饶市具有先天优势和现实基础。据统计，有100多万上饶人在长三角地区务工、创业，造就了一大批有作为的"饶商"企业。随着长江三角洲区域一体化发展上升为国家战略，对上饶市而言，意味着迎来了新的、更大的发展空间。随着江西建设内陆开放型经济试验区、建设赣东北开放合作发展区等战略设想实施，以及江西省委省政府《关于深入实施工业强省战略推动工业高质量发展的若干意见》、上饶市委市政府《关于进一步加强饶商回归工作的意见》等政策的实施，上饶市将更加开放，承接国内外产业转移步伐将进一步加快，助推上饶市工业高质量发展。

三、何谓工业高质量发展

党的十九大报告指出，我国经济已由高速增长阶段转向高质量发展阶段，正处在转变发展方式、优化经济结构、转换增长动力的攻关期；必须坚持质量第一、效益优先，以供给侧结构性改革为主线，推动经济发展质量变革、效率变革、动力变革。

党的二十大报告进一步指出，高质量发展是全面建设社会主义现代化国家的首要任务。发展是党执政兴国的第一要务。要坚持以推动高质量发展为主题，把实施扩大内需战略同深化供给侧结构性改革有机结合起来，增强国内大循环内生动力和可靠性，提升国际循环质量和水平，加快建设现代化经济体系，着力提高全要素生产率，着力提升产业链供应链韧性和安全水平，着力推进城乡融合和区域协调发展，推动经济实现质的有效提升和量的合理增长。高质量发展已成为我国今后社会经济发展的重要主题，但当前我国发展不平衡不充分问题仍然突出，重点领域、关键环节改革任务仍然艰巨，创新能力不适应高质量发展要求。

对于工业而言，所谓高质量发展，我们的理解主要包括以下几个方面：一是要贯彻新发展理念，创新发展、协调发展、绿色发展、开放发展、共享发展都要贯彻到工业发展的全过程中去，创新发展成为工业发展的根本动力、协调发展成为工业发展的基本要求、绿色发展成为工业发展的主要基调、开放发展成为工业发展的自主选择、共享发展成为工业发展的重要目的。二是要着力转变发展方式，从过去主要追求工业规模、速度的增长，转向主要追求工业质量、效益的增长，将提高产品的质量、档次、科技含量摆在更加优先的位置，更好满足人民对美好生活向往的需要。三是要以推进供给侧结构性改革为抓手，通过发展战略性新兴产业，淘汰落后产能，用高新技术产业改造传统产业，促进工业化和信息化深度融合发展、现代制造业和现代服务业深度融合发展、数字经济与实体经济深度融合发展，优化产业结构，推进产业结构高端化，加速形成现代产业体系。四是要实现质量变革、效率变革、动力变革，要提高工业实体经济市场竞争力，工业全要素生产率大幅度提高，"脱实向虚"问题发生根本性扭转，在全球产业链价值链中国内产业的重要性进一步提高，实现从"中国制造"向"中国智造""中国质量""中国创造"的转变，从"工业大国"向"工业强国"转变。五是要统筹发展和安全，自主可控、安全高效成为国内产业的基本要求，产业基础高级化、产业链现代化程度显著增强，产业链供应链安全性程度进一步提高，实现发展质量、结构、规模、速度、效益、安全相统一。

四、本书结构

本书研究的主题是"区域产业高质量发展探索"，以江西省上饶市工业高质量发展路径为具体的研究对象。之所以选取上饶市为研究对象，并不是说当前上饶市工业已经实现了高质量发展，而是因为上饶市作为中部典型地区，在新发展阶段、新发展格局大背景下，在贯彻新发展理念，转变发展方式，推进供给侧结构性改革方面，走工业高质量发展的道路，力争实现发展的质量、结构、规模、速度、效益、安全相统一，为促进我国从"中国制造"到"中国创造"、从"工业大国"向"工业强国"转变方面开展了许多大胆而卓有成效的探索。虽然上饶市推进工业高质量发展依然任重而道远，但上饶市的探索创新非常值得研究，上饶市的经验与做法对我国区域工业走高质量发展之路具有较大的借鉴与参考价值。

全书共十二章，分别是：第一章，上饶市工业发展总体状况；第二章，上饶市工业重点产业发展；第三章，上饶市承接产业转移助推工业高质量发展；第四章，上饶市产业园区集群发展；第五章，上饶市工业企业技术创新；第六章，上饶市工业绿色发展；第七章，上饶市金融支持实体经济发展；第八章，上饶市工业高质量发展的要素支撑；第九章，上饶市政务服务改革；第十章，上饶市经济技术开发区高质量发展；第十一章，上饶市高新技术产业园区高质量发展；第十二章，上饶市高铁经济试验区高质量发展。其中，第一、二章是对上饶市工业总体和分产业的介绍；第三至第九章从不同角度对上饶市促进工业高质量发展进行分析；第十至第十二章是对上饶市最重要的三个产业园区的介绍与分析。

课题组成员郭朝先、刘艳红、张航燕、丁毅、孙承平、惠炜、杨晓琰、胡雨朦、石博涵、刘浩荣、洪凌华分别承担了各章的写作工作。最终由丁毅统稿并负责根据上饶市近年来工业发展新变化，更新数据及调整研究结论。

目　录

第一章　上饶市工业发展总体状况

上饶市产业发展基础体系完备，工业要素成本较低，营商环境优良，四大主导产业、战略性新兴产业、"两光一车"特色产业发展迅猛。近年来，上饶市工业经济发展正在以更好的势头继续强化，力求在经济效益、产业结构、科技创新、绿色和智能化发展等方面取得重要突破。上饶市规模以上工业经济发展呈现出稳中有进、稳中向好的良好势头。工业经济规模在迈上新台阶的同时，增长速度也位于全省第一方阵，跑出了工业制造上饶速度。

一、上饶市工业发展现状与特征

为了更全面地衡量近年来上饶市工业经济总体运行情况，本部分内容考虑从工业经济总量、工业经济增长速度、工业结构变化、优势产业发展、工业发展质量等情况着手，力求通过描绘党的十八大以来相应指标的趋势变化来评价和分析上饶市工业经济发展现状。

（一）工业经济总量有新突破

党的十八大以来，上饶市企业数量大幅增加，工业经济活力较强。全市规模以上工业企业数从 2012 年的 558 个（排江西省第七位）增加至 2021 年的 2133 个，年均净增 171 个左右，企业数量是 2012 年的 3.8 倍。其中，市场敏感度较高的小型企业发展尤为迅速。2021 年，全市规模以上工业有小型企业 1909 个，比 2012 年增加 1590 个，增加值占规模以上工业经济比重从 2012 年的 49.9% 提高至 61.9%，市场活力较强的小型企业在规模以上工业经济发展中持续发挥积极作用。新增上市企业 6 个，总数达 10 个；培育省级以上"专精特新"中小企业 215 个、"小巨人"企业 27 个、制造业单项冠军企业 4 个、独角兽（含种子）企业 3 个、瞪羚（含潜在）企业 26 个、高新技术企业 623 个；龙头企业晶科能源是全球首家光伏组件出货量突破 100GW 的企业，光电转换效率连续 19 次打破世界纪录，达到 25.7%，被评为中国制造业单项冠军。

党的十八大以来，上饶市持续加强营商环境建设，大力推动"大众创业、万众创新"向纵深发展，积极构建培训、孵化、服务、融资"全链条"创业服务体系，市场活力和社会创造力持续彰显。工业经济总量有新突破，对江西省工业经济发展做出较大贡献。全市规模以上工业企业实现营业收入总量从 2012 年的 2000 亿元左右到 2021 年突破 5000 亿元大关。规模以上工业企业生产总值处于逐年平稳增长趋势，从 2012 年仅 656.70 亿元提升到 2021 年近 1200.91 亿元，工业生产总值年均增速为 6.9%，在经济规模上实现了新的突破。从占江西省比重来看，上饶市工业经济在江西省工业经济发展中的地位更加显著。2012 年，上饶市规模以上工业企业营业收入总量占全省总量比重为 9.0%，在江西省排第六位；2021 年比重提升至 11.5%，先后超过鹰潭市、赣州市和宜春市，位列江西省第三（仅次于南昌市和九江市），为江西省工业经济发展做出更大贡献。图 1-1 显示了 2012~2021 年上饶市规模以上工业企业生产总值及工业增加值增速的变化情况。

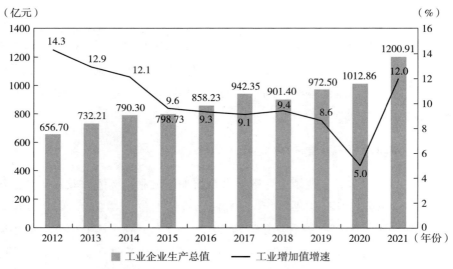

图 1-1　2012~2021 年上饶市规模以上工业企业生产总值及工业增加值增速

资料来源：《上饶统计年鉴 2022》。

（二）工业经济增长速度持续位于全省前列

工业增加值是国民经济核算的奠基性指标和经济效益"风向标"，能够反映某一工业部门对一国或地区生产总值的贡献。党的十八大以来，上饶市规模以上工业经济实现较快发展，规模以上工业增加值增速持续高于江西省平均水平。

从增速上看，上饶市规模以上工业增加值增速持续位于江西省第一梯队方阵，基本上保持9%以上的增速，平均增速为9.8%，高于江西省平均水平0.4个百分点，位列全省第二，实现了较快增长，跑出了上饶速度。

从增速波动情况看，党的十八大以来，上饶市规模以上工业增加值增速变动幅度与江西省平均水平接近，没有出现大起大落，实现了平稳增长。虽然2019年增速略有波动，2020年受新冠疫情影响增速下降明显，但横向对比江西省其他城市甚至国内其他省份城市，其工业经济增长表现依旧十分夺目，详见表1-1。

表 1-1　2012~2021 年上饶市规模以上工业增加值增速　　　　　单位:%

年份	2012	2013	2014	2015	2016	2017	2018	2019	2020	2021	年均增长率
江西省	14.7	12.4	11.8	9.2	9.0	9.1	8.9	8.5	4.6	11.4	9.4
上饶市	14.3	12.9	12.1	9.6	9.3	9.1	9.4	8.6	5.0	12.0	9.8
上饶市与全省相比	-0.4	0.5	0.3	0.4	0.3	0.0	0.5	0.1	0.4	0.6	0.4
上饶市在全省排名	10	6	5	3	3	6	3	5	1	2	2

资料来源:《上饶统计年鉴2022》。

从企业规模来看，图1-2显示2013~2021年上饶市规模以上大、中、小型工业企业增加值增速情况，不难发现不同规模类型规模以上工业企业增加值之间特征差异较大。一方面，小（微）型企业的贡献度波动较大（微型企业数据一直处于快速衰减中，2018年开始在统计数据中不再出现，故在图表中没有呈现），增速从2013年的18.31%下降到2019年的10.6%，2020年受新冠疫情影响，一度降至5.2%，但2021年快速提升至19.0%。这说明小型企业对宏观环境的敏感度较高，抗风险能力较弱；小型企业生命力旺盛，宏观环境稍有改善其创造价值能力就会快速提升。另一方面，大、中型企业增速近年来处于缓慢波动之中，到2019年增速均稳定在5%上下，大型企业表现不及中型企业。在2020年受新冠疫情影响最严重时期，大型企业逆势而行，工业增加值增速提升至9.4%，发挥了稳定经济的重要作用。2021 年，上饶市大型企业增速为 1.9%，中型企业增速为 2.5%，远低于小型企业 19.0% 的增速，小型企业发展在向质的提升转变的道路上持续推进。

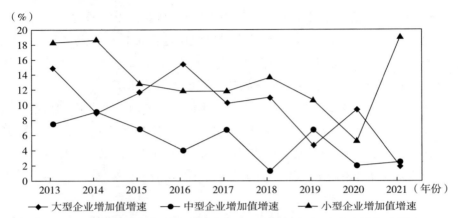

图 1-2　2013~2021 年上饶市规模以上大、中、小型工业企业增加值增速

资料来源：《上饶统计年鉴 2022》。

考虑轻、重工业增加值增速的变化情况。如图 1-3 所示，从 2017 年开始，轻工业增加值增速明显减小，2018 年轻工业规模以上增加值增速为-0.2%，首次出现负值，此后一路下跌；2021 年止跌回升，但仍为负增长（-2.8%）。重工业增加值增速虽然略有波动，但基本呈上升趋势，2021 年增加值增速为 16.7%。这与轻工业企业低档次产品多、附加值本身提升空间较小的特征有关，但同时也反映出近年来重工业在上饶市工业生产中的主导地位，特别是随着"两光一车"等重点重工业产业集群落地之后，重工业经济上升空间进一步增大，上饶市的工业增长主要靠重工业支撑。同样，本书认为上饶市轻工业经济发展近两年有式微之态，相关部门需要尽快探索出上饶市轻工业发展的新增长点和新道路。

2021 年上饶市对于支柱产业的统计由此前的有色金属、新能源、机电光学、新型建材四大支柱产业改为有色金属、光伏新能源、非金属材料、汽车、机械制造、电子信息六大支柱产业，除了汽车产业增加值较 2020 年下降 23.1% 之外，其余五大产业增加值都较 2020 年有较大提升，其中，有色金属产业增加值上升 17.5%，光伏新能源产业上升 17.7%，非金属材料产业上升 14.7%，机械制造产业上升 30.7%，电子信息产业上升 7.6%（其中光学产业上升 6.7%），此外，装

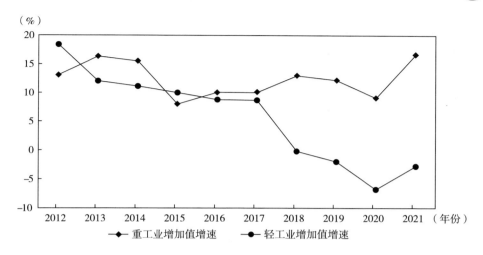

图 1-3　2012~2021 年上饶市规模以上轻、重工业增加值增速

资料来源:《上饶统计年鉴 2022》。

备制造业增加值较 2020 年上升了 21.7%,以上行业工业增加值增速都高于平均增速,呈现良好的发展势头。

党的十八大以来,上饶市工业经济发展面临经济增速换挡期、结构调整阵痛期、前期刺激政策消化期等不利背景,加上资源环境约束加大、劳动力等要素成本上升等不利因素的干扰,工业经济发展能够取得这样的成绩实属不易,展示了上饶市工业经济高质量发展的强劲势头。

(三) 企业经济效益良好

工业企业作为从事工业商品生产经营活动的经济组织,是工业向前发展的重要单元,也是工业经济运转不可或缺的基石。此处选取部分经济指标描述上饶市工业企业近年运营情况,表 1-2 列出了 2011~2021 年上饶市规模以上工业企业主营业务收入、利润总额、主营业务收入利润率三项指标的变化情况。

表 1-2　2011~2021 年上饶市规模以上工业企业主要经济指标

年份	主营业务收入 (亿元)	利润总额 (亿元)	主营业务收入利润率 (%)
2011	1491	105	7.0

续表

年份	主营业务收入 （亿元）	利润总额 （亿元）	主营业务收入利润率 （%）
2012	1932	175	9.1
2013	2349	189	8.0
2014	2634	238	9.0
2015	2965	248	8.4
2016	3340	279	8.4
2017	3150	228	7.2
2018	2770	190	6.9
2019	3090	206	6.7
2020	3659	255	7.0
2021	4994	350	7.0

资料来源：历年《上饶统计年鉴》。

就收入指标来说，上饶市规模以上工业企业主营业务收入2015年之后一直在3000亿元左右小幅波动，但2018年在数额上有所下降，2019年又恢复到3000亿元以上，2020年、2021年虽然受到新冠疫情的影响，但规模以上工业企业主营业务收入仍有较大增幅，2021年已接近5000亿元水平。就利润指标来说，2015年之后上饶市规模以上工业企业利润总额基本上在200亿~300亿元范围内波动，2018年是自2014年以来首次跌落200亿元，2019年勉强回到200亿元以上，反倒是受新冠疫情影响比较严重的2020年，利润总额实现了逆势上涨，到2021年则上升为350亿元。从主营业务收入利润率指标来看，2011年以来上饶市工业企业主营业务收入利润率一直在7%~9%范围内波动，2018年、2019年跌落到7%以下。

考虑工业企业控股结构，从不同资本控股工业企业在2021年的占比情况来看，内资企业中，私人控股工业企业主营业务收入和利润分别为3188亿元、219亿元，在上饶市工业经济中占据较大优势，均占到不同控股工业企业的3/5以上，表明上饶市民营企业发展取得了显著的成绩，民营经济已经成为上饶市工业经济不可或缺的一部分。排名第二的是有限责任公司，其主营业务收入和利润分别为1065亿元、58亿元，主营业务收入占比为21%，利润总额占比为17%。主营业务收入排名第三的是港澳台商控股工业企业（490亿元），其利润总额为47亿元，在上饶市占比分别为10%、13%。这表明上饶市内资企业保持着稳定、持续的输出，为筑牢上饶市工业经济发展"命脉"发挥着重要作用。

（四）产业结构进一步优化

党的十八大以来，随着经济发展进入新常态，上饶市工业经济发展战略明显转变，更加注重质量和效益，经济发展水平有较大提升，产业结构进一步优化。战略性新兴产业比重提升，高耗能产业经济比重下降。上饶市规模以上工业经济中高耗能产业经济比重明显降低，增加值占规模以上工业经济比重从 2012 年的54.1%下降为 2021 年的 45.6%，下降 8.5 个百分点。同时，以光伏制造为主的战略性新兴产业发展起来，成为上饶市工业经济发展的主要动力。2021 年，全市战略性新兴产业增加值占规模以上工业经济比重为 22.6%，比 2016 年（战略性新兴产业统计规范以来）提高 6.1 个百分点。装备制造业比重明显提升，资源消耗型经济比重大幅下降。从规模以上工业企业收入情况看，原材料制造业占规模以上工业经济比重大幅下降，从 61.3%（2012 年）下降至 44.6%（2021 年），下降了 16.7 个百分点，依靠消耗资源实现经济发展的粗放式发展向着以装备制造等精深加工转变。2021 年，上饶市规模以上工业经济中，装备制造业营业收入比重为 29.8%，比 2012 年提高了 14.6 个百分点，工业经济发展水平明显提升。

2021 年上饶市制造业主营业务收入约为 4857 亿元，占规模以上工业主营业务收入 95%以上，利润总额约为 340 亿元，占规模以上工业总利润的近 95%，制造业是上饶市工业的绝对主力。从制造业内部细分行业盈利能力来看，按照利润率高低将 29 个制造业行业进行划分（见表 1-3），以 10%和 5%为分界线，其中利润率超过 10%的行业有印刷和记录媒介复制业、化学原料和化学制品制造业、非金属矿物制品业、黑色金属冶炼和压延加工业；利润率低于 5%的行业有金属制品业、汽车制造业，铁路、船舶、航空航天和其他运输设备制造业；剩余 22 种细分行业利润率都在 5%～10%。从收入体量上看，化学原料和化学制品制造业、非金属矿物制品业、有色金属冶炼和压延加工业、金属制品业、电气机械和器材制造业、废弃资源综合利用业等在 2021 年的营业收入均超过了百亿元。

表 1-3　上饶市制造业细分行业主要经济指标（2021 年）

行业	营业收入 （万元）	利润总额 （万元）	利润率 （%）
农副食品加工业	769408	38579	5.01

续表

行业	营业收入（万元）	利润总额（万元）	利润率（%）
食品制造业	274140	24144	8.81
酒、饮料和精制茶制造业	176966	9693	5.48
纺织业	865737	61634	7.12
纺织服装、服饰业	723030	60633	8.39
皮革、毛皮、羽毛及其制品和制鞋业	298365	15280	5.12
木材加工和木、竹、藤、棕、草制品业	412775	23584	5.71
家具制造业	398354	33608	8.44
造纸和纸制品业	248869	16806	6.75
印刷和记录媒介复制业	177429	26026	14.67
文教、工美、体育和娱乐用品制造业	863483	82677	9.57
石油、煤炭及其他燃料加工业	130705	9067	6.94
化学原料和化学制品制造业	1251622	135563	10.83
医药制造业	828773	69668	8.41
化学纤维制造业	134733	10314	7.66
橡胶和塑料制品业	603616	46565	7.71
非金属矿物制品业	2715150	331501	12.21
黑色金属冶炼和压延加工业	997795	101579	10.18
有色金属冶炼和压延加工业	17748529	1171845	6.60
金属制品业	1832761	77017	4.20
通用设备制造业	1302607	84012	6.45
专用设备制造业	614482	43109	7.02
汽车制造业	554223	-40238	-7.26
铁路、船舶、航空航天和其他运输设备制造业	95073	3913	4.12
电气机械和器材制造业	8906455	575284	6.46
计算机、通信和其他电子设备制造业	1167354	101507	8.70
仪器仪表制造业	443287	25463	5.74
其他制造业	161534	8395	5.20
废弃资源综合利用业	4760166	249782	5.25

企业效益水平明显改善。从工业企业利润率来看，工业经济效益水平有明显改善。2021年，上饶市规模以上工业经济平均利润率为6.5%，比2012年提高

1.1 个百分点。从人均创收情况来看，有极大提升。2021 年，上饶市规模以上工业经济从业人员平均营业收入 244.8 万元，是 2012 年的 2 倍；从业人员平均利润为 15.9 万元，是 2012 年的 2.3 倍。

（五）产业集聚得到进一步发展

上饶市人民政府坚持通过强化园区建设，引导大中小企业扎堆发展，提升产业整体效益。2021 年，全市 11 个省级以上开发区建成面积从 2012 年的 81 平方千米增加到 2021 年的 95.8 平方千米，增长 18.3%；累计建成标准厂房 1690 万平方米，总量居全省第二，企业入驻率达 80% 以上；累计创建国家新型工业化产业示范基地 2 个、省级新型工业化产业基地 5 个、省级两化融合示范区 4 个。上饶市构建了以有色金属、光伏新能源两大主导产业和电子信息、非金属材料、汽车、机械制造四个重点产业为主的"2+4+N"产业体系，形成了 11 个省级产业（培育）集群。2021 年，全市"2+4"主导产业实现营业收入 4087.9 亿元，占全市产业的 81.1%。

有色金属产业壮大，年营业收入超 2000 亿元。经过十年发展，上饶市有色金属产业营业收入从 2012 年的 816.6 亿元壮大至 2228.3 亿元，成为江西省为数不多的几个千亿元产业之一。从重点企业来看，年收入超 10 亿元的企业有 119 家，比 2012 年增加 97 家。其中，上饶市致远环保科技有限公司、江西金叶大铜科技有限公司、江西和丰环保科技有限公司 3 家企业成长为年营业收入超百亿元企业。从产业发展水平来看，实现了从粗加工到精细化加工的转型升级。江西明华铜业有限公司、江西天地隆铜业集团有限公司、余干精业金属制造有限公司等早期年营业收入超 10 亿元的粗加工企业，由于高耗能高污染等技术原因被市场淘汰，江西金叶大铜科技有限公司、江西荣信铜业有限公司、江西银泰乐科技有限公司等以生产精炼铜、铜丝、铜箔、线材和其他精细化深加工产品的企业成长壮大起来。

光伏新能源产业茁壮成长。党的十八大以来，光伏新能源行业发展受市场需求和政策变动多重考验，行业加速整合，企业发展难度加大。上饶市以晶科能源股份有限公司为首的光伏新能源企业坚守实体经济发展阵营，实现稳步增长。2021 年，全市光伏新能源产业营业收入突破 750 亿元，经济总量是 2012 年的 2倍。从重点企业来看，年营业收入超 10 亿元的企业有 7 家，其中龙头企业晶科能源股份有限公司年营业收入超 400 亿元，上饶捷泰新能源科技有限公司年营业收入突破 50 亿元。从产业发展情况来看,上饶市光伏产业形成了上游多晶硅制造、中游硅片、电池片、光伏玻璃、密封件、铝边框、光伏组件制造,以及下游光伏发电站等一套相对完备的产业链发展体系,尤其是龙头企业晶科能源股份有限公司发展成为全球光伏产业领军企业,对整个光伏产业发展具有较大话语权。

二、上饶市工业发展的问题障碍

上饶市在推动产业高质量发展中取得了一系列成就,但也存在着工业经济总量偏小、县域经济发展不平衡、产业结构不够完善、产业链略显低端化等问题。本部分着眼于上饶市工业经济当下运行和向前发展过程中可能存在的问题和壁垒,以期为后续对症下药和解决问题提供正确的路径来源。

(一)部分产业层次仍显低端化,企业科技创新能力有待增强

产业结构还需优化。部分研发活动较少的行业规模较大。2021 年,有色金属冶炼和压延加工业的营业收入占全部规模以上制造业企业的 35.9%,但该行业研发经费投入仅占全部规模以上制造业企业的 16.5%;该行业的研发投入强度(研发经费内部支出与营业收入之比)仅为 0.44%,远低于整个制造业 0.96% 的投入强度。部分高新技术产业行业规模较小。医药制造业,计算机、通信和其他电子设备制造业,以及化学原料和化学制品制造业,这三大行业的营业收入分别仅占全部规模以上制造业的 1.68%、2.36% 和 2.53%。分别比 2020 年下降 0.16 个百分点、0.31 个百分点和 0.90 个百分点。工业企业科技创新能力亟待提高。2021 年,上饶市研究与试验发展(R&D)经费达到 51.42 亿元,R&D 经费投入强度为 1.69%,研发投入强度位列全省第七。全市规模以上工业 R&D 人员 11813 人,较 2020 年下降 1.4%;项目研究开发人员 11208 人,较 2020 年下降 0.3%;R&D 全时当量 8891 人,较 2020 年下降 4.3%。规模以上工业企业投在应用研究上的 R&D 经费仅为 1.22 亿元,较 2020 年减少 1.61 亿元,降幅达 56.8%;应用研究 R&D 经费支出仅占全部规模以上工业企业 R&D 经费的 2.5%,较 2020 年下降 5.1 个百分点。近几年规模以上工业企业没有基础研究方面的研发投入,原始创新能力薄弱,严重制约了企业创新能力的提升。

研发机构建设有待加强。一是重点研发机构数量偏少。目前江西省有国家级企业技术中心 29 个，上饶市仅有 1 个，与南昌市（10 个）、赣州市（4 个）、吉安市（3 个）、抚州市（3 个）、九江市（2 个）相比，还有差距。二是高新区亟待提档升级。自 2018 年以来，江西省已拥有 9 个国家级高新技术产业开发区，江西省 7 个大地级市中只有上饶市还在创建国家级高新技术产业开发区。

（二）县域工业经济发展不均衡，产业结构雷同性强

县区之间工业经济发展不平衡。从企业分布角度来看，上饶市 12 县（市、区）工业产业结构当前存在极大的雷同性，相互间竞争大于合作，没有形成各县域自身的特色产业体系，全市产业规划缺少统一的顶层设计和协调。上饶市中心城区首位度不高，中心城区辐射带动效应不强，县域经济发展进入瓶颈期，区域竞争压力加大。各县（市、区）规模以上工业研发投入强度高于全市平均水平的县（市、区）只有 3 个，低于 0.50% 的有 2 个，部分地区研发经费投入仍有较大上升空间。2021 年地方财政科学技术支出占一般公共预算支出的比例超过江西省平均水平的县（市、区）仅有 2 个，低于全市平均水平的县（市、区）有 7 个。2022 年，全市法人单位分布较为集中的地区主要在信州区、广丰区、广信区，三区法人单位合计超过 4 万家，占全市法人单位的比重接近 40%，而最少的婺源县法人单位数量不足 5000 家，比最多的信州区少了近万家。达到规模的法人数量差距更为明显，广丰区、信州区、广信区、玉山县一套表法人单位数共 3188 家，合计占全市总数的 47.2%，其余 8 个县（市、区）占全市总数的一半多一点，其中铅山县、横峰县一套表法人单位数不足 400 家，限额以上住宿和餐饮业不到 10 家。

（三）非公工业经济总量占比偏小，投资活跃性不强

非公工业经济总量占比偏小，企业营业收入增速放缓。2022 年上饶全市非公工业增加值占全市非公有制经济的比重为 37.6%，低于江西省平均水平 8.0 个百分点，低于占比最高的市 16.7 个百分点。作为非公有制经济中占比最大的行业，其比重相对其他设区市较小，非公工业发展对全市非公有制经济拉动作用有限。2022 年非公规模以上工业企业主营业务收入同比增长 17.4%，较 2021 年同期下降 17.4 个百分点；利润总额同比增长 13.6%，较 2021 年同期下降 22.1 个百分点；利润率为 6.0%，较 2021 年同期下降 0.2 个百分点，企业营业收入增速明显放缓。

产业层次不高，投资活跃性不强。2022 年上饶全市非公投资同比下降 0.4%，低于全部投资 9.0 个百分点，占全部投资比重的 72.4%，比 2021 年同期下降 6.5 个百分点。受市场准入、地区经济发展水平、企业自身素质等条件限制，非公行业主要集中在劳动密集型、技术含量低的批发零售、房地产、建筑等一般性竞争行业；而金融、科学研究等新兴服务业和公共服务性及科研程度较高的非营利性服务业则涉足不多，金融业、科学研究和技术服务业及非营利性服务业占全部非公增加值比重较低，分别为 0.9%、0.8% 和 4.8%，产业结构层次低。

（四）企业"走出去""引进来"通道仍需改善

近些年，上饶市营商环境有了极大的改善和提高，但在吸引境外投资的力度上仍然不足。从投资构成来看，全市 10 余万家企业法人中，港澳台商投资和外商投资企业均未过百家，占全部法人单位数的比重合计不足 1%，对经济的贡献微不足道。

三、后疫情时代上饶市工业发展前景展望

新冠疫情在全球蔓延这一"黑天鹅"事件使得全球及我国的供应链、产业链都面临着中断风险，在此背景下，上饶市要想化危机为契机，在变局中开新局，加快工业经济复苏步伐，实现全市工业经济向前跨越式发展，必然会有很长的一段路要走，本书认为可从以下五个方面的路径进行着手：

（一）"重规划"，强化产业集群建设，促进县域工业协调发展

统筹规划，合理布局。一方面，要打造一批空间上高度集聚、上下游紧密协同、供应链集约高效、规模从几亿元到上千亿元的产业集群。另一方面，充分利用产业集群建设契机，合理制定上饶"一市三区八县"产业发展规划，接受和推动区域之间分工和竞争形态的转变，既要发挥经济技术开发区、高新技术产业园区等经济高地的引领作用，又要重视玉山县、鄱阳县、德兴市等经济总量较大县（市、区）的带动作用，加快县域、区域特色产业园区建设，进一步夯实工业产业基础，促进上饶市各县域之间的协调发展。

（二）"强引擎"，做强优势主导产业，为经济发展注入新动能

做大做强四大传统主导产业、"两光一车"新兴主导产业和县域特色产业。一是加快有色金属等传统优势产业转型升级，加速固定资产设备改造升级，推进技术创新、管理创新和商业模式创新，加快淘汰落后产能步伐，推动行业整体向全球价值链上游迈进。二是更加重视"两光一车"新主导产业发展，发展光伏产业，打造世界级光伏城，依托智慧光电特色产业集群打造中国光学城，加快恢复汽车产业复苏步伐，以新能源汽车产业为风向标，构建从整车到关键零部件生产组装的全产业链条。三是各县域要依托自身资源优势打造适合自身发展的特色产业，以广丰区为例，可以借力背靠的黑滑石、石灰石等重要资源，打造黑滑石、石灰石精深加工产业链，着力将黑滑石、石灰石培育成广丰经济发展新的增长极。

（三）"重创新"，培育壮大企业主体，加速企业数字化转型

高度重视企业和园区技术创新工作。加大高新技术企业培育力度，力争更多企业认定成为高新技术企业。重视工业园区技术创新工作，重点做好园区内企业技术中心完善升级和挖掘培育工作，推进企业开展智能制造试点工作。深入实施优质企业梯次培育行动计划，分层分级遴选培育一批产业领航企业。持续推动"百支专班助百企"行动，重点支持5亿级企业升级壮大。继续推进"专业化发展提升"行动，推动中小企业"专业化、精品化、特色化、创新型"发展，新增一批"专精特新"企业、专业化"小巨人"企业和更多的制造业单项冠军企业。

加速企业数字化转型。以产业数字化为主线，推动互联网、大数据、物联网、人工智能、区块链等新一代信息技术和实体经济深度融合，全市重点产业、规模以上企业实现数字化改造和提升全覆盖；提升园区数字化服务水平，发展服务型制造，促进制造向"制造+服务"转型。持续培育、认定一批两化深度融合省级示范企业。加强电子信息制造、大数据产业（工业）、虚拟与现实产业数据的调度、报送、分析工作，推进VR/AR、03专项（物联网）和5G技术在工业领域的应用，组织申报一批省级大数据、VR/AR示范企业（项目）及物联网、两化融合示范项目。加快工业大数据开发应用，加强工业控制系统安全防护，提升网络安全防御能力，保障企业信息系统安全运行。

（四）"夯支撑"，加大力度招商引资，打响产业链现代化攻坚战

落实"打好产业基础高级化、产业链现代化攻坚战"，把招商引资同产业链现代化调整攻坚结合起来。产业招商引资方面，突出招大引强，注重招才引智，积极开展驻点招商、以商招商、专业招商等，既要设置具有更大吸引力的招商引资政策，创新服务举措，在项目申报、用地审批、产业政策等关键节点给予大力扶持，又要鼓励工业企业特别是民营工业企业灵活出击，主动盘活社会资源实现多渠道招商，实现招优引大、以企引企、以外引外。补链、强链、延链方面，集中力量主攻优势产业链，拉长产业链、提升价值链、融通供应链，延伸产业价值。建立产学研和产业间合作关系，促进高校、科研院所、企业实验室成果资源转移和转化，提升以产业链为单位进行招商的吸引力。此外，"十四五"期间可以引进和培育一批具有产业技术领先水平的创新型龙头企业，比对行业标杆企业，大力提升技术研发力度，以国内外差异化市场需求为导向，带动整个产业链上下游企业的成长。

（五）"优配套"，完善平台功能配套，优化营商发展环境

优化适合工业及制造业高质量发展的营商环境。软硬件两手抓，硬平台方面，加速国家级高新区创建进程，加快产业园区基础设施建设，重点推进特色产业基地建设。抓好工业项目用地建设，做好用地资源要素保障。搭建工业互联网平台，尽快实现平台配套的靶向精准性。软环境方面，落实《优化营商环境条例》，完善营商环境评价体系，在上饶市尽快打造市场化、法治化、国际化的营商环境。加快推进要素市场化配置改革，让市场机制的优胜劣汰功能最大程度引导、激励工业投资优化升级。加大金融对工业企业转型升级的支持力度，深化金融供给侧结构性改革，重点解决中小企业面临的资金短缺问题。深化"放管服"改革，利用江西省成为内陆开放型经济试验区这一契机，探索建立与试验区建设相适应的行政管理体制。

第二章 上饶市工业重点产业发展

上饶市工业基础条件较好，是我国中部地区重要的产业基地。2021年，全市规模以上工业经济保持良好发展势头，规模以上工业企业实现营业收入5040亿元，同比增长35.9%。收入总量位列江西省第三；增速位列江西省第一，高于江西省平均水平10.3个百分点，对地区经济增长贡献较大。按照《江西省工业高质量发展考核评价办法（试行）》要求，经考核评价，确定总分排名前5位的设区市、前25位的县（市、区）为2021年度江西省工业高质量发展先进设区市、县（市、区）。上饶市、南昌市、宜春市、赣州市、鹰潭市上榜2021年度江西省工业高质量发展先进设区市，上饶市广信区上榜2021年度江西省工业高质量发展一类先进县（市、区）①，上饶市广丰区上榜2021年度江西省工业高质量发展二类先进县（市、区）②。上饶市在深化工业供给侧结构性改革，坚持创新驱动、数字赋能、低碳发展，加快推进产业基础高级化和产业链现代化，着力提升制造业核心竞争力，推动传统产业转型升级、新兴产业倍增发展、未来产业培育壮大，畅通产业循环，构建以数字经济为引领、先进制造业为主体、先进制造业和现代服务业融合发展的现代产业体系方面取得了较大成效。

---

① 2021年度江西省工业高质量发展一类先进县（市、区）共10个，包括南昌县、贵溪市、吉安县、上饶市广信区、新余市渝水区、赣州市章贡区、南昌市青山湖区、丰城市、樟树市、湖口县。

② 2021年度江西省工业高质量发展二类先进县（市、区）共15个，包括九江市柴桑区、奉新县、吉安市吉州区、瑞昌市、永修县、上饶市广丰区、遂川县、峡江县、宜春市袁州区、龙南市、抚州市临川区、万年县、上栗县、乐平市、信丰县。

一、上饶市工业产业体系构成

上饶市产业门类较多，涵盖 28 大门类行业，其中有色金属冶炼和压延加工业是第一大主导产业，规模以上企业 136 家，2021 年实现主营业务收入 1766.2 亿元，占比高达 40%，涉及铜、铝、锌、黄金等加工领域，其中以铜材料加工产业为主，形成了采矿、选矿、压延加工、研究和设计等较为完整的铜产业体系，主要产品有各类铜管、棒、板、锭及卫浴配件、屏蔽筒、阀门、铜排、铝镁合金管母线、铝合金型材等，竞争力较强的产品无铅铜、无氧铜材料及相关产品处于国内领先水平，骨干企业上饶和丰铜业有限公司和江西中旺铜业有限公司都位列江西民营企业 100 强。

排名第二位的为电气机械和器材制造业，2021 年主营业务收入 868.2 亿元，占比达 19.8%，主要围绕新能源产业发展起来的光伏、锂电池、风电设备、LED等产业。光伏产业已成为上饶市的优势产业，产业规模居江西省前列，呈现出良好的发展势头。已经形成了硅锭（棒）→切片→电池→组件→光伏系统及配套产品的产业链条，光伏产业的上下游已初步贯通。锂电池、LED 及生物质能等产业也正从单一加工环节逐步沿着产业链不断延伸，产业发展的链式化趋势日益明显。光伏产业以晶科能源为龙头企业。晶科能源销售收入及电池组件生产能力，位居全国前列。锂电池行业形成了以广丰中投、铅山金刚实业和横峰长河为重点的龙头骨干企业；LED 行业则以万年县的江西索普信实业有限公司和广丰区的晶艺光电科技（江西）有限公司为龙头。

非金属矿物制品业则位居第三，2021 年实现主营业务收入 262.9 亿元，占比达到 6%，主要集中在新型建材领域，丰富的石灰石资源，形成了以水泥、轻钙、重钙、硅酸钙板等产品为主的新型建材产业；依托膨润土、重晶石等矿产资源，发展了高档石材、板材等产品；独特的黑滑石资源优势，发展了陶瓷配方泥、日用瓷、白滑石精细粉加工项目。

化学原料和化学制品制造业主要依托德兴市年产 170 万吨硫铁矿资源和江铜化工年产 100 万吨硫酸项目，发展起来的硫化工循环经济产业，沿着链条开发了医药、高分子材料等多种产品。硫化工产业代表企业有铜业（德兴）化工、中科精细、德邦化工等。化学制品企业以浩晟化工、品汉新材料、万顺化工、科润化工等为代表。如表 2-1 所示，2021 年化学原料和化学制品制造业实现主营业务收入 124.1 亿元，占比达到 2.8%。

表 2-1　2021 年上饶市各产业主营业务收入及其占比情况

行业	主营业务收入（亿元）	比重（%）
农副食品加工业	75.8	1.7
食品制造业	27.1	0.6
酒、饮料和精制茶制造业	17.7	0.4
纺织业	83.1	1.9
纺织服装、服饰业	65.3	1.5
皮革、毛皮、羽毛及其制品和制鞋业	29.4	0.7
木材加工和木、竹、藤、棕、草制品业	37.8	0.9
家具制造业	39.3	0.9
造纸和纸制品业	24.8	0.6
印刷和记录媒介复制业	17.7	0.4
文教、工美、体育和娱乐用品制造业	84.2	1.9
石油、煤炭及其他燃料加工业	10.8	0.2
化学原料和化学制品制造业	124.1	2.8
医药制造业	81.1	1.8
化学纤维制造业	13.4	0.3
橡胶和塑料制品业	56.7	1.3
非金属矿物制品业	262.9	6.0
黑色金属冶炼和压延加工业	99.8	2.3
有色金属冶炼和压延加工业	1766.2	40.0
金属制品业	177.8	4.1
通用设备制造业	127.9	2.9
专用设备制造业	61.0	1.4
汽车制造业	52.5	1.2
铁路、船舶、航空航天和其他运输设备制造业	9.4	0.2
电气机械和器材制造业	868.2	19.8
计算机、通信和其他电子设备制造业	113.2	2.6
仪器仪表制造业	43.0	1.0
其他制造业	16.0	0.4

另外，通用设备制造业（2.9%），汽车制造业（1.2%），计算机、通信和其他电子设备制造业（2.6%）等产业占比也较高，成为上饶市战略性新兴产业的重要培育点①。

经过2012~2021年工业加快结构重塑调整的十年，上饶市产业转型升级步伐不断加快，现代产业链正在加速构建，形成了以有色金属、光伏新能源两大主导产业和电子信息（含光学、物联网）、非金属材料、汽车、机械制造四个重点产业为主的"2+4+N"产业体系（见表2-2），形成了11个省级产业（培育）集群。2021年，全市"2+4"主导产业实现营业收入4087.9亿元，占全市产业的81.1%。

表2-2　上饶市"2+4+N"产业体系

主导产业（2）	重点产业（4）	其他产业（N）
有色金属、光伏新能源	电子信息（含光学、物联网）、非金属材料、汽车、机械制造	生物医药、纺织服装、绿色食品

二、主导产业的高质量发展

（一）有色金属产业

1. 产业发展趋势与前景

有色金属产业深加工呈现四大趋势：一是深加工技术向低成本、无污染、高效益方向发展。二是加工产品向高纯化、细晶化、超硬化、高精化方向发展。三是加工设备的智能化、大型化、连续化发展。四是深加工的工艺流程大多精准化、数控化，生产效率大大提高。有色金属向更高性能、更轻质、更耐极端环境、更趋近于性能极限发展；性能提升更依赖基础科学突破、学科交叉、技术融合；可持续发展理念已深植于材料发展各个方面，更加突出环境友好、绿色节能、成分简约、一材多用、循环利用等；其研发与应用更加突出全流程发展，更

---

① 上饶市汽车制造业进入重大战略调整期，2021年主营业务收入表现不佳，仅为52.5亿元，占比由2019年的接近3%下降至1.2%。

加依赖创新能力和创新生态的建设。

2. 产业基础

上饶市有色金属产业是江西省重点建设的三大有色金属产业之一，在上饶市产业中独占鳌头，形成了以铜冶炼和精深加工、铅锌冶炼、黄金采选的三大主业。有色金属矿采选业与有色金属冶炼、压延加工业的比例为2.3：97.7，后者比重明显偏大。在有色金属冶炼和压延加工业中，加工业所占的比重又远低于冶炼业。如果按采选—冶炼—加工的产业链顺序，产业呈现出纺锤形的态势，是一种重冶炼、轻采选和加工业的局面。2021年，上饶市有色金属规模以上企业达到136家，同比增长30%，实现营业收入1774.9亿元，同比增长52%，实现利润117.2亿元，同比增长90%，是上饶市产业增速较快、规模最大的产业，也是地区主要利润点。

丰富的矿产资源。上饶市是江西省重点矿产资源产地，有色金属资源丰富，其中铜储量占全省的73.1%，占全国的16.8%，拥有亚洲最大的铜矿德兴铜矿；黄金储量占全省的80%，占全国的9%；银储量占全省的56%，占全国的5%；铅锌储量等均居全省首位，蛇纹石和稀有金属钽铌储量居亚洲第一。

产业发展要素组合较好。有色金属产业发展对交通、电力、人力、工业用地等要素比较敏感，与沿海地区相比，其中电力、土地及人力成本只有沿海地区的70%左右，能够助力有色金属产业快速发展。

产业领域涉及面较大，初步形成了以铜、铝、锌、黄金为主的产业集群，获得江西省有色金属精深加工产业基地称号。

铜冶炼及精加工：铜材料加工产业主要分布在320国道两侧，有上饶、弋阳、横峰、铅山、玉山、余干6个区域性铜加工产业基地。2021年，完成精炼铜生产27.1万吨，同比增长17.3%，具备了铜、板、带、线的生产能力。形成了采矿、选矿、压延加工、研究和设计等较为完整的铜产业体系，已成为上饶市着力培育的主导产业之一。截至2021年，上饶市规模以上有色金属企业136家，主要产品有各类铜管、棒、板、锭及卫浴配件、屏蔽筒、阀门、铜排、铝镁合金管母线、铝合金型材等，其中竞争力较强的产品是无铅铜、无氧铜材料及相关产品，处于国内领先水平。

横峰县有色金属加工产业集群是江西省60个重点产业集群之一，2015年4月，经开区获江西省2014年度经济总量上100亿元产业集群奖；实施了有色金属壮大提升工程，打造有色金属产业"航母群"。

玉山县上饶市致远环保科技有限公司由致远控股集团公司投资兴建，是以开发城市矿山为宗旨，以生产电解铜为载体，生产金、银、钯、锡等多种稀贵金属的资源综合回收企业。产业链向电解铜下游延伸，将进一步优化有色金属产业结构，完善有色金属产业链，有利于缓解当前铜加工产能过剩、环保压力加大的实际情况，从而实现从传统的铜加工基地向区域性铜材料深加工产品制造基地转型，同步推进有色金属产业的循环和可持续发展。

黄金采选加工：主要分布在德兴市、鄱阳县、婺源县，德兴市金山金矿采选规模达到每日 3000 吨，是中西部地区重要的黄金生产基地。2021 年，上饶市黄金生产达到 14758 千克，同比增加 235.4%。

铅锌冶炼加工：重点分布在德兴市、弋阳，金德铅业、益丰铅业、弋阳汇鑫铅冶炼加工等是上饶市重点铅锌加工企业，主要产品还是集中在铅锭、锌锭等产品上，精加工环节较少。

白银冶炼加工：主要分布在万年，以电解银及银制品为主，白银回收及精深加工规模扩大。2021 年产品产量达到 37.6 万千克。

蛇纹石提炼加工：重点分布在弋阳、德兴，这两县市有丰富的蛇纹石资源，形成蛇纹石开采与镁提炼加工能力。具体情况如表 2-3 所示。

表 2-3　2021 年上饶市有色金属产品产量及增速

分类	单位	数量	同比增长（%）
有色金属总计	万吨	42.8	30.5
精炼铜（电解铜）	万吨	27.1	17.3
黄金	千克	14758.0	235.4
白银（银锭）	万千克	37.6	1112.9
铜材	万吨	133.4	34.9
铝材	万吨	2.8	2.7

目前，上饶市有色金属产业层次还不高，产业链集中在初加工环节，深加工能力还较弱，同时，上饶市还面临原料供给不足不稳定的情况。铜材料主要来源于外省，自给力较差，铜价市场波动较大，特别是新冠疫情以来，受国际铜价影响，出现供应紧张的局面。废杂铜和电解铜原料供应紧张，对加工业影响较大。企业的技术、设备无法与大集团相竞争，低吨位挤压机、一般拉伸机、轧机等设

备占有较大比重，先进数控装备较少，常规产品多，以铝锭、铜棒、粗铜、铜压延加工产品为主，高附加值产品少。铜管、铜箔、铝箔、宽铜板带和高精铝材、高精度铝板、复合材料、大规格铝型材少，产品技术含量低。环境保护与节能减排的压力加大，再生铜企业的能耗高，是高载能企业。此外，在生产过程也面临着"三废"处理问题。

3. 有色金属产业高质量发展

上饶市有色金属产业受原材料变动及国际市场环境影响，应积极参与国内、国际铜资源领域的合作与竞争，采取兼并、参股、控股、购买等形式，加大铜资源的控制与开发。聚焦铜、黄金、铝等领域，以德兴、横峰、广丰、广信、铅山、弋阳、信州、上饶经开区等地为重点，以持续推进补链延链强链，提高精深加工及废物资源循环利用水平为发展方向。根植基础原材料优势，优化有色金属产业政策，引导扶持发展铜精深加工项目，提高有色金属冶炼项目准入门槛，引导现有冶炼生产企业开展精深加工。强化龙头企业带动，加强产业技术创新突破，提升科技含量和高端产品比重，逐步占稳产业链中高端环节。坚持创新驱动，促进产学研用相结合。鼓励企业与大学和科研院所合作，建立有色金属工程技术研究中心、技术开发中心，集中力量在具有较好产业基础的优势领域和具有广阔市场前景的新兴产业环节实现重点突破，形成具有鲜明地域特色的有色金属产业竞争优势。加快关键技术引进向集成创新转变，积极采用自主创新的先进和适用技术，提高工艺装备水平和产品质量，增加产品种类，降低资源和能源消耗，增强科技的支撑力。鼓励企业用新设备、新技术、新工艺，进一步提高铜及铜制品生产的技术含量和附加值。扩大有色金属在新能源电池及电子信息领域的广泛应用，做大贵金属产业发展规模。大力支持企业兼并重组，制定产业结构调整负面清单，坚决淘汰高能耗、高污染的落后产能。建成国内具有影响力的有色金属精深加工基地、有色金属废物资源循环利用示范区。

加快发展铜精深加工。推动产品结构战略调整，发展高端延链产品。从当前铜加工产能过剩、环保压力逐年加大等实际情况出发，上饶市铜加工转型升级的重点是利用上饶地区及江西区域的铜加工产业优势及长三角大通道前沿优势，从传统的铜加工基地向区域性铜材料深加工制品制造基地转型，严格产业链前端准入，向后端铜材制品延伸，同步推动铜加工循环经济发展。加大整治力度，逐步淘汰低端铜回收及粗加工业，重点发展铜精深加工业，创新和突破铜电解、压延等关键技术，促进铜精深加工业升级。采用永久性阴极电解法等关键技术，发展高纯电解铜产品；采用高效短流程铜板带生产等技术，发展超薄铜箔等产品。紧扣先进装备、集成电路、电力电子、新能源汽车、航空航天等高端制造需求，充分利用周边区域铜加工产业基础，围绕电子产业、家用电器、电力电气、交通运输产业，延伸铜加工产品链，面向浙江温州、金华等区域，招引补链企业，引进高精度铜管、带、箔、杆线、丝等深加工项目。积极发展低氧铜杆、电磁线、铁路电气化用异型铜导线、高速铁路电车接触线等，输变电用铜产品、微电机用漆包线、铁路电气化接触线等电线电缆材料，以及坚硬、耐压、耐腐蚀、抑菌的建筑用水管、装饰等铜产品，打造成为面向区域的铜材制品制造基地。重点支持铜基复合材料研发，丰富优化产品结构，有效增加供给品种，不断延伸"金属功能材料—高端基础件—高端装备"的全产业链条。大力延伸完善"电解铜—铜箔—覆铜板—印制电路板""电解铜—铜带—集成电路引线框架或干式变压器""电解铜—低氧铜杆—铜线—特种电线电缆""电解铜—铜管—特种及复合管材""废杂铜—黄铜棒、铜合金粉—铜五金件、铜合金钎料、铜合金零部件"五条铜基新材料产业链。

推广绿色智造模式。加快运用智能化新技术提升企业改造力度，推动技术装备和工艺流程换代升级，支持企业采用在线监测、智能化生产和物流系统等，支撑生产方式向智能、柔性、精细化转变，提高产品性能稳定性和质量一致性，满足新兴产业领域对铜铝材质、成本、精密度等要求。坚持源头减量、过程控制、末端循环的理念，鼓励节能减排加工工艺、低碳技术和产品普及应用，实现全地区有色金属产业的绿色清洁生产。支持有色金属废物资源再生冶炼，鼓励以废杂铜为原料生产高值铜加工产品，持续提升废旧金属再利用效率，转化资源优势为经济优势，做优铜交易平台和有色金属供应链金融平台。

专栏 2-1 有色金属产业重点领域——"方圆"牌漆包线

江西博能上饶线材有限公司是江西博能控股股份有限公司下属企业，始建于 1969 年，前身是上饶线材厂，系原国家机械工业部电线电缆定点企业，是集生产、研发、销售于一体的漆包线专业厂家，至今已有 50 余年历史。公司目前占地 300 余亩，拥有各类先进生产设备 100 余台，配备漆包线检测全套设备。产品包括漆包铜圆线、漆包铝圆线、漆包铜包铝圆线，生产 QZ、QZX、

QA、QAX、QZY、QZY/XY、QP 等十余个品种，300 余个规格型号。产品畅销全国 20 多个省、市，产销量连续多年位居全国行业前列，成为国际国内各大品牌战略合作伙伴。公司主导产品"方圆"牌漆包线各项技术指标均能达到 IEC/GB/JIS/NEMA 标准，并具有行业先进水平。与国内科研院所建立了长期技术合作伙伴关系，具备自主产品检测、研发能力。企业通过了 ISO9001 质量管理体系、ISO14001 环境管理体系、OHSAS18001 职业健康安全管理体系三合一体系认证，产品通过美国 UL 认证。

该企业连续获得"中国民营企业制造业 500 强""江西省名牌产品""江西省著名商标""2014 年中国电磁线行业十大品牌企业""2014 年江西省质量信用 AAA 级企业""江西省质量管理先进企业""江西省劳动保障诚信等级 AAA 级单位""江西省模范劳动关系和谐企业"等称号。

钽铌深加工。依托丰富的钽铌资源，重点生产高比容钽粉、细径钽丝、钽电容器、铌粉、铌丝、钽酸锂单晶、钽铌合金及其化合物、光电元器件等高附加值钽铌新材料和器件。加快引进技术优势明显、资金实力雄厚的大型企业，通过延长钽铌稀有金属新材料产业链，实现主导产品升级、新产品开发和深加工产品的拓展，使上、中、下游产品逐步走向协调发展。

铝合金加工。依托上饶经济开发区、横峰工业园区、玉山工业园区为基地，瞄准汽车、高铁、地铁、航空等交通运输设备制造业发展需求，充分发挥上饶市铝业加工优势，大力发展新型合金铝板带箔材、高精度高性能铝合金板带、大断面复杂截面铝合金型材、大型高性能铝合金预拉伸板、精密锻件和压铸件等，不断拓展品种、功能及在新能源汽车、民用航空、海洋工程等领域的应用。引导搭建共性技术研究平台，鼓励企业从单一市场同质化竞争转向差异化发展，培育一批细分领域领军企业。结合上饶市光学仪器制造业转型升级和电子信息产业加速发展的需要，鼓励企业生产高精铝箔坯料和高精 CTP 板，为高端影像制版提供持续和稳定的原材料供应。

增强黄金精炼加工能力，积极引育珠宝设计开发项目，大力发展黄金贸易，力争打造一条集金矿采选冶、黄金产品加工、黄金贸易上中下游完整的黄金产业链。

（二） 光伏新能源产业

1. 发展趋势及机遇

目前新能源产业已成为推动全球许多国家经济发展的新动力，同时也成为新一轮国际竞争的制高点。随着新能源产业分工逐步深化，目前发达国家在新能源产业国际分工中处于主导地位，掌控着行业的核心技术，而中国、巴西、印度等新兴经济体正凭借其在价格和规模方面的优势形成追赶之势，并将改变全球新能源生产、出口和消费市场结构①。随着新能源产业技术的逐步成熟和需求的增长，全球新能源产业技术扩散加快。例如，光伏产业，欧美国家虽仍具有技术优势，但除在薄膜电池和硅材料制备方面处于垄断地位之外，行业的大多数技术已进入开放状态。技术扩散带动了新能源产业的国际化发展，越来越多国家和地区的企业加入到新能源产业链中，上饶市紧抓机会融入这一产业链条中，迅速壮大光伏产业，成为地区支柱性行业。

当前及未来一段时期，太阳能光伏电池生产成本下降、转化效率提高、储能技术跟进将推动行业进入平稳增长阶段，光伏发电装机从中国和发达国家向新兴市场国家扩散的趋势初显。为抢抓全球光伏产业升级发展的战略机遇，要以提升本地配套水平为抓手，坚持向规模化、高端化、国际化方向发展。

2. 产业基础

上饶市新能源产业以光伏产业为核心，光伏产业在整个新能源产业中的占比达到96%。上饶市光伏产业发展既具有偶然性又具有必然性。从产业基础来看，这一产业优势相对少，但从产业区位选择来看，由于上饶市紧靠浙江，处于浙江光伏产业转移的第一方阵中，目前的龙头企业晶科能源，就是由浙江转移而来的，该企业最早作为浙江光伏企业昱辉阳光的原料供货商，由浙江企业家李仙德于2006年创办。此后十年，企业由硅锭、硅片等原材料生产逐步向产业链下游延伸，最终发展成为全球最大的光伏组件制造商。晶科能源成为全球首家光伏组件出货量突破100GW的制造商，光电转换率连续22次打破世界纪录。捷泰新能源、中电彩虹、海优威胶膜等一批冲千亿元的有生力量紧随其后，形成了从硅片、光伏玻璃、胶膜、电池到终端组件的完整光伏产业链；康佳（上饶）智能制造科技城项目顺利落地，光学产品质检中心、未来光学科研院揭牌运营，光学

① 刘满平. 新能源产业的六大挑战和八大趋势 ［J］. 中国石化，2018（8）：33-36.

产业逐步向物联网、光机电一体化迈进。

其中，鄱阳县被授予全国首批"国家绿色能源示范县"，光伏发电企业达12家，并兼顾发展生物质能发电、风能发电、核电。鄱阳县凯迪绿色能源开发有限公司生物质能发电项目总发电装机 $2\times12MW$，其中上网电量 1.4×10^8 千瓦时。

上饶市光伏产业瞄准国际水平，不断提升技术创新能力，取得了一系列突破。在相关部门推动下，上饶市新能源企业已开始注重引进国内外先进技术并消化吸收，注重与高校和科研院所进行产学研合作，注重挖掘上饶籍新能源企业专家的人脉资源，提高产业技术水平。上饶市正发挥上饶师范学院的教学资源优势，开办了太阳能开发应用专业班，积极培养太阳能开发应用型技术人才。目前，以晶科能源为龙头的企业高度重视企业技术创新，晶体硅太阳能电池转换效率已达到国际先进水平。此外，长河新电池有限公司正积极研究开发割草机、电动马达等动力工具用的电池，逐步完成动力电池的技术积累，不断提升企业创新能力。

上饶市新能源企业主要集中在光伏产业领域，其他类型的新能源企业数量较少，产值较低。光伏产业占据新能源产业的主导地位，LED、锂电池及生物质能等其他新能源产业发展还不充分，所占比重较低，行业结构较为单一。从组织结构来看，主要表现在引进的新能源企业数量虽多、部分项目投资虽大却缺乏作为产业龙头的实力，对核心产业带动力不强，产业发展缺乏龙头带动。

目前，上饶市大多数新能源企业多位于所属产业链的中游，而与之相适应的上下游产业规模小、竞争能力弱，中游产业的加工制造优势难以发挥出来。产业链条只延伸到太阳能电池的组装，下游的系统集成与制造发展缓慢，在一定程度上制约了上游产业的提升。多数企业的生产经营活动长期集中在产品制造单一环节上，产业和产业、企业和企业之间的关联度差，产业配套协作的集群效益和优势不能得到有效发挥。

3. 上饶市光伏新能源产业高质量发展路径

未来上饶市光伏新能源产业要聚焦硅片、电池、组件、配套材料及装备、应用等领域，以上饶经开区、广信等地为重点，以加快本地产业链配套集聚、推动多元化应用为发展方向。抢抓国家全力推进能源革命的历史性机遇，巩固光伏新能源产业集群的领跑优势，发挥龙头企业、重大项目引领作用，提高电池组件大规模产业化转换效率。引进一批光伏新能源产业"头部企业"，发展提升全产业链的原辅材、产品制造技术、生产工艺及装备能级，增强供应链把控能力，构建有序互联的产业生态。大力推动光伏发电多元化应用，顺应全球能源体系低碳化转型发展趋势,持续提升海外市场占有率,实现光伏产业高端化、规模化、特色化发展。打造国家级光伏先进制造业集群,为全面建成"世界光伏城"奠定扎实的基础。在产业路径选择上要注重以下几个方面:

完善产业链集群。以技术创新与技术服务提升产业质量。巩固硅片、电池和组件产能优势,加速推动新技术突破,提高国产设备智造和应用水平,实现电池最高转换效率、组件输出功率指标优化提升。布局功能性开发平台建设,支持晶科能源申报国家级工业设计中心,组建光伏产业研究院,按照"研发中心—公共平台—设备检测—产业基地"四位一体的发展模式,围绕关键技术研发、生产及检测设备和集成系统设计等环节,积极推动企业开展产学研工作,加快前瞻研究、技术攻关及成果转化。着力推进捷泰新能源电池片、海优威光伏胶膜等项目建设,增强本地产业链配套能力。积极引进企业发展光伏生产装备和配套产品,培育面向各类光伏应用的 EPC 专业服务商,推进制造服务化。支持普瑞美新材料、江西百思利等锂电池及结构件、储能材料、电解液等关键共性技术研发,做好光伏新型储能电池、氢能等新兴技术的发展布局,探索氢能与光伏转化的融合发展。

提升光伏组件产品竞争力。上饶市光伏产业的核心在光伏组件,其规模与市场影响在全球占有重要地位,产业的高质量发展要夯实基础,对关键技术和核心产品研发要加大力度,加强对熔铸、剖锭及切割等关键技术的创新,提高熔锭容量、降低晶片厚度、减少硅料损耗,重点发展单位耗能低、耗材少、效率高的高效低成本晶硅电池和薄膜电池等关键技术和产品,支持组件封装工艺关键技术和新材料的研发和产业化,鼓励发展光电转化率国际领先的单晶硅电池、多晶硅电池和薄膜太阳能电池,提高光能转化效率和产业竞争力。

发展专用设备及关键材料配套能力。核心企业的发展离不开配套能力的建设,上饶市光伏产业在加快核心产业发展的同时,通过不断发展高质量的配套产业,达到相互促进的目标。通过引进企业积极发展单晶硅棒、多晶硅铸锭切割、研磨、抛光等专用设备及薄膜太阳能电池生产用玻璃清洗、沉积、镀膜、激光设备、磁控溅射、组件测试设备的研制和产业化,集中力量引进超白玻璃和玻璃基板等太阳能电池配套产品项目,增强本地配套能力。

拓展多元化应用。引导光伏企业加快投资建设光伏发电示范点、光伏发电并网电站,突破光伏电站群控、智能微网等关键技术,促进先进光伏技术和产品的创新应用示范。在具备条件的园区工业厂房和办公楼、城市交通枢纽、会展中心、仓储物流等地,提升分布式光伏发电的渗透率。依托鄱阳等光伏发电产业基础，结合中草药种植、设施农业和渔业养殖等，拓展"光伏+"综合利用工程，确保光伏应用市场稳步增长。借势"一带一路"及"双循环"发展倡议，拓展新能源微电网系统、智能化光伏电站、分布式光伏发电市场化交易等新业态。

专栏 2-2　上饶市光伏产业龙头——晶科能源发展路径

晶科能源控股有限公司由（香港）栢嘉科技有限公司全资创办，集太阳能单晶硅棒（片）、多晶硅铸锭（片）、太阳能电池及电池组件研发、生产、销售、应用于一体，是国内最具规模的光伏产品生产企业之一，2010 年 5 月在美国纽约证券交易所成功上市。公司于 2006 年 12 月注册，注册资金 36500 万美元。

晶科能源是国家高新技术企业和国家火炬计划重点企业。公司生产的组件产品获得 ISO9001、IEC、TÜV、VDE、UL、CAS、CEC、INMETRO、MCS 等多项国际认证及荣誉称号，代表了世界一流的先进技术、工艺和卓越的产品品质。公司生产制造基地位于上饶经济技术开发区和浙江海宁市，规划用地面积 2500 余亩，公司还在南非、马来西亚投资兴建了生产基地，全球营销中心位于上海浦东新区，公司建立了全球化的营销布局，营销网络涵盖欧洲、北美洲及亚洲的 20 多个国家。2013 年 12 月开始实施"三年产能倍增"计划，2015 年提前一年完成倍增计划，综合产能突破 4GW，主营业务收入突破 300 亿元。2019 年成为全球出货规模第一、盈利能力第一的光伏企业。

三、重点产业的高质量发展

（一）电子信息产业（含光学、物联网）

1. 产业发展趋势

21 世纪是电子信息时代，电子信息产业对一国经济具有基础性、先导性和战略性作用，世界各国都非常重视该产业的发展。发达国家将其作为所有产业的核心，称其为第四产业，其发展程度关系到国家在未来国际竞争中的力量强弱，因而成为新的全球竞争焦点。我国电子信息产业包括集成电路、计算机、通信设备等领域，虽然起步较晚，但"后发优势"十分明显。经过改革开放40多年的发展，产业规模不断壮大，关键技术领域不断取得突破，骨干企业实力逐渐增强，已成为我国经济增长的重要引擎。

电子信息产业是全球化程度很高的产业，产业链各环节遍及世界各地，并在一些特定区域形成高度集聚。其产业高端化呈现两大趋势：一是位于产业高端的国家和地区主导着产业转移和国际资本流向，发达国家凭借其拥有的技术和品牌优势，主要从事高技术产品的研发和销售，将技术含量较低的产品生产向发展中国家和地区转移，发达国家在产业中的地位更加突出。二是掌握关键技术和核心技术的国家和地区在国际产业链中居于支配地位，很大程度上决定着电子信息产业的发展进程和方向，占领了利润分配的高端。总体上看，目前，我国电子信息产业低端化特征明显，主要表现为低技术含量、低附加值的加工制造比重较大，多数企业处于产业链的中低端。当前，面对发达国家"高端回流"和新兴经济体"中低端分流"双向挤压，产业向高端发展迫在眉睫。

在全球电子信息产业链中，我国是凭借廉价劳动力的比较优势参与加工制造环节生产的，但随着"刘易斯拐点"出现和"人口红利"逐渐消退，我国出现"用工荒"和"招工难"等劳动力短缺现象，导致人力成本不断攀升。在此背景下，全球组装加工制造环节加快向更具人力成本优势的东南亚等地区转移。在双重夹击下，国内已有一批制造业企业遭遇停产。此时，如果我国企业不能在产业高端化上有所作为，最终将在国际竞争中丧失优势。

2. 上饶市电子信息产业基础

上饶市光学产业发展源于凤凰光学，其前身是江西光学仪器总厂，创建于1965年8月，由上海照相机二厂、上海电影机械厂、南京测绘仪器厂、南京模具厂、江南光学仪器厂等内迁至江西上饶德兴花桥乡组建而成。经江西省人民政府批准，1988年3月全部迁至上饶市光学路，1996年3月进行现代企业制度建设改制更名为江西凤凰光学仪器（集团）有限公司，1997年5月独家发起设立凤凰光学股份有限公司并成功在上海证券交易所上市。2000年12月实施"债转股"，与中国东方资产管理有限公司共同成立了凤凰光学控股有限公司。2005年3月再次更名为凤凰光学集团有限公司。2015年7月凤凰光学成为中国电子科技集团有限公司旗下产业。

凤凰光学目前拥有员工3800人，主要从事光学镜片、光学镜头、电芯、照相器材、光学仪器零配件等产品的生产和销售，具有光学、机械、电子、塑料等多专业综合研究开发和生产经营能力，在光学冷加工、金属加工、热处理、表面处理、注塑、压铸和精密模具制造等加工工艺方面具有国内领先水平，已形成以上饶市为大后方，东连长三角，南接珠三角，三地互为犄角的生产布局。凤凰光学作为许多全球跨国公司的首选供应商之一，生产的产品广泛应用于国际知名品牌的数码相机、照相手机、投影机、安防监控等消费类光电子产品之中，出口业务占销售收入的70%以上。

上饶市光学产业已形成了全产业链，从镜片、镜头、模组到成套设备、研发的全环节光学产业链，企业数量达到240余家。龙头企业——凤凰光学瞄准"百亿凤凰"目标，红外模组、高端智能控制器等拓展项目即将建成。

上饶市电子信息产业大多是承接东部转移产业。例如，江西一舟电子有限公司，成立于2006年6月，是浙江一舟电子科技股份有限公司下属子公司，是较早从江浙一带转移过来的企业。一舟股份是国内最大的专业楼宇智能系统工程设计和产品制造企业之一。专注于综合布线解决方案，致力于为客户提供生产专业化的高传输、高清晰、高品质的电脑周边连接线。集团"SHIP"商标在2008年被认定为中国驰名商标，并多年连续荣获中国市场十大综合布线产品品牌，常在楼宇智能系统工程项目中被作为指定品牌。此外，上饶市电子信息产业在高密度线路板、电脑键盘、LED灯饰元器件、光学镜片等领域不断深耕。

3. 上饶市电子信息产业高质量发展路径

电子信息产业是江西省两个拟打造的万亿级产业之一，但在上饶市的企业与产业规模较小，技术创新能力差，产业链条不够清晰，产业布局分散，仍处于数量集合的初级阶段，还未真正形成符合产业发展要求的企业集群和产业链。提升产业发展质量要以优化创新创业环境为保障，以承接发达地区产业转移为依托，加强战略布局，着力引进一批行业龙头企业。扶持壮大行业骨干企业，成为支撑电子信息产业发展的主导力量；加大政策、资金的支持力度，在核心部件设计、制造及代工领域引进一批行业龙头企业；围绕产业链核心部件企业需求，培育一批规模优势明显、专业化水平较高的零部件配套骨干企业。重点支持本地企业提升配套能力，增强域外企业根植性。以龙头企业和关键产品为核心，引进关键元器件、电子基础材料、高端软件等领域的配套项目，加快培育一批中小型配套企业，引导龙头企业在本地配套，鼓励本地企业主动为龙头企业配套，促进产业向高端化、专业化和集群化方向发展。

聚焦光学、智能终端产品、半导体照明、北斗应用和数字经济产业等领域，以上饶经开区、广丰、玉山、广信、万年、上饶高铁经济试验区等地为重点，加快集群式产业链打造，培育壮大骨干企业。顺应江西省万亿级电子信息产业带布局，大力发展光学、半导体芯片、北斗终端制造、新兴电子元器件等产业，推动重大项目加快建设投产，加速壮大产业规模。创造条件组建上饶市电子信息产业研究院，提升产业科研水平。积极发展5G、工业互联网、人工智能、云计算、区块链、网络安全等数字经济产业，加快推进"数字基建"项目，深入开展企业"上云用数赋智"行动，不断拓展数字经济发展新空间，促进电子信息产业价值链的提升，把电子信息产业打造成为体现上饶市创新水平和制造实力的新增长极。

（1）光学产业。

加快转型光学产业。利用国家光学高新技术产业化基地的平台优势，发挥龙头企业的引领带动作用，把握智能安防、机器视觉、车载成像、医疗影像、VR/AR等领域高端光学镜头的市场机遇，进一步拉长产业链。支持凤凰光学全力向光学组件和光电模块转型，加快上饶立景创新高端镜头芯片封装项目建设，实现细分市场从材料、镜头到提供相关解决方案的全产业链覆盖，满足高清化、网络化、智能化需求，提高安防、车载、可穿戴设备等市场占有率。依托中电海康等行业龙头企业的引入，带动光学镜片、光学镜头、照相器材、光电模组、光学仪器零配件等产业链集聚，积极发展一批光电新产品，在安防产品和LED产品生产技术和规模上形成优势，不断增加产品的附加值，助推光学产业向光电产业发展，打造国内首个集智慧制造、智慧展示的光学特色小镇。顺应光学仪器微机化、光电化、自动化、智能化发展方向，以研制应用电荷耦合元器件（ICCD）、光纤传感器、半导体激光器等具有优异性能的光电器件和功能材料为突破口，促进光学仪器产品向光电化、小型化、高分辨方向转型，推动光学产业和电子信息、安防、汽车、医疗等行业的融合发展。与国内一流科研机构合作，建设全国领先的新型高灵敏度、高可靠性、强抗干扰能力的光学仪器产业化基地。抢抓新型光学材料进口替代的战略机遇，引进实力雄厚的大企业，以镧系光学玻璃、环保系列光学玻璃、低熔点及磷酸盐光学玻璃、光学薄膜为重点，建设国内一流的高端光学材料产业基地。

强化国家级平台建设。着力完善以光学检测中心为初步框架的光学产业公共技术服务平台体系，支持倍耐性实验室、模具中心等建设，增强高端检测仪器设备的配置，壮大专业光学检测团队，提升检测标准项目全覆盖能力，全力打造国家级光学检测中心。积极推动盛奇光学产业园、光学三基地等产业园建设，加强不同区域同业联动，实现创新资源共享，扶持中小微光学企业健康发展。推动国家光学高新技术产业化基地建设，把上饶市打造成为"中国光学城"。加强上饶市光学产业协同创新网络建设，以协同创新网络推动技术创新，以创新网络构建带动生产网络升级。整合现有创新资源，建立健全由产业创新中心、企业技术中心、公共服务平台构成的光学产业创新网络。瞄准光学领域关键共性重大技术研究和产业化示范，促进企业与国内外光学领域领先科研机构合作，加强产学研用协同创新，组建有较大影响力的国家级光学创新中心。

专栏 2-3 中国光学城

上饶市光学产业规模居江西省首位，龙头企业凤凰光学股份有限公司拥有月产光学镜片 2000 万片，各类光学镜头 500 万只的生产能力，稳居国内首位，进入全球前三名；与中电海康形成战略合作关系，启动了一批智能制造新项目；推进光学产业中高端集聚区建设，促进光学产业融合发展。光学产业的产值及规模将上一个新台阶，建成全国闻名的"光学城"。

（2）智能终端及配套产品。

电子元器件。依托数智电子科技园、芯片产业园的建设，提振产业链关键企业的招引能力，围绕集成电路封装、半导体分立器件和触控显示器等电子器件制造，带动芯片、电子电路、电子材料、敏感元件及传感器发展，力争融入沿海地区电子信息产品制造业集群，逐步形成国内电子元器件细分行业的重要生产基地。鼓励企业攻克产品设计与关键工艺技术，提升片式化、微型化、集成化、智能化、绿色化等新型电子元器件和关键零部件的研发、生产能力，支撑相关通信设备制造、终端电子产品的发展。支持有色金属与电子信息产业跨链融合，突破发展高性能、高精密电子材料，满足数字技术、微电子技术发展的特性需求。

智能终端。立足承接长三角、珠三角电子信息产业链的区域性布局，着力吸引网络设备、通信模组、光模块等产业链项目，促进产业链上下游需求和供给的有效匹配，提高本地产品配套率，培育特色产业集群和自主品牌。聚焦促进信息消费扩大内需，结合 5G 发展布局，加强与智能手机、可穿戴设备、AR/VR 装备和汽车电子等厂商的合作，开发生产小而精、附加值高的智能终端及消费类电子系列产品，培育发展更贴近用户个性化需求的特色智能终端产品。提升企业技术创新能力，丰富产业产品门类，培育具有品牌效应的龙头企业，打造具有区域影响力的智能终端产品制造基地。

智能家居。紧扣人工智能、物联网、大数据等新一代信息技术赋能家居产品趋势，鼓励企业积极布局参与前装市场，提高家居产品的智能化渗透率，大力推进智能家居产品的研发，增强用户"产品+软件+服务"的新型消费体验。支持发展安防和门锁智能化产品、基于物联网智能家居照明系统和智能卫浴产品等，借力多样化的产品设计，满足不同家居场景需求。支持具备芯片、通信模块、智能控制器等关键环节研发制造能力的企业落地，在垂直细分领域形成跨区域协同产业链。引导企业加强与互联网企业、家装企业、设计师、酒店服务商等的合作，协同突破产业发展瓶颈，实现向柔性化、定制化等服务型制造蝶变跃升。

（3）半导体照明。

加快应用创新开发。以自主知识产权的硅衬底 LED 技术和产品为主线，着力突破新功能半导体照明材料、器件制备和系统集成等关键技术，扩大国内外市场份额。引导企业密切跟踪 OLED 照明发展态势，关注车载、商业等高阶消费市场的应用，做好相关产业技术积累。围绕智慧路灯生态系统、城市夜景和建筑照明、文旅光环境艺术照明等智能互联照明及新兴应用，以需求端带动 LED 研发端提升。开发面向科研、教室、医疗及防疫的 LED 产品和集成系统，拓展功能复合化、多样化及便携式的移动照明等消费端照明，营造更加安全、舒适、高效、节能的照明环境。

构建融合集聚生态。以玉山光电产业基地为核心，强化江西众光照明、江西索普信等企业的引领作用，加快聚集成链蓄势，加速产业规模扩张。推进半导体照明与人工智能、5G、物联网等的深度融合，促进智慧照明产品研发和产业化，支撑数字城市、数字社区和智能家居的发展。加快 LED 照明产品生产设备智能化改造，推广绿色生产制造示范，提高产品生产效率和质量。积极培育具有国际竞争力的龙头企业，引导中小企业聚焦细分领域实现特色化发展，扩大品牌影响力。

（4）北斗应用。

增强应用研发实力。依托江西北斗卫星产业基地的建设，加快布局北斗导航应用产业的发展，大力引进央企和细分行业领军企业，推动相关北斗项目落地。

支持研发基于北斗的车载智能终端芯片、智能语音及智能应用解决方案，发展基于北斗的文化、教育、卫生等智能服务终端，逐步形成芯片研发、终端制造、数据处理等较为完善的产业链。培育一批具备长期发展潜力的配套中小企业，提高自主创新水平，带动产业转型和信息消费升级，助推北斗导航应用成为上饶市战略性新兴产业的新生力量。

创新北斗应用模式。立足江西北斗综合信息服务平台的优势，锚定"北斗系统+互联网+物联网"三网融合目标，构建数据资源共享平台，推动在位置服务、智慧城市、云计算、移动互联网等领域，开展北斗导航应用示范，提升时空智能服务能力。加强北斗系统应用基础设施建设，结合上饶市数字城市建设和公共服务需求，支持有资质的企业开发精准公交、消防救援、老人关爱、道路危房检测等场景服务，探索北斗商业运作模式，完善行业发展应用环境，带动新技术、新业态的推广。

（5）数字经济产业。

紧扣科技革命与行业变革的时代脉络，大力支持融合赋能创新，把着力推动"智慧上饶"和"数字江西"建设作为主攻方向。发挥江西省唯一的数字经济示范区、江西省首个大数据产业基地、首个大数据科创城、首个数字经济小镇的空间载体优势，主动出击，实施数字经济"一号工程"，加快推进5G、IPv6、物联网等"数字基建"项目，积极布局发展大数据、工业互联网、区块链、信息技术应用创新等领域，做大数字文化、数字呼叫、数字营销、数字金融、互联网内容审核等优势产业，抢占未来产业制高点。

大数据与云计算。深化高铁经济示范区大数据产业基地、核工业赣东北大数据研发中心、江西一舟大数据产业园等建设，融合大数据与云计算服务模式，培育一批大数据示范企业，发展大数据中心基础设施的生产制造，打造大数据技术服务、流通交易、科研"双创"等公共平台。围绕政务服务、普惠民生、公共服务、产业创新等领域，开展数据采集、存储、挖掘、安全等领域关键技术攻关，承接大数据服务外包，形成一批典型大数据优秀产品、服务解决方案，构建区域性大数据产业集聚区。聚焦华为江西云数据中心建设，进一步盘活数据中心资源，推动云服务商和重点领域企业的供需对接，促进文娱、教育、医疗等重点行业企业上云，实现云计算深度应用。

5G与物联网。把握数字新基建的发展机遇，依托中国移动5G联合创新江西（上饶）开放实验室、中国电信"5G+数字"乡村创新基地等平台建设，重点布局5G产业生态，推动5G在智能制造、智慧医疗、智慧旅游、智慧民生、车联网、VR、城市治理等融合应用，建成全市5G场景应用示范推广体系，打造江西5G产业发展和融合应用的上饶样板。加快甬舟物联网智慧产业园等项目建设，整合传感器产业研发设计技术、相关软硬件及测试技术的优势，带动温度传感器、光传感器、图像传感器等多种产品开发制造，为智慧城市、工业互联网、汽车电子、消费品电子提供完善的物联网产品与解决方案。

工业互联网。加快工业互联网网络关键设施建设，围绕有色金属、光伏新能源、汽车、机械制造等重点行业，布局建设工业互联网标识解析二级节点、"星火·链网"骨干节点等一批产业数字化平台项目，支持企业"建标识""用标识"，推动行业两化融合贯标提升。引导工业场景持续开放，推进工业仿真工业大数据应用软件研发与产业化，助力企业业务流程再造和组织模式创新。构建新型企业级工业网络，推进基于工业PON、5G、IPv6和标识解析等新技术应用，打造行业特征鲜明的工业互联网应用标杆企业。加快工业和信息化部工业互联网创新发展工程（上饶）实训基地、中国联通（上饶）工业互联网研究院建设，依托工业互联网平台型龙头企业，聚焦设备联网、协同制造、超大规模个性化定制、技术解决方案等方面，着力构筑"平台+"服务。

区块链。招引培育一批优秀区块链企业，聚焦系统平台、应用软件、硬件设备等环节，推进区块链服务器、存储设备、安全设备等产品开发。深化与阿里巴巴等国内区块链领先企业合作，在智能制造、金融征信、政务数据共享、产品防伪溯源等领域打造若干个典型应用场景，发展智能合约、身份认证、资产数字化、安全防护等区块链行业应用和技术解决方案。探索江西上饶数字经济生态社区建设，支持设立区块链创新基地、公共服务开放性平台，促进区块链产业聚集和技术创新应用。

信息技术应用创新。抓住信息技术应用创新国产替代的重大机遇，加快推进信创智慧产业园江西可控计算机整机、紫光恒越的信创网络产品及鲲鹏服务器代工生产线等信创项目建设，打造自主安全电脑、服务器等整机及其上下游配套研发生产基地、软硬件适配中心。鼓励自主软件产品开发，支持应用迁移、信息服务创新在政务、医疗、交通、旅游、司法等场景应用，培育一批行业应用软件运营服务商和平台服务商，力争建成全省、全国信创标杆项目。积极引进头部企业带动产业集聚，加快培育基于下一代互联网、云计算、大数据等新兴服务业态，着力增强信息消费供给能力。依托上饶市信息技术自主创新基地建设，引进一批自主创新软件开发、终端制造、信息安全等企业和项目，支持本地信息安全骨干企业做大做强，培育发展信息安全专业服务。

"数字+"产业。以上饶高铁经济示范区为核心承载空间，着力推动上饶市网易联合创新中心等项目建设，发展数字文娱、数字营销、数字医疗、数字金融、数字呼叫等产业，培育在线新经济和新业态。加快建设贪玩游戏产业园，集聚一批互联网创新企业，发展动漫、网络游戏、网络文化等新模式，打造江西省最大游戏城。支持巨网科技、腾商国际等企业，以数字化营销系统赋能产品内容。围绕与华为公司共建产业云平台、江西新工科学院、华为供应链企业园等，助力数字存储产业培育。聚焦共享（电）单车规模化发展，做大上饶滴滴呼叫城。抢抓新兴金融科技业态快速发展的契机，培育发展区块链金融、消费金融、供应链金融、大数据征信与风控等场景。探索与国内外创新资源合作，发展远程诊疗、互联网医院、智慧养老等现代医疗与健康管理服务的新形态。

（二）非金属材料产业

1. 发展趋势与机遇

非金属材料作为工业发展中的重要材料，一般具有密度小、质量轻、耐压强度高、硬度大、耐高温、耐腐蚀等特点。在碳达峰碳中和背景下，非金属材料如高性能纤维材料、特种玻璃材料、新型建筑材料被应用于节能减排相关领域。随着碳中和各项政策的出台，非金属材料的应用推广也有望加速。

作为上饶市非金属材料产业中比重较高的水泥产业生产规模和技术装备越来越趋向大型化，新型生产技术和装备具有单位容积产量高、热利用效率好、电耗低、污染小、劳动生产效率高、产品质量稳定等特点，操作管理自动化、环境保护生态化等都是水泥产业的发展方向。近年来国内逐步推行各工业行业的环保政策，其中水泥行业尤甚，要求水泥产业配套建设高效脱硫、脱硝、除尘设施，执行大气污染物特别排放限值等，地方政府加快"腾笼换鸟"，要求水泥工厂限产、关闭、拆迁（如北京市、上海市等），不断压缩水泥企业的生存空间。同时，水泥窑协同处置城市生活垃圾和危险废弃物技术日渐成熟，华新水泥、海螺集团、华润水泥、中材集团、金隅集团等龙头企业通过技术创新和产业化推广，建立了适应不同条件下协同处置生活垃圾的各种技术路线和产业示范工程，为水泥产业向环保产业转型奠定了坚实的基础。规模扩张、并购重组、技术升级将是行业发展主基调，弱势企业将被迫退出。

2. 发展基础

2021 年，上饶市非金属材料产业实现主营收入达到 253.4 亿元，占全市规模以上工业的比重达 8.1%，同比增长 9.0%。其中，规模以上新型建材企业达到 224 家，包含新型建筑装饰装修材料、新型防水密封材料、新型保温隔热材料等企业。上饶市石灰石资源储量丰富、品质优良。石灰石探明储量达到 7.14 亿吨，占江西省总储量的 44%。其主要分布在弋阳、玉山、万年、德兴。同时，工业尾矿和固体废弃物丰富。弋阳形成了以水泥、轻钙、重钙、硅酸钙板等产品为主的新型建材产业，弋阳海螺水泥有限责任公司采用国际最先进的生产技术，通过控制游离钙在水泥的含量，利用同位素质量检测仪快速检测在制产品品质。玉山万年青熟料生产线迅速扩张，使上饶市成为江西省最重要的新型干法水泥生产基地，其中玉山在江西省被首先授予"新型建材生产基地"。

上饶市生产非黏土类新型墙体材料资源丰富，石灰石、页岩资源储量大、品质优，可为生产混凝土空心砖、多孔混凝砖等提供丰富的原材料。

3. 高质量发展路径

聚焦新型建材、黑滑石、石灰石、新型水钻和瓷石等领域，以弋阳、玉山、广丰、德兴、余干等地为重点，以先进绿色技术赋能矿产资源开发利用、培育壮大产业规模为发展方向，立足非金属材料作为重要基础原材料产业的特性，发挥龙头企业的引领作用，积极采用先进设备和清洁生产新技术，加大非金属矿物的开发力度，发展多功能新型墙体材料，利用固体废弃物生产的新型建材、高附加值建筑陶瓷、活性石灰石和氢氧化钙原料等。稳步提高非金属材料深加工水平和绿色产品比重，推动非金属材料与上下游产业、信息技术和生产性服务业的融合，形成布局合理、结构优化、节能降耗的产业发展格局。对接高端市场需求，加快水钻材料加工向饰品制造转变，提升时尚美誉度和品牌显示度，把上饶市建设成为具有全国影响力的非金属材料创新应用高地。

（1）新型建材。

发展绿色生态水泥。全力支持水泥行业并购重组，强化规模优势。以海螺水泥、万年青水泥、南方水泥等大企业集团为龙头，以技术、管理、资源、资本、品牌为纽带，通过公开拍卖、股权转让、租赁经营及托管经营等多种方式加快产业链和价值链融合，整合岩瑞区块的中小水泥企业，提高水泥产业集中度，以规模优势实现成本控制，强化与国内大型水泥企业的联姻发展，提升上饶水泥产业参与省内及全国的竞争能力。大力延伸水泥产业链，拓展水泥下游制品，提高产品附加值，防范市场风险。充分发挥资源、资本、规模、人才和管理优势，鼓励水泥企业开展产品创新，以现有企业为核心，鼓励产业链延伸或引入战略合作伙伴，向混凝土外加剂、干粉砂浆、混凝土路面砖、水泥混凝土建筑构件等相关产业及高端高质高附加值方向发展，提高企业核心竞争力和抗风险能力。

以建筑产业现代化和绿色建筑需求为导向，发展墙材产品部品化、标准化、系列化、通用化、多样化生产，提高水泥制品企业的生产技术和管理水平。加强新型墙材应用及系统集成技术研究，突破应用软件开发等关键环节，满足建筑现代化的多功能需求。积极推动绿色生产技术、装备改造及废物处理技术应用，强化粉尘控制和清洁生产，打造绿色建材基地。

开展燃料替代、水泥窑协同处置城市生活垃圾、余热发电、碳捕捉等技术的研发、示范应用及推广。推广固体废弃物综合利用装备技术，建设江西省水泥窑协同处置废弃物试点基地。培育更多的循环经济试点，提高资源节约集约利用水平。积极争取上饶市和江西省政府的认可和支持，充分利用国家资源，综合利用税收鼓励政策，降低生产成本。

聚力行业智造转型。利用5G、工业互联网、人工智能、大数据等新一代信息技术，加快赋能水泥行业转型升级，建立示范应用生产线，联合产业上下游搭建智能生态圈，实现节能减排和降本增效。支持龙头企业联合工业互联网企业，打造工业大数据生产及能源智能管控平台，通过数字化规划设计、智能生产、能耗水耗管理、安全环保管理及固体废弃物协同处置等先进管理模式，提高生产管理效率、资源综合利用率，降低能源消耗和设备故障停机率，提升行业整体效益，力争在新一轮行业发展中占据制高点。

（2）黑滑石加工。

高效利用矿产资源。充分发挥广丰区得天独厚的黑滑石资源优势，以资源综合开发利用为核心，推动矿权整合和项目建设，引导生产、科研、服务、资金、劳动力等要素向精深加工产业集群聚合配置。增强上游企业创新开发能力，大幅提高黑滑石原材料的品质，由销售原矿、初加工产品趋向精细加工、应用产品开发。吸引有品牌影响力的黑滑石深加工企业向产业园区集聚，促进黑滑石深加工产业规模化发展，实现产业链延链强链。积极利用矿山废弃物，发展装配式建筑新型墙体部件，形成有序合作的产业生态，打造黑滑石深加工产业基地。

开拓高端应用市场。依托产业园区设立黑滑石深加工科研机构，加快先进煅烧设备及配套设施建设，围绕煅烧滑石、陶瓷原料泥、陶瓷配方泥、黑滑石超细粉等加工产品，全面提升生产工艺水平，为下游提供不同质量、不同性能要求的优质原料。重点关注黑滑石市场走向，以建筑陶瓷、日用陶瓷和电器陶瓷为主导，密切与景德镇、潮州、醴陵等国内陶瓷主产区的产业链深度合作，促进陶瓷釉料、陶瓷墙地砖原料的规模扩张，打造日用陶瓷、工艺美术陶瓷原料的高品级影响力。挖掘黑滑石在不同行业领域的发展潜力，支持企业向下游塑料制品、橡胶制品和涂料等填充剂开发延展，积极开拓精细化工、医疗设备、航空航天和汽车等先进陶瓷应用市场，做强广丰区"世界滑石之都"品牌。

（3）其他类非金属材料。

新型水钻产业。把握国内外时尚创意和服装服饰发展潮流，以余干工业园区水钻产业园为核心，以龙头企业为引领，加快突破高性能水晶玻璃加工技术及设备制造，构建由水晶胚、水钻和水钻衍生品构成的完整产业链，推进水钻产业集群化发展。立足国内外两个市场，发挥"中国水钻研究院"的产学研优势，集聚一批具有核心竞争力的科技创新团队，突破水钻材质制备、水钻服饰设计研发能力，引导产业链走向高科技精深加工。对接国内外时尚饰品及服装产业链，逐步推进高端水钻饰品研发，培育具有文化内涵的当地特色产品，提升余干水钻市场占有率和品牌知名度，打造全国最大的水钻生产和集散基地。

瓷石产业。围绕弋阳县超大型瓷石矿产的资源优势，紧扣产品附加值提升，加快引进矿产开发及应用领域的龙头企业、矿产资源精深加工项目，开展高标准瓷石矿开采、提炼及加工，有序推进矿产资源开发利用，打造全国性的优质陶瓷原料产业基地。组建产业链联合体，协同开展技术创新，重点支持企业与江西景德镇陶瓷大学等高校及科研机构搭建研究合作平台，围绕全产业链推进新材料、新产品、新工艺开发，提高瓷石矿产利用率。对接国内战略性新兴产业、现代服务业发展需求，以工程陶瓷应用制品研发为重点，研究开发结构陶瓷、功能陶瓷和电子陶瓷三大系列陶瓷新材料及制品。结构陶瓷重点发展氧化铝、氧化锆、氮化硅、碳化硅等氧、氮、碳化合物陶瓷制品，扩大陶瓷挤压模具、陶瓷内衬件、陶瓷轴承、刀具和活塞等产品的规模；功能陶瓷重点发展红外隐身、热敏、压电等材料，发展陶瓷过滤器、尾气净化材料及陶瓷传感器、陶瓷汽车制动材料等系列产品；电子陶瓷重点发展陶瓷真空开关管及管壳、氧化铝陶瓷基片、陶瓷压力传感器等产品；加快节能环保陶瓷研究开发，积极推进无铅、无镉及纳米陶瓷基复合材料的研究和生产。

（三）汽车产业

1. 发展趋势

自 2017 年以来，受宏观经济环境等多种因素的影响，汽车的产销出现了 28 年来的首次下降，近期虽然降幅有所收窄，但是行业整体仍面临较大的压力。汽车产销整体下滑本质上是在经济下行及居民收入放缓的宏观大环境下，消费者的购买力和购买意愿受到影响，对整车厂提出了巨大考验。从产业发展规律来看，当前中国汽车工业进入了市场和产业结构的调整期，综合考虑经济增长、城镇化进程、节能环保标准的升级和老旧汽车报废更新等多种因素，特别是在新一轮科技革命和产业变革的推动下，汽车产业的电动化、智能化、网联化、共享化叠加交汇，可以为汽车工业的发展赋能。汽车产业的能源动力、生产运行和消费方式都开始全面重塑，中国汽车产业长期向好的发展态势没有改变，中国汽车产业正处在由高速增长阶段转向高质量发展阶段的关键时刻。

在各国政府加大环保力度的背景下，新能源汽车的市场需求持续增长。根据有关数据显示，2019 年，全球新能源汽车销量达到了 238 万辆，同比增长 2.6%。其中，中国成为全球最大的新能源汽车市场。随着技术的不断成熟和价格的逐渐下降，新能源汽车的市场需求将会进一步扩大。随着新能源汽车产业越来越受到重视，相关产业链也在不断完善。从电池到电机再到整车，新能源汽车产业链已经形成。这些完善的产业链有利于提高新能源汽车的生产效率和降低成本，同时也为产业的可持续发展奠定了基础。各国政府对新能源汽车的政策支持也是新能源汽车产业发展的重要因素。例如，我国政府出台了一系列鼓励新能源汽车发展的政策，如免征购置税、免收车辆购置税、补贴等，这些政策的出台促进了新能源汽车市场的快速发展。当前新能源汽车产业已进入转型升级的关键时期。未来在电池革命上的突破将是新能源汽车的爆发点，下一代锂电池、新体系电池和燃料电池等核心技术的发展，将会大幅提高汽车的安全性、可靠性、稳定性。围绕新能源汽车产业的配套设施建设如充电、加氢等将成为这一产业稳定发展的保障。同时，推进产业融合，促进新能源汽车与智能电网、智慧交通、智慧城市等协同发展。

2. 上饶市汽车产业的现状

上饶经开区是上饶市汽车产业龙头企业集聚区。经开区致力推动"两光一车"（光伏、光学、汽车）产业发展，《上饶经开区汽车产业概况及发展规划》

提出到 2020 年左右，致力于打造"653111"的汽车产业。"6"即建成六个整车生产企业；"5"即引进发动机、增程器、电池、电机、电控五类汽车核心零部件企业；"3"即引进不少于 300 家汽车零部件企业；"1"即建成一个以汽车检测中心为主的汽车综合试验场；"1"即建成一个 10 平方千米的汽车特色产业城；"1"即实现汽车 120 万台的产量、1500 亿元的产值。努力将上饶经开区打造成为"江西汽车城"。

上饶经开区共引进包括长安跨越、吉利、汉腾、中汽瑞华、博能商用车及爱驰汽车 6 个整车项目，计划总投资达 615 亿元。为促进项目招商落地，上饶经开区招商局还专门成立汽车产业办，并设立了振兴发展云济一号、爱车新能源、汉腾新能源、中汽零新能源等 11 只产业子基金。

汽车产业是上饶经开区发展最快的一个产业，形成了"6+7+1"格局："6"指的是传统汽车的发动机和新能源汽车电池、电机、电控三电系统、增程器和新能源汽车动力总成项目正在快速建设、投产。其中，电池企业产品涵盖了磷酸铁锂、三元锂电池和镍氢电池等主流电池类型，年总产能达 30 亿安时。"7"指的是以新能源汽车核心零部件产业园、关键零部件产业园、安信零部件产业园和中汽零彩诚汽车零部件基地为中心，经开区内已签约入驻一批汽车钣金冲压件、内外饰件等零部件企业 70 余家。"1"指的是正在建设国内功能最全、智能化最高的新一代汽车综合试验场，建成后可为半径 500 千米的汽车整车厂提供汽车检测、试验等服务。但由于江西中汽瑞华的退出，目前聚集长城汽车、爱驰汽车、博能上饶客车、吉利商用车和吉利客车 5 个整车企业，建成后可形成 60 万辆乘用车和 22 万辆商用车的产能，初步形成了"新能源与传统汽车齐头并进，乘用车与商用车交相辉映，整车与零部件企业互动发展"的良好产业发展格局。

在政府的强力推动下，上饶市汽车产业摆脱了以往上饶客车一枝独秀的状况，形成了百花争艳的繁荣景象，但还存在产业规模偏小、研发能力较弱、专业人才资源缺乏等问题。近年来虽有数家整车企业和部分零部件生产企业签约入园，但实际产量仍然有限。多家乘用车企业刚刚起步处于市场开拓阶段，对整车企业的研发、生产、质量控制、供应链和营销能力都是巨大的挑战。受汽车产业大环境和企业自身运营的影响，上饶市汽车产业正面临着较为艰难的处境。2021 年上饶市全域汽车制造业主营业务收入为 64.6 亿元，营业利润为 -7.7 亿元，59 家规模以上汽车制造企业中有 17 家处于亏损状态。

3. 高质量发展路径

聚焦传统汽车、新能源汽车、汽车零部件等领域，以上饶经开区、广信、余干等地为重点，以打造新能源汽车全产业链，主攻智能化、网联化、低碳化为发展方向，深入实施发展新能源汽车国家战略，以新能源汽车整车制造为重点，支持爱驰汽车、吉利汽车、长城汽车达产达标。加快以整车为牵引的"能源+智能"汽车产业链布局，推动电池、电击、电控"三电"系统相关产业集聚发展，促进地区产业链上下游协同，全面提升装备制造竞争力。积极推动上饶市新能源智能化汽车综合试验场项目建设，扩大新能源汽车造车新势力品牌的影响力，促进城镇及农村地区新能源汽车推广应用。努力建成以上饶经开区为核心的"江西汽车城"。

（1）传统汽车。

深化整车装备制造。做强龙头整车企业，依托长城汽车品牌优势，迅速打响上饶市汽车产业知名度，以整车制造为核心、关键零部件为配套、相关产业为服务，构建优质汽车产业集群。壮大新产品投放、核心零部件研发生产和本地配套能力。优化可再生能源利用，贴近制造工艺的技术改造、制造协同管理、能源管理等环节，培育从汽车零部件研发、整车制造到汽车后服务的安全可控全产业链，助力上饶经开区更好地实现"双碳"目标，成为江西汽车产业重要的整车生产和研发基地。

（2）新能源汽车。

加强整车集成创新。优先发展纯电动汽车，紧密跟踪燃料电池汽车，促进汽车与能源、交通、信息通信等产业深度融合发展。在确保汽车产业稳步增长的基础上，激发龙头企业的创新活力，围绕降低成本、提高安全等核心问题，加快整车集成技术创新和短板弱项突破，打造新能源引领智能驱动的全产业链集群。紧扣帮助本土汽车扩大市场份额，支持爱驰汽车、吉利新能源商用车、博能商用车等整车企业，在竞争激烈的新能源汽车制造领域找准市场定位，发展市场认可度高、核心竞争力强的特色产品。不断提升整车智能化制造能力，打响新能源汽车自主品牌。

创建场景应用生态。在上饶市范围内规划布局新能源汽车充电桩建设，引导企业创新商业模式，建立公共领域新能源汽车运营管理平台，率先并循序渐进在公交、出租、公务、物流、环卫等公共领域推广应用，支持企业开展新能源汽车下乡活动。围绕5G网络、北斗应用、大数据和云计算部署的稳步推进，超前布局智能网联汽车的研发应用平台、大数据云控基础平台及车用高精度时空服务系统等，紧跟国内智能网联汽车发展速度，促进产业合作生态形成。高标准建设新能源智能化汽车综合试验场，联动长三角地区智能网联汽车道路测试的"互联互通互认互信"，逐步拓展多场景多模式综合测试示范，加快智能网联汽车技术落地。

（3）汽车零部件。

鼓励整车和零部件企业协同发展，支持余干汽摩配产业园及铅山、鄱阳等地，加强与本地和国内外整车企业合作，进一步提升现有传统汽车的技术水平，提高零整比，做大做强自主品牌，扩大国际市场占有率。紧密衔接上饶市新能源汽车的快速发展，不断完善汽车及零部件配套体系，全力推动建立电驱动产业研究院，突破电机、电控、动力电池制造工艺和安全性及储能应用等关键环节，提高汽车电子综合集成水平、制造工艺水平。加快中国汽车零部件（上饶）产业基地、核心零部件产业园建设及安信汽车零部件产业园满园扩园，夯实产业链供应链保障能力。

大力挖掘汽车后市场潜力。把握汽车后市场发展的机遇，坚持高品质、多样化配件开发生产，推动产业链向上下游延伸。支持采用新型市场推广机制及商业模式创新，促进品牌化发展以赢得更多的市场。支持建立电商平台或利用第三方电商平台开展线上经营，拓展产品销售渠道。支持以"互联网+"、车联网等形式为代表的新型市场推广机制及商业模式，带动汽车消费使用和新能源汽车在公交、出租、公务、城际客运、城市物流等领域应用及配套服务能力提升。依托汉腾汽车产业园、彩诚实业，推进汽配五金机械产业园建设，并积极促进汽车城向汽车商业综合体（AUTO MALL）和汽车主题公园（AUTO PARK）业态发展。通过特许经营、专业公司运营等方式引导社会资本积极参与到新能源汽车推广、应用和充电基础设施运营、建设中来。依托中国汽车零部件工业有限公司的行业资源和其他社会投资主体，加快汽车零部件产业制造基地建设和汽车后市场服务体系开发，通过招引、整合，带动汽车贸易、二手车市场、二级零部件市场、汽车装具装饰、物流运输、汽车会展、信息服务等相关行业快速发展。

专栏2-4 上饶市汽车产业发展历程——博能上饶客车

上饶市汽车产业发展源于客车产业。江西博能上饶客车有限公司前身为上饶客车厂，始建于 1969 年，拥有悠久的客车制造传统，为原国家机械工业部客车生产定点企业、骨干企业，也是全国最早出口海外的客车企业。公司于 2007 年由上饶市城区迁入上饶经济技术开发区，在德国奔驰客车前 CEO 肯波夫先生的指导下设计建造的新工厂占地面积 365 亩，拥有冲压、焊接、涂装、总装四大工艺生产能力。公司专业设计、生产大中型客车，具备年产大型新能源客车 2000 辆，其他各类客车 4000 辆的整车产能，产品涵盖 6～12 米大中轻型各类客车，包括校车、团体、公交、旅游客运、新能源和特种专用车六大系列 60 多个品种，公司已通过 ISO9001：2008 质量体系认证，所有产品全部通过国家"3C"强制认证；相关配套企业也全部通过 ISO9001 质量体系认证，关键零部件全部通过"3C"强制认证。

目前公司总人数 700 余人，专业技术人员占总人数 20%以上，公司技术中心为江西省唯一一家省级客车技术研发中心，以全国首创发动机后置技术、率先引进全承载车身技术著称。

（四）机械制造业

1. 发展趋势

机械制造业指从事各种动力机械、起重运输机械、农业机械、冶金矿山机械、化工机械、纺织机械、机床、工具、仪器、仪表及其他机械设备等生产的企业的总和。机械制造业为整个国民经济提供技术装备，其发展水平是国家工业化程度的主要标志之一，是国家重要的支柱产业。机械制造行业一直是国家重点支持的领域，尤其是近年来，为实现经济的转型升级，国家制定了多项产业政策和发展规划，大力推动装备制造业的振兴和发展，重点支持高端装备制造业，取得了一定成效。2021 年我国机械工业增加值同比增长 10%，机械工业资产总额达到 28.4 万亿元，实现营业收入 26 万亿元，实现利润总额 1.6 万亿元，完成进出口总额首次突破 1 万亿美元，实现贸易顺差 3144 亿美元，各项指标创历史新高。机械工业产业规模及汽车、电工电器等一批重点产品产量连续位居世界前列。

（1）新一代技术革命和产业变革纵深发展。

以分布式可再生能源、智能电网为主的新能源技术，以新型显示、纳米复合材料等为主攻方向的新材料技术，以工业机器人、增材制造为重点前沿的智能制造技术等新兴技术群体不断突破，推动着新一轮科技革命和产业变革向纵深发展。在此过程中，以机器人为代表的智能化生产工具、以分布式新能源为基础的劳动资料、以新材料和新空间为劳动对象及以创业者和创意者为主要人力资本，推动制造业进一步朝着智能化、数字化和网络化的方向发展。智能时代的机械加工以计算机弥补个人把控能力的不稳定性，通常会以最优解来执行命令，一般不会出现过分的精度偏差，而且精度能够统一指定。智能化的加工系统能够全面模拟人工过程，工作稳定高效甚至还有自我学习进化的能力，某些方面比之于人工有着明显的优越性，在将来的道路上会得到更全面的开发。互联网技术的通信革命使得全球信息交互交织为一体，制造业方面的技术进步和产品研发可以无视空间时间以极低的代价跨越区域，实现实时在线交流和传输。网络通信的普及和发展重新定义了生产和创新的基础内涵，使从规划设计、材料选取、制造加工再到销售模式及市场定位的步骤发生彻底改变，极大地缩减了技术进步的周期和企业间的交流成本。

（2）全球机械制造业发展进入深度调整期。

伴随着大量新技术的群体式突破，机械制造业中一些新产品、新业态跃然而出，先进机械制造业发展更是进入深度变革期。一是产业价值链结构悄然生变。随着产品信息化密度提升和模块化水平的提高，传统机械制造业链式价值体系将逐渐转向更为分散、开放和灵活的网状模式。对价值网络起决定性的不仅是企业拥有资源的数量和质量，更取决于企业资源的布局和灵活性。二是制造和服务融合发展。未来个性化制造成为制造业发展的主要模式，服务流和信息流的广度将决定了机械制造业市场的广度。一些国际机械制造巨头早已开始将主营业务由制造的单一模式向"制造+服务"的混合模式发展。三是机械产品的知识密集程度快速提升。机械制造业发展由传统的投资驱动、要素驱动向创新驱动转变，高端机械产品的知识密集度和技术密集度将越来越高。

（3）新技术新业态新模式在价值链中纵横延伸。

随着信息技术的发展，数字技术的应用贯穿了装备产品的全生命周期，从研发设计、生产制造到市场营销、售后服务等，使机械产品的内涵发生了根本性变化，产品功能得到极大丰富，性能发生质的变化，从根本上提高了产品水平和市场竞争力，提升了产品的价值链。伴随着大量新技术的群体式突破，机械制造业中一些新产品、新模式、新业态跃然而出。机械制造业将从大批量、少品种所带来的规模经济走向小批量、多品种所形成的规模经济。以数字化制造和众包型研发为基础的个性化制造模式是制造业的一种典型发展趋势，一些具有前瞻性的企业已经跃跃欲试，试图在制造模式上取得突破。

2. 上饶市机械制造产业基础

上饶市机械制造业集中在矿机、轴承、汽车配件及小型机械等领域，并且在全国具有较大的影响力。其中，耐普矿机具有国内一流的矿山机械设备设计能力和新材料、新产品研发能力，拥有国内最先进的 8000 吨平板硫化机、大型龙门加工中心、数控加工中心、立式车床、$\Phi 4.5 \times 14m$ 高压硫化罐等多种高尖端设备，还配备了国内行业先进的台湾高铁检测仪器有限公司全套检测设备。产品主要有橡胶渣浆泵及泵备件、水力旋流器、耐磨橡胶衬板及复合衬板、浮选机耐磨橡胶定子与转子、圆筒筛及橡胶备件、振动筛耐磨橡胶或聚氨酯筛板筛网、钢橡复合管及橡胶软管等，其中自主研发的 750NZJA 渣浆泵、NX838 旋流器、$320m^3$ 浮选机转子及定子、$\Phi 3530 \times 4805mm$ 圆筒筛等产品还创造了多项国内国际第一。公司还将橡胶、聚氨酯等高分子新材料成功运用于矿山选矿设备备件产品制造，经过独特的混炼配方和工艺制作，使全系列产品具有了高耐磨、高耐腐性能，寿命数倍于金属材料制成的同类备件。通过了国际质量管理体系认证（ISO9001）、国际环境管理体系认证（ISO14000）及职业健康安全管理体系认证。采取合作创新方式，提升产品技术含量。耐普矿机分别与北京矿冶研究总院、长沙有色冶金设计研究院、南昌有色冶金设计研究院等国内多家矿山冶金设计院所建立了长期合作关系。2015 年 12 月 17 日，耐普矿机正式挂牌新三板。上饶市拥有全国凸轮轴行业前三强、新三板上市企业同欣机械、年产 4000 套大型机械输送设备的华欣机械、年产 100 亿件精密紧固件的寸金产业园等龙头企业，形成了以汽车零配件凸轮轴为主导、大型机械设备、输送设备、提升设备及零部件制造、采矿采石设备、精密紧固件等多行业共同发展的格局。

上饶市在小型器械及配件等领域具备了开拓国际市场的能力，产品质量及生产工艺在国际上具有先进水平。江西艾芬达暖通科技股份有限公司是国内首家专业生产太阳能热水器过滤装置的企业，其产品全部出口欧美市场。该公司致力于设计制造各种淋浴水龙头及卫浴挂件、卫浴散热器、暖气阀等；拥有专用电镀生产车间和自动装配流水线，公司产品现已通过 ISO9001：2000 国际质量管理体系及 ISO14000：2004 环境管理体系认证，采用三价铬电镀工艺，品质已达到欧洲环保标准。其还拥有自主研发的全自动电镀生产线和全自动喷涂生产线、烘干架实验室、超 20 年的暖通产品研发设计、制造服务及国际销售经验和超 15 年的液态温包研发制造经验。公司拥有自主知识产权的发明专利、实用新型专利、外观专利20余项，"艾芬达""AVONFLOW"商标已在中国、欧盟等多个国家和地区获得商标注册权。

3. 上饶市机械制造业高质量发展路径

聚焦装备制造、五金标准件、民用航空等领域，以广信、信州、玉山、铅山、横峰、鄱阳、婺源等地为重点，推进成套化、智能化、绿色化、服务型制造，提高产业集聚度和显示度。加快突破光学关键技术与核心零部件，培育发展高端机械制造与改造提升传统装备双管齐下，做大做强五金标准件优势领域，构建可持续发展的制造产业链生态。谋划布局民用航空产业，积极打造中小动力船舶、船业配套等水上交通装备产业。吸引和培育具有核心竞争力的智能制造装备供应商、系统集成商，全面推进重点领域企业的智能化改造，实现从单元级、流程级向网络级、生态级的数字化转型。着力创建江西省装备制造产业重要基地。

（1）装备制造。

打造特色产业集群。抢抓发达地区装备制造企业向外转移的机遇，积极引进投资额度大、市场前景好、带动能力强的行业领军企业和知名配套企业，鼓励本地零部件企业由单一产品制造向产品系统集成供应商和解决方案提供商发展，延伸产业链，加强不同区县装备制造业的链条式分工合作，形成产业集群。以自主创新促进高端化。实施高技术装备科技攻关计划，支持制造企业与研究院所加强产学研联合，改造提升传统低端产业，提高产品附加值。坚持系列化、高端化、终端化、柔性化，支持工业机器人等智能装备在机械、纺织、电子等主要行业领域的示范应用。以信息技术带动智能化。着力提升企业数字化、网络化、智能化水平，推进物联网技术、工业机器人等智能装备应用，打造一批智能制造龙头骨干企业。围绕国家和省市重点工程、重点领域，立足细分领域的优势，做大做强轴承钢管、电线电缆、精密铸件、变电设备等产业，提升矿山机械、环保装备、化工装备等产业的市场份额，推动高科技实验室设备等特种设备的创新发展。强化整机带动、系统牵引，重点支持基础零部件及与其相关的关键材料研发突破，加快提升装备制造本省市配套率，培育和完善装备制造协作配套体系。

推动新兴技术赋能。推动新材料、新能源、节能和环保技术等与装备制造技术融合，加快产品结构调整，满足日益变化的市场升级需求，带动装备制造业提质增效。鼓励企业在装备产品设计中增加产品服务化功能，建立智能制造、工业互联网等功能型平台，力推服务型制造发展。对接上饶市智能制造发展需求，加快引进和培养一批智能装备制造商和系统解决方案供应商，布局发展智能机器人、检验装配、物流仓储等智能装备，支撑装备产品迈向中高端。紧扣装备智能制造顶层设计，区县（市）建立良好的上下联动机制，遴选重点园区开展企业数字化转型，创建一批示范应用标杆企业，成为省内领先的智能装备应用示范城市。

（2）民用航空。

整机及零部件制造。深入对接中国航空工业集团有限公司、中国商用飞机有限责任公司的产业布局，强化德兴市翔鹰航空零部件产业园、中航直升机研究所鄱阳县无人直升机产业基地的带动作用，以飞机整机（无人直升机）和航空发动机核心零部件为核心，吸引上下游产业链集聚。依托"北航—翔鹰航空航天难加工材料联合实验室"，以制造工艺技术为突破口，主攻大型民机和航空发动机的零部件，抢占细分行业国内外市场的制高点。依托中航工业直升机设计研究所，加快研制、生产系列无人直升机产品及无人飞行器，构建配套完善的技术协作环境，形成主干、分支和配套等多层次无人直升机产业链，促使相关生产企业落地鄱阳，满足国防建设和国民经济建设的需要。

通航服务。围绕江西省打造"航空强省"的发展蓝图，支持鄱阳积极发展系列无人直升机的生产、试飞、培训、维护等服务，引导中小企业参与科技创新和产业发展，增强产业凝聚力和辐射力。把握鄱阳通用机场建设契机，紧跟航空制造和通航运营发展需求，培育发展临空经济和航空服务业，辐射带动广域产业聚集。延伸拓展航空物流、通航运营、航空维修，做强机场地面设备等配套产业，积极培育"通航+应急""通航+旅游""通航+运动"等特种行业需求，发挥通用航空产业对区域经济发展的带动作用。

（3）五金标准件。

巩固传统优势产业基础，围绕紧固件、鱼钩、硬质合金工具等标准件类的升级转型，依托江西海威、鄱阳县黑金刚钓具、江西众利等企业，提升核心关键环节的创新实力，打造"专、精、特"品牌产品。引育鱼钩原材料生产企业，突破渔具上游材料研发，加快产业链补链、延链，实现高端渔具的规模化生产。提升切、钻、磨、铣等全系列工具产品能级，聚力壮大产业规模，形成构建较完整的金刚石工具产业链。引导企业开展产线智能化改造升级，促进现有产业从低端、初级、单一、同质化向高端、精细、多元、特色化发展，形成上下游协同创新的产业链体系，满足市场对五金标准件多规格、高质量、高强度、高技术含量的需求。

专栏 2-5　玉山经开区农机产业发展条件与机遇

玉山经开区内现有的逸源机电是来自永康的企业，以发动机制造为主，并在农业机械等方面开展了相关生产工作。经开区发展农机产业具有以下两方面的条件：

（1）产业承接优势。

逸源机电仅为永康农机向外转移群体中的一分子，永康是我国南方最大的中小型农机具生产基地和出口基地，全市拥有农机生产企业 1600 多家，规模以上农机企业 70 多家，年产值在 70 亿元以上。一些企业在永康建厂的成本较高，有向外转移的内在要求，玉山承接农机产业转移具有由点及面的机遇。

（2）区域市场优势。

江西、安徽以及浙江的中西部地区农业比重较大，随着农业现代化、机械化发展的需要，农机大量推广的时代已经来临，但是江西省本土并没有形成较为突出的块状区域，玉山经开区抓住机遇快速承接发展。

专栏 2-6　上饶市装备制造的"小件巨人"

江西福事特液压股份有限公司成立于 2005 年 4 月，由江西福田实业集团有限公司投资兴建，是以生产流体连接件（管接头、钢管总成、各类高压软管总成）、液压阀件（常规阀、比例阀、伺服阀）、液压系统为主的液压产品专业制造商。公司拥有德国进口的 CNC 弯管机、日本松下自动氩弧焊机、美国进口的高压实验台、意大利进口的饱和蒸汽清洗机等多种国际先进设备。公司生产的主要产品有：液压钢管总成件、气动及润滑钢管总成件，液压、气动所需的各种管接头，各种液压实验台、液压泵站单元，各种规格的高压及超高压软管总成。

立足电子信息（含光学、物联网）、非金属材料、汽车、机械制造四个重点产业的发展基础，开拓新兴领域及融合赋能。聚力提能级，孕育新势能，形成国内外市场的核心竞争力，保持上饶市制造业提质进位的良好态势。

四、特色产业的高质量发展

上饶市传统特色产业仍占规模以上工业增加值较高比重，仍然是工业经济的主体，改造提升传统产业关系到推动制造业高质量发展的全局。当前我国外部环境发生重大变化，在风险和挑战增多的形势下，加快传统产业的改造提升，保持传统产业平稳健康发展，对稳定工业基本盘、推动制造业产业链的提升十分重要。上饶市要做实做专 N 个特色产业，积极支持生物医药、纺织服装、绿色食品等若干特色产业的创新发展，提升创新实力和品牌影响力。强化新融合，引导新消费，加快实现向产业价值链高端攀升，打造上饶市制造业优势新阵列。

（一）生物医药产业

1. 发展趋势与特点

当前生物技术以全新速度掀起新一轮产业革命的浪潮，全球生物经济每 5 年翻一番，是世界经济增长率的 10 倍，正成为重塑全球经济版图的变革力量。生物经济成为我国继信息经济后新的国家战略，也是各主要城市新的经济增长点。经过多年积累，作为生物经济最重要组成部分的生物医药产业已进入快速发展的黄金时期。

生物医药产业具有研发周期长、投入高、风险大等特点，但一旦获得重磅创新成果，企业销售额会迅速爆发性增长。同时，生物医药领域的创新正在从少数大企业驱动转变为大量中小创新型企业的协同。

在此产业特点和发展大趋势下，生物医药产业发展质量及企业发展评价也从单纯的亩均利税等纯经济性指标，转向创新成果、发展潜力、产业生态和产业规模等多维度的综合评价。

我国生物医药市场进入快速发展的黄金时期。生物技术的迅速发展，打破了生物医药产业的路径依赖格局，我国正缩短与发达国家创新药研发上市的时间差，迎来了从跟跑、并跑到涅槃跃迁的时间窗口。特别是随着近年来大量海外人才的回归，我国生物医药产业也积淀了创新突破的巨大动能。根据公开资料显示，2017 年全球生物医药市场规模为 2080 亿美元，而我国的生物医药市场 2011 年尚不足 600 亿元，至 2018 年已达到 1800 亿元，年均增速达 16.99%，2022 年我国生物医药行业的市场规模已达 1.87 万亿元。

创新型中小企业日益成为格局变化的重要变量因子。CRO、CMO 的发展和繁荣，让生物医药产业中的创新型中小企业，能够摆脱"重资本"的生产线环节，凭借自身创新能力实现突破式发展。根据火石创造数据库显示，2014~2019 年我国生命健康领域企业从 59.9 万家增长到 207.6 万家，中小企业日益成为产业发展的主力军。

数据驱动产业升级是大势所趋。BT 和 IT 日益交融，提升生物医药产业的资源汇聚效率，推动产业资源重组与生态格局重构，构建以数据驱动的产业发展模式是中国生物医药产业实现换道超车和高质量发展的唯一路径。

2. 上饶市医药产业基础

上饶市医药产业发展历史较长，其产品在国内具有较强的竞争力。例如，江西泽众制药于 2005 年 6 月成立，主要生产片剂、颗粒剂、硬胶囊剂、合剂、糖浆剂、露剂等。品牌"泽众"商标获得江西省著名商标，其产品包括毛冬青片、紫芝多糖片、鲜竹沥、蛇胆川贝液，同时与龙头企业有长期合作关系。江西泽众制药通过与江中集团、江西省药物研究所等单位合作进行技术开发，目前已获得多项国家发明专利。

3. 上饶市生物药产业高质量发展路径

聚焦中医药、医疗器械、细胞治疗产品等领域，以上饶经开区、德兴、弋阳、万年等地和（江西）上饶国际医疗旅游先行区为重点，完善中医药产业链，引育医疗器械及生物技术企业。发挥地方特色自然禀赋和医疗养生优势，做强中医药生产制造，推动中医药一二三产融合发展。鼓励研发各类创新药，扩大原料药、中间体、甾体药物生产规模。布局医疗器械生产基地，加强智能技术、信息技术、网络技术、环保技术等集成应用。瞄准干细胞临床、基因测序等前沿医疗技术，加速推进国际细胞谷、恒大养生谷、烈冰生物等项目，力争在细胞工程、基因工程等领域取得突破。

（1）中医药。

中医药产品。围绕江西省建设"国内领先、世界知名"中医药强省目标，立足上饶市本地特色中药原材料资源，坚持继承与创新并重，构建产业链上下游优势叠加的发展格局。引导德兴、鄱阳、余干、弋阳、婺源等地中药企业自建或联建中药材生产基地，推动规模化、规范化种植，建立健全中药材全产业链、全流程质量可追溯体系。突破中药饮片、中药配方颗粒、中成药的关键技术，创制一批中药新品种，推进中药制药设备及中医医疗设备的研究和产业化，提升中药管理规范化和标准化生产水平，着力医药企业的产能提升。围绕骨干企业和优势品种，搭建一批科技创新平台，增强中医药临床研究基础，加快成果转化与应用的速度。

中医药健康旅游。加快上饶市国家中医药健康旅游示范区和婺源、德兴国家中医药健康旅游示范基地建设，联动横峰、铅山、余干等地的健康旅游示范基地项目，重点发展中医药非遗、中医治未病、中医体验和康养服务，探索"药植基地+中药生产+度假养生+康复养老"融通发展的新业态。鼓励临床重点学科、专科或产学研合作，开展特色中医保健的新技术和新理论研究，推进上饶药食同源、中药及健康旅游产品的研究、开发。围绕婺源"新安医学"、铅山"一带一路"中医药历史文化，支持采用现代制药技术、先进制药工艺和制剂技术，对中医经典名方、民间验方、秘方等进行二次开发，形成具有上饶本土特色的中医药品牌。

中医药信息化。聚焦中医药健康服务与互联网融合发展，鼓励运用人工智能、云平台、大数据和区块链技术，开发中医智能辅助诊疗系统，建设智慧药房、中医远程诊疗系统，探索移动终端、智能终端的研发和应用，为民众提供全方位全周期、线上线下一体的"互联网+中医药健康服务"。做大做优赣东北（德兴）中医药交易大市场，依托"中医药+互联网"交易平台，打造集药业采购销售、中药材现货交易、中药材电子商务、中医药文化展览、信息发布、旅游观光、仓储物流于一体的现代中药材流通基地。

（2）医疗器械。

高性能医疗器械。依托上饶市高端医疗器械及装备研试产业园等建设，大力引进国内知名龙头企业，谋划布局医学影像高端装备、体外诊断仪器设备及耗材、先进治疗设备、医用生物材料等研发和产业化，支持高性能医疗器械核心部件、关键技术的自主创新和协同创新，吸引和带动产业链配套企业集聚。把握国家医疗器械注册人制度推广实施的机遇，为医疗器械初创企业提供科研转化及生产制造平台（CDMO）、全球注册及临床试验平台（CRO）、产业规划和教育服务平台、产业投资平台和医械云平台等"一站式"解决方案，助力医疗器械创新成果落地，促进医疗器械产业标准化、规模化和高端化。

康养保健辅助器械。瞄定消费市场潜力巨大的康养辅助性产业，积极引入智能假肢、外固定矫系统、虚拟现实康复系统、肢体协调动作系统等康复辅助器具、设备、仪器和软件企业，支持发展小型家用检测器械、护理器具、治疗仪和保健器材等智慧养老设备、器械。引导生产企业在社区或康复中心设立智能康复辅具、家用智能护理器具示范中心，加强产品推介和体验信息收集，助力企业加快器械技术升级、器械材料更新和使用方式优化，提高临床研究到应用的转化速度，打造成为江西省康养保健器械的产业基地。

（3）细胞治疗产品。

现代生物治疗产品。围绕上饶国际细胞谷干细胞健康科技园建设，发挥上饶国际干细胞再生医学产学研基地、江西多能干细胞库、国家干细胞工程技术研究中心江西分中心等作用，重点发展干细胞治疗、免疫细胞治疗、基因治疗技术及产品开发、临床研究，加快突破细胞规模化培养技术，探索发展干细胞再生医学新模式。完善优化研发服务平台的建设，推动医疗机构和产品开发企业的深度合作，加快创新成果上市进程，加快实现细胞治疗产品的临床转化、产业集聚。支持在细胞产业等领域探索更多制度创新，推动上饶市干细胞再生医学进入快速规范发展阶段。

精准医疗服务。以上饶国际精准医疗中心等项目为载体，加速推进江西汉氏联合医院、恒大国际医院和养生谷建设，助力"治疗+旅游""养生+旅游""美容+旅游"的深度融合发展，带动基因测序技术等新一代生命组学临床应用技术、生物大数据云计算技术和生物医学分析技术等突破。聚焦提高疾病诊治与预防的效益，积极引进基因测序产业链上下游企业，支持开发低成本易用、高效整合的测序样品自动化软硬件技术，以及基因测序、编辑配套耗材，培育从疾病分子分型到个性化药物的研发模式，探索发展患有难治愈或罕见疾病成年患者的辅助治疗方式。

（二）纺织服装

1. 发展趋势与特点

纺织服装产业是指以纺织品和服装为主要产品的一类产业。该产业分工复杂，涵盖了原材料采集、纺织加工、服装设计、生产、销售等一系列环节。随着时尚和消费观念的不断变化，世界纺织服装行业正面临着新的发展趋势。

品牌整合优势。在发达地区，许多服装品牌纷纷涌现，大家在抢夺市场份额和客户资源的同时，合作整合已经成为发展趋势。以品牌为核心，整合各类资源，让优势突出，成就价值链，是行业发展的良策。

科技创新将成为服装行业的核心驱动力，推动行业转型升级。科技创新是指运用科学技术和管理方法，对产品、工艺、服务等方面进行改进或创造，以提高效率、质量、功能等。科技创新在服装行业中的应用主要包括智能制造、数字化设计、智能穿戴、可持续材料等。科技创新能够帮助服装企业提高生产效率和质量，降低成本和资源消耗，满足消费者的多样化和个性化需求，增强市场竞争力。

绿色低碳是指在生产和消费过程中，尽可能减少对环境的污染和破坏，实现经济、社会和生态的协调发展。绿色低碳在服装行业中的实践主要包括节能减排、循环利用、清洁生产、绿色采购等。绿色低碳能够帮助服装企业降低环境风险和社会压力，提升品牌形象和社会责任感，符合全球可持续发展趋势。

数字化转型将成为服装行业的必然选择，激发行业创新活力。数字化转型是指利用数字技术和平台，对产品、服务、流程、组织等方面进行重构或创新，以提高效率、质量、体验等。数字化转型在服装行业中的应用主要包括电子商务、社交媒体、大数据分析、人工智能等。数字化转型能够帮助服装企业拓展市场渠道和客户群体，优化营销策略和服务模式，增强数据驱动和智能决策能力。

2. 上饶市纺织服装产业基础

纺织服装是江西省传统支柱产业，在外贸出口、拉动内需、促进就业和保障民生等方面发挥了重要作用。近年来，江西省抓住东部地区纺织服装产业向中西部地区转移的良好机遇，实现了较快发展，已跻身全国同行业第二方阵。上饶市重点发展服装、家纺、苎麻制品、丝绸等特色产品。2021年上饶市纺织行业规模以上企业有146家，服装服饰行业规模以上企业有126家，两个行业主营业务收入分别为79.7亿元、67.1亿元，利润总额分别为6.3亿元、6.5亿元。

万年县是上饶市重要的纺织服装产业基地。近年来，万年县抢抓产业转移和转型升级发展机遇，大力发展现代纺织等三大产业，加快推进纺织企业集聚集群发展，目前已基本形成了集化纤、织造、印染、服装、箱包、制伞和家纺于一体的较为完整的产业链。纺织新材料产业是万年县三大主导产业之一，2019年获批为省级重点产业集群，万年高新区荣获"全国纺织产业转移示范园区""中国

（中西部）户外休闲用品产业基地"等称号，2021年获"江西省新型工业化产业基地（纺织新材料产业）"称号，万年纺织新材料产业已经形成了以世界500强企业苏美达和昌硕纺织、旭腾新材料、天润天和、聚润纺织等企业为代表的纺织新材料产业集群发展态势。

3. 上饶市纺织服装产业高质量发展路径

聚焦学生服、智能鞋业、棉麻家纺和户外休闲用品等领域，以鄱阳、万年、信州、婺源等地为重点，推动智能制造发展，加快品牌提升。主动顺应消费市场快速变化，推进纺织服装新产品开发和传统优势产品升级，融合历史文化基因及时尚潮流理念，提高产业集群整体竞争力。高水平承接国内外产业转移，培育自主服装、制鞋品牌，做大规模提高档次。不断推进纺织新面料开发，积极发展高档家用纺织品和装饰用纺织品，引导相关企业向产业用品、专业用服装行业拓展。支持企业由加工制作型向"创意设计＋生产营销型"转变，发展大规模个性化定制，构建从文化研究、设计开发、生产销售到品牌塑造的完整产业链。

突破中高端面料。实施区域性品牌战略，完善万年纺织新材料产业集群、信州区沙溪苎麻产业园、鄱湖纺织产业园等纺织服装基地建设，巩固企业在传统棉、麻、化纤等纺织加工方面的优势，强化纺织服装原材料、辅料和制品等领域的技术研发，促进苎麻纺织、定制服装及家纺等领域快速提升。围绕应急公共安全、环境保护与生态修复、医疗健康养老、航空航天、建筑交通、新材料等发展需求，开拓新型纤维材料在产业用纺织品领域推广应用，逐步形成从纤维原料、产品加工到应用开发的新型产业链。

力推全流程数字化。以江西斯沃德、江西正博、江西昌硕等为重点，鼓励发展时尚服装和创意设计，利用互联网、大数据、计算机辅助设计（CAD）技术，推进服装鞋业设计数字化，提升服装鞋业内涵品位价值。引导企业加大设备、工艺研发投入，试点产线智能化升级、绿色化改造，从生产制造环节向上游面料设计等附加值较高的环节延伸，并实施应用产品生命周期管理解决方案。鼓励企业创新制造模式和商业模式，联合中高职院校及设计机构，形成面向时尚消费市场的快速开发能力、敏捷生产能力、高效反馈能力。

（三）食品加工

1. 上饶市食品加工产业发展基础

上饶市具有丰富的农产品资源，绿色优质农产品和生态产品比重较高。2019

年，全市食品加工产业规模达到 300 多亿元，荣获鄱阳湖生态经济区、万年县全球重要农业文化遗产和国家现代农业示范区、上饶国家级农业科技园区、婺源国家生态县和首批休闲农业与乡村旅游示范县、铅山河口"万里茶道第一镇"等称号，获得国家地理标志保护产品和农产品地理标志产品近 30 个。生物资源丰富，农业特色明显，有万年贡米、横峰葛业、婺源绿茶、铅山河红茶、信江河谷（广信区、玉山县、横峰县、万年县、德兴市）油茶、万年生猪、广丰白耳黄鸡、鄱阳湖区大宗淡水鱼、万年无核珍珠、广丰马家柚、余干芡实、弋阳雷竹等诸多农业资源。农业品牌意识较强，有"鄱阳湖大米""鄱阳湖水产""婺源绿茶""葛佬""得尔乐""德兴覆盆子""源森油茶"等。

2. 上饶市食品加工产业高质量发展路径

（1）发展特色产业集群。

聚焦农产品加工、食品加工等领域，以鄱阳、余干、万年、婺源等地为重点，提升地方特色食品精深加工能力，打造优势产业集群。把握安全、营养、优质、环保的消费需求，促进先进制造业与农业聚合发展，围绕横峰葛、万年贡米、婺源绿茶、鄱阳湖水产、余干芡实和辣椒、铅山红芽芋、广丰马家柚等品牌农产品，强龙头、延链条、塑品牌，加快推动生态优势向产业优势嬗变。推广运用新工艺、新技术、新装备，加快推动绿色食品产品和技术升级，促进绿色食品生产集约化、全链式发展。支持企业借助展会、节庆活动和互联网平台，线上线下开展绿色食品的营销推广，扩大品牌的市场占有率。到"十四五"末，绿色食品产业建成长江经济带绿色食品产业标杆示范区。

（2）丰富绿色食品品类。

优先发展稻米、茶叶、水产、果蔬等地方特色食品，加快推进食用菌、坚果、糕点等中华传统食品，支持发展婴幼儿配方食品、老年食品、保健食品、休闲食品和满足特定人群需求的功能性食品，以及农特礼品系列。聚焦食品加工需求，建设一批标准化、专业化的加工专用原料供给基地；聚焦高端市场需求，建设一批绿色化、生态化的优质食品基地。引导建立绿色食品技术标准体系，优化绿色食品标志许可制度，加强产品质量监管体系，不断提升绿色食品清洁生产水平，健全食品冷链物流建设，推动从原料采购到产品销售的全流程信息追溯。支持中小型加工企业采用先进技术和设备，加快规模化生产，提高绿色食品精深加工水平，专注细分行业做优做精。

（3）弘扬优品名牌效应。

积极倡导绿色生产、绿色消费，选择具有地域文化特色、品质优良的重点品类，培育发展一批"饶字号"特色食品，支持开展国家地理标志产品、中国驰名商标、中国名牌产品、"赣鄱正品"、江西著名商标、江西名牌产品和江西省名牌农产品等申请认定。借助数字经济和品牌包装，推动上饶市绿色产品打入国内中高端市场，提升生态、绿色品牌知名度。以知名龙头企业为引领，开展集食品研发创新、检测认证、包装印刷、冷链物流、工业旅游、清洁生产等于一体的绿色食品产业示范基地建设，推动绿色食品与教育文化、健康养生、旅游体验深度融合。

专栏 2-7　上饶市获得国家地理标志保护产品和农产品地理标志产品

据统计，江西省有 104 个土特产列入国家地理标志保护产品和农产品地理标志产品，而上饶市就有 31 个（见表 2-4），占比高达 29.8%。在 31 个上饶市国家地理标志保护产品和农产品地理标志产品中，2 个药用，2 个药用、食用均可，1 个木材用，其余 26 个均为食用。这是上饶市发展绿色食品的资源基础和天然优势。

表 2-4　上饶市获得国家地理标志保护产品和农产品地理标志产品

序号	名称	分布地区	备注
1	上饶山茶油	广信区	
2	上饶白眉	广信区	茶叶
3	上饶早梨	广信区	
4	上饶土蜂蜜	广信区	
5	上饶青丝豆	广信区	
6	广丰白耳黄鸡	广丰区、广信区、玉山县	
7	广丰马家柚	广丰区	
8	横峰葛	横峰县	食用、药用均可
9	铅山红芽芋	铅山县	
10	铅山河红茶	铅山县	

续表

序号	名称	分布地区	备注
11	黄岗山玉绿	铅山县	茶叶
12	德兴红花茶油	德兴市	
13	德兴铁皮石斛	德兴市	药用
14	德兴覆盆子	德兴市	食用、药用均可
15	铁山杨梅	广信区	
16	万年贡米	万年县	
17	婺源荷包红鲤	婺源县	
18	婺源绿茶	婺源县	
19	大鄣山茶	婺源县	
20	弋阳年糕	弋阳县	
21	弋阳大禾谷	弋阳县	
22	弋阳多穗石栎	弋阳县	木材
23	余干辣椒	余干县	
24	鄱阳湖藜蒿	鄱阳县、余干县	
25	鄱阳大米	鄱阳县	
26	三清山白茶	玉山县	
27	玉山黑猪	玉山县	
28	怀玉山三叶青	玉山县	药用
29	三清山山茶油	玉山县	
30	怀玉山马铃薯	玉山县	
31	临湖大蒜	玉山县	

资料来源：作者整理。

第三章　上饶市承接产业转移助推工业高质量发展

产业转移通常是指借助投资、贸易或技术转移等方式实现的生产设施或产品市场的空间扩张或移动现象（陈刚、刘珊珊，2006）。产业转移既可以发生在不同国家或地区之间，也可以发生在一个国家内部的不同区域之间（魏后凯，2003；卢根鑫，1997）。一般认为，产业转移与产业成长或衰退有关。成长性产业出于扩大产业规模、占领外部市场目的，通常会实施扩张性产业转移；而衰退性产业迫于结构性调整需要及优势再生目的，通常会实施撤退性转移。此外，学术界还从比较优势，产品、企业和区域的生命周期，经济发展阶段，全球化等不同角度解释了产业转移的动因（杨丹辉，2006；孙慧文，2017）。例如，广为熟知的雁阵理论就认为资源禀赋结构及其比较优势的动态变化是日本实现"进口—进口替代—出口"式产业赶超，进而在东亚地区形成飞雁式产业梯度转移的主要原因。在此基础之上，蔡昉等（2009）提出大国雁阵模型，即认为基于大国不同地区间在资源禀赋和产业结构上的异质性，雁阵式的产业转移不仅可以发生在不同经济体之间，也可以发生在一个大国内部的不同区域之间。在金融危机的背景下，有学者认为，通过实现产业在东部、中部、西部三类地区的重新布局，即沿海地区的产业升级、转移与中西部地区的产业承接……中西部地区或者广义地说那些以往不作为经济增长主要引擎的地区，可能获得新的发展机遇，以更快的生产率提高速度和经济增长速度，实现对东部地区的赶超和劳动密集型产业的延续（蔡昉等，2009）。

一、承接国内外产业转移是中西部地区加快工业化进程的重要途径

　　纵观改革开放四十多年的历程，以最优惠政策吸引外商投资、大规模承接境外产业转移不仅是中国经济对外开放与合作的开端，也是中国产业融入全球分工体系进而成长为全球制造业中心的重要手段。以 2000 年前后为分水岭，中国产业的开放与合作在国际层面经历了从"引进来"向"走出去"的转变，在国内层面则启动了由东部沿海地区向中西部地区转移的过程。

　　进入 21 世纪以来，为贯彻落实区域协调发展的总体战略布局，党和国家先后提出了实施西部大开发、振兴东北等老工业基地及促进中部地区崛起等区域发展战略。广泛推进东部和西部之间多层次、多形式的经济技术协作，充分发挥市场机制优化资源配置的作用，推动要素的跨区域流动和跨区域的资产重组成为加快中西部地区发展的重要推动力量。事实上，经过 20 多年的快速发展之后，东部沿海地区资源环境约束和要素成本上升的压力加大，迫切需要推进产业转型升级。金融危机后外部市场的疲软，则进一步促使沿海地区的产业资本将目光转向了国内的中西部地区。在此背景下，国家出台了一系列促进东部地区产业转移的政策，其中，2010 年国务院专门出台了《关于中西部地区承接产业转移的指导意见》，提出"中西部地区发挥资源丰富、要素成本低、市场潜力大的优势，积极承接国内外产业转移，不仅有利于加速中西部地区新型工业化和城镇化进程，促进区域协调发展，而且有利于推动东部沿海地区经济转型升级，在全国范围内优化产业分工格局"。这些促进产业转移的政策，希望通过加强财税、金融、投资、土地等方面的政策支持，推动东部、中部、西部地区实现产业的有序转移和科学承接，见表 3-1。

表 3-1　国务院及各部委下发有关产业转移的政策意见和指导目录

时间	政策文件	主要内容
2007 年 11 月	《商务部、国家开发银行关于支持中西部地区承接加工贸易梯度转移工作的意见》	一是在中西部建设一批加工贸易梯度转移承接地；二是对承接地和实施梯度转移的企业的重点加工贸易项目予以金融支持

续表

时间	政策文件	主要内容
2010年8月	《国务院关于中西部地区承接产业转移的指导意见》	要求中西部地区利用产业基础和劳动力、资源等优势，因地承接发展优势特色产业；加强规划统筹，优化产业布局，引导转移产业向园区集中；完善基础设施保障，改善承接产业转移环境；加强资源节约和环境保护，完善承接产业转移体制机制，强化人力资源支撑和就业保障；从财税、金融、土地等方面给予政策支持和引导
2010年11月	《工业和信息化部关于推进纺织产业转移的指导意见》	提出纺织产业转移和区域发展重点，要求从"做好发展规划，促进有序转移""加强合作共建，实现共同发展"等五个方面完善纺织产业转移条件，并提出"加强对产业转移项目的金融服务"等四条政策保障措施
2011年12月	《商务部、人力资源社会保障部、海关总署关于促进加工贸易梯度转移重点承接地发展的指导意见》	三部门共同认定和培育加工贸易梯度转移重点承接地，同时从改善承接地转移环境、优化承接转移机制、强化人力资源支撑和就业保障、加强政策支持和引导等方面提出了指导意见
2012年7月	工业和信息化部发布的《产业转移指导目录（2012年本）》	提出四大经济板块的工业发展导向和各省区市有限承接转移发展的产业
2016年5月	《国务院关于促进外贸回稳向好的若干意见》	综合运用财政、土地、金融政策，支持加工贸易向中西部地区转移。中西部地区要加大加工贸易产业用地保障力度，优先纳入供地计划并优先供应，东部地区加工贸易梯度转移腾退用地经批准可以转变为商业、旅游、养老等用途
2016年6月	工业和信息化部、北京市人民政府、天津市人民政府、河北省人民政府联合发布《京津冀产业转移指南》	有序疏解北京非首都功能，推进京津冀产业一体化发展。坚持产业转移与产业转型升级、创新能力提升相结合，与培育产业集群竞争力、适应资源环境承载力相结合，不断调整优化区域产业布局，构建"一个中心、五区五带五链、若干特色基地"（简称"1555N"）的产业发展格局
2018年12月	工业和信息化部发布《产业发展与转移指导目录（2018年本）》	与2012年本相比，新版本新增了产业门类以指导新兴产业的转移；增加优先承接地推动各地特色发展；增加引导优化的产业等
2022年1月	工业和信息化部等十部门联合下发《关于促进制造业有序转移的指导意见》	推动制造业有序转移，优化生产力空间布局，推动区域协调发展，拓展制造业发展新空间，保持产业链供应链稳定，维护我国产业体系完整性，加快构建新发展格局

资料来源：根据《中国产业转移年度报告（2016—2017）》及有关资料整理。

为引导和支持沿海地区产业向中西部地区有序转移，国务院和国家发展和改革委员会先后在安徽皖江、广西桂东、重庆沿江、湖南湘南、湖北荆州、晋陕豫黄河金三角、甘肃兰白经济区、江西赣南、四川广安、宁夏银川—石嘴山等地设立多个国家级承接产业转移示范区（见表3-2）。工业和信息化部也发布了多个版本的《产业转移指导目录》，中西部地区承接产业转移、促进产业转型升级的积极性大为提升（贺胜兵等，2019）。

表 3-2　国家级承接产业转移示范区

时间	国家级承接产业转移示范区	包含的城市
2010 年 1 月	安徽皖江城市带承接产业转移示范区	合肥市、芜湖市、马鞍山市、铜陵市、安庆市、池州市、滁州市、宣城市、六安市（金安区、舒城县）9 市，共 59 个县（市、区）
2010 年 10 月	广西桂东承接产业转移示范区	梧州、玉林、贵港、贺州 4 市
2011 年 1 月	重庆沿江承接产业转移示范区	涪陵、巴南、九龙坡、璧山、永川、大足、荣昌 7 个区县
2011 年 10 月	湖南湘南承接产业转移示范区	衡阳、郴州、永州 3 市
2011 年 12 月	湖北省荆州承接产业转移示范区	主体为荆州市全境，辐射带动荆门、仙桃、潜江、天门 4 市
2012 年 5 月	晋陕豫黄河金三角承接产业转移示范区	河南省三门峡市、山西省运城市、临汾市和陕西省渭南市
2013 年 3 月	四川广安承接产业转移示范区	范围为广安市全域，包括广安区、前锋区、岳池县、武胜县、邻水县、华蓥市
2013 年 3 月	甘肃兰白经济区承接产业转移示范区	包括兰州市、白银市所辖行政区域
2013 年 6 月	江西赣南承接产业转移示范区	主体区为赣州市，带动辐射赣州全境及周边地区
2014 年 1 月	宁夏银川—石嘴山承接产业转移示范区	包括银川市和石嘴山市所辖行政区域

资料来源：根据《中国产业转移年度报告（2016—2017）》及有关资料整理。

　　由东向西的产业转移不仅加速了中西部地区的经济发展，而且显著改变了制造业在东中西部地区的布局。研究显示，在相关支持政策的有力推动下，2010～2015 年，9 个国家级承接产业转移示范区内的 28 个地级市（数据可得性原因，未包含重庆沿江承接产业转移示范区）的地区生产总值年均增长率达到 13.8%，比全国平均水平高出接近 2.2 个百分点（贺胜兵等，2019）。从产业的区域布局看，东部地区的工业增加值占全国的比重在 2004 年达到 60.36% 的峰值后，开始进入下降通道，由 2009 年的 55.05% 下降为 2013 年的 50.20%，十年降幅超过 10 个百分点。与此同时，中部和西部地区的工业增加值占比则分别从 2004 年的 16.88% 和 14.07% 上升到 2009 年的 19.48% 和 16.88%，2013 年所占比重进一步上升，分别达到 21.64% 和 19.33%（陈雪琴，2016）。实证研究也表明，产业转移对中西部地区经济增长的推动效应，一定程度上与后者在基础设施建设方面加大投入力度有关，产业转移通过其产业集聚效应、要素流动效应、技术溢出效应及结构调整效应推动地区经济增长的机制还未能发挥出来（孙慧文，2017；贺胜兵等，2019）。因此，能否有效承接国内外产业转移，中西部地区自身努力十分重要。

作为工业基础较为薄弱的中部省份，2000 年以来江西省开始实施以新型工业化为核心的发展战略，着力加快工业化进程。党的十八大以来，江西省着力将扩大对外开放合作、承接东部地区产业转移作为实施工业强省战略、促进区域协调发展的重要举措。2013 年以来，江西省人民政府先后颁发《关于支持赣东北扩大开放合作加快发展的若干意见》《关于支持赣东北开放合作推动高质量跨越式发展的若干意见》两个指导性文件，将以上饶为中心城市的赣东北地区定位为"对接长三角一体化发展先行区"和"承接东部沿海先进制造业转移基地"，强调要通过机制对接、平台承接、产业链接、交通联通，构建全要素、多领域的开放合作格局，全面融入长三角一体化的同时，建设协作紧密、优势互补、产业链完整的现代产业体系。

二、上饶市承接产业转移的优势条件分析

（一）区位优势

上饶市位于江西省东北部，东临浙江，北接安徽，南连福建，素有四省通衢之称，是江西省对接长三角的主要通道，承接东部地区产业转移具有地理上的"接近性"。上饶市内有浙赣铁路、横南铁路与皖赣铁路三条主要铁路干线与沪昆客运专线、合福客运专线两条高速公路穿过，交通便利。从上饶市到珠三角主要城市只需要乘坐 4~5 个小时高铁；上饶市与长三角主要城市更以沪昆线相连，从上饶市到上海只需 2~3 个小时高铁。便利的交通使得上饶市更容易承接来自长三角与珠三角地区的转移产业，更容易纳入以长三角和珠三角地区产业为最高层次的产业链中。

（二）政策优势

党的十八大以来，江西省着力将扩大对外开放合作、承接东部地区产业转移作为实施工业强省战略、促进区域协调发展的重要举措。2013 年以来，江西省人民政府先后颁发《关于支持赣东北扩大开放合作加快发展的若干意见》《关于支持赣东北开放合作推动高质量跨越式发展的若干意见》两个指导性文件，将以上饶为中心城市的赣东北地区定位为"对接长三角一体化发展先行区"和"承接东部沿海先进制造业转移基地"，强调通过机制对接、平台承接、产业链接、交通联通，构建全要素、多领域的开放合作格局，全面融入长三角一体化的同时，建设协作紧密、优势互补、产业链完整的现代产业体系。

2020 年 4 月，经国务院批准，江西成为继宁夏、贵州之后，全国第三个、中部地区第一个国家级内陆开放型经济试验区。在试验区的空间功能布局上，上饶市作为赣东北地区的中心城市，将引领该地区重点对接长三角地区和海峡西岸城市群，着力打造江西省内陆开放的"东部门户"。2022 年江西专门出台了《江西省深度融入长珠闽积极承接发达地区产业转移"十四五"规划》，强调将江西打造成为"长珠闽"产业转移的重要承接地，与"长珠闽"先进制造业形成供应链体系。上饶市迎来了新一轮以高水平开放促改革、发展、创新和赶超的契机。

（三）资源优势

上饶市丰富的自然资源和相对低价的土地资源，成为东部产业转移的首选之地。上饶市境内有丰富的矿产资源，其中德兴市拥有中国最大铜矿、亚洲最大露天铜矿德兴铜矿；广丰区则有黑滑石储量 10 亿多吨，居世界之首。上饶市境内的矿产资源多以有色金属为主，储量丰富，为铜冶炼、加工与其他金属工业提供了丰富的生产资源。尽管整体上上饶市面临"人多地少"的困境，但是仍然能够保持较为充足的工业用地供应。2021 年，上饶市计划供应 1340.99 亩工矿仓储用地，超过了江西省平均水平的 839.26 亩。另外，该年度省人民政府批准上饶市国有建设用地 4682.63 亩，占比达 15.69%，为江西省各设区市之最[①]。

丰富的劳动力资源和劳动力价格优势，成为上饶市承接产业转移的又一个重要优势。截至 2021 年末，上饶市共有常住人口 643.7 万人，其中 15~64 岁人口

---

① 资料来源于江西省自然资源厅《2021 国有建设用地供应计划汇总表》。

占比 64.8%，达 417.4 万人①。2021 年，上饶市城镇私营单位平均工资 52014 元，位居江西省平均水平，具有较为显著的劳动力价格优势，见表 3-3。

表 3-3　2018~2021 年江西省城镇私营单位就业人员平均工资　　单位：元

地区	2018 年	2019 年	2020 年	2021 年
南昌市	43733	51910	54986	59309
景德镇市	49329	49135	45522	48224
萍乡市	46292	46018	48957	52716
九江市	43821	49522	48381	51071
新余市	46217	45963	46700	47784
鹰潭市	41214	42421	49767	52332
赣州市	37708	43898	47833	52810
吉安市	42289	43843	46976	50147
宜春市	41497	39845	47469	51578
抚州市	37549	45648	46056	49961
上饶市	43905	47202	48803	52014
平均水平	43733	46341	48864	52667

资料来源：江西省统计局历年统计数据。

三、上饶市承接产业转移的主要做法及其特点

21 世纪以来，上饶市坚持"工业强市"和开放发展（掉头向东、通江达海、对接长珠闽、实现大发展）的思路，以搭建园区平台、优化营商环境、强化招商引资、推进浙赣边际合作等举措为主要抓手，为承接国内外产业转移创造了较好的条件。

---

① 资料来源于《上饶统计年鉴 2022》。

（一）以园区建设为抓手构建产业集聚发展平台

为配合主攻工业的发展战略，上饶市的工业园区建设自 2001 年之后进入发展快车道（见表 3-4）。截至 2021 年，上饶市共有工业园区 13 个。2021 年上饶市的工业园区共产生工业销售产值 3436 亿元，营业收入达 3453 亿元，利润总额达 304.8 亿元[①]。2018 年 4 月，上饶市出台了《关于加快县（市、区）工业园区跨越发展的意见》，着力在人事和薪酬制度、财税管理体制、园区用地政策等方面采取改革措施，激发园区行政管理体制的活力，为园区入驻企业提供更加优质的产业环境和服务质量。

表 3-4　上饶市各工业园区成立时间与级别

成立时间	名称	级别	工业销售产值（万元）
1992 年	江西德兴高新技术产业园区	省级	2564749
1996 年	江西上饶高新技术产业园区	省级	5237974
2001 年	上饶经济技术开发区	国家级	10392307
2001 年	江西铅山工业园区	省级	1917790
2001 年	江西万年高新技术产业园区	省级	3517753
2002 年	江西玉山经济开发区	省级	4122040
2002 年	江西横峰经济开发区	省级	2246908
2002 年	江西弋阳高新技术产业园区	省级	979235
2003 年	江西鄱阳工业园区	省级	1000412
2003 年	江西婺源工业园区	省级	575098
2016 年	江西余干高新技术产业园区	省级	1801590
2019 年	上饶信州产业园	省级	—
2019 年	上饶茶亭经济开发区	省级	—

注：成立年份为笔者根据相关公开资料整理而成；工业销售产值为 2021 年数据，出自《上饶统计年鉴 2022》。2019 年，经上级批准，上饶茶亭产业园更名为上饶茶亭经济开发区。

（二）以"放管服"改革为契机着力优化营商环境

好的营商环境就是生产力。近年来，配合"放管服"改革，上饶市出台了

---

① 资料来源于《上饶统计年鉴 2022》。

《关于构建新型政商关系的实施意见》等重要文件，致力于积极构建新型政商关系，为吸引外来投资者创建良好的营商环境。在政务服务方面，上饶市积极推进"放管服"改革，取消一些烦琐的行政审批事项，大大减少企业开办和运营过程中在各种政务审批上所花费的金钱成本与时间成本。具体措施如围绕"一次不跑""只跑一次""一网一门一次"等目标进行政务服务改革，进行审批流程再造，将投资项目审批（核准）时间从法定的 20 个工作日压缩至 10 个工作日等。据测算，上饶市企业纳税平均年花费时间 38.49 小时，报税效率省内排名第二。在减税降费方面，对于一些不必要的涉企行政事业性收费不断清理规范。2017年，上饶市共取消涉企行政事业性收费 11 项、停征 16 项，2018 年调整变更收费4 项，进一步减轻企业负担。上饶市政府抓好《关于进一步降低企业成本 30 条政策措施》和《上饶市人民政府关于进一步降低企业成本 32 条政策措施》的贯彻落实，2019 年为全市企业有效降低成本逾 146 亿元。上饶市秉持"百般呵护企业，充分尊重企业家"理念，提出"凡是长三角能做到的，上饶都要做到"的要求，持续深化"放管服"改革，深入推进营商环境优化升级"一号改革工程"，全面实施市场准入"全国一张单"管理模式，加快"容缺审批+承诺制"改革，领跑全省推开"人生十件事"联办和法人全生命周期"一件事"集成改革，创新实践"一窗进""一码清""一把抓"工程建设项目审批模式，在全市推广"在建项目五人行""百名干部联百企""专班服务+专员挂点"服务机制，构筑投资兴业的新高地。

（三）以"招大引强"为目标提升招商引资质量

为加大招商引资力度，提高引资水平和质量，近年来上饶市先后启动"饶商回归"工程和"5020"项目目标责任制。上饶市先后出台了《关于实施"饶商回归"工程的意见》《关于进一步加强饶商回归工作的意见》等文件（见表 3-5），在企业用地、项目融资、科技创新、人才引进、发展总部经济等方面给予特殊优惠，积极引导在外饶商回乡创新创业、投资兴业。2018 年 8 月，江西省工业强省推进大会提出"5020"项目，即"国家级开发区每年至少要引进一个投资超过50 亿元的产业项目，省级开发区每年至少要引进一个投资超过 20 亿元的产业项目"。上饶市积极落实项目目标，截至 2022 年 8 月，全市已签约"5020"项目的有 43 个，签约总额 1637.3 亿元、5.4 亿美元。从百亿元以上项目看，已签约百亿元项目的有 7 个，签约总额 744 亿元；在谈的百亿元项目有 10 个。签约的 7

个项目分别是：上饶经济技术开发区的投资 128 亿元的年产 10 万吨锂电铜箔、22 万吨铜杆、3 万吨铸造材料项目，投资 102 亿元的 24GW 高效光伏组件项目，投资 100 亿元的康佳（上饶）智能制造科技城项目；广丰区的投资 100 亿元的黑滑石粉体新材料项目。投资 100 亿元的人机交互、智能物联生产项目；广信区的投资 108 亿元的 24GW 高效光伏组件、10 万吨光伏组件铝型材项目；德兴市的投资 106 亿元的浙江大学—科兴生物医药化工联合研发中心暨科兴产业园项目。

表 3-5　江西省及上饶市产业转移和招商引资政策一览表

时间	政策文件	主要内容
2017 年 12 月	《上饶市加快推进"最多跑一次"改革实施方案》	推进"互联网+政务服务"，减少企业制度性交易成本
2018 年 1 月	上饶市政府审议发布《关于构建新型政商关系》	要求政府与企业定期会面，构建高效廉洁的"亲""清"政商关系
2018 年 4 月	《上饶市行政审批"一窗受理、集成服务"改革实施细则》	简化企业注册审批项目的程序，融合不同项目和行政级别的项目审批系统
2018 年 4 月	上饶市发布《关于加快县（市、区）工业园区跨越发展的意见》	要求继续做大做强上饶经开区、做大做强"两光一车"产业；要求强攻县域工业，补齐县域经济短板
2018 年 6 月	《中共江西省委　江西省人民政府关于深入实施工业强省战略推动工业高质量发展的若干意见》	提出新兴产业倍增工程、传统产业优化升级工程和新经济新动能培育工程并以此优化产业结构。提出在实施过程中推进企业梯次培育、重点项目带动、打造质量品牌等具体举措
2018 年 6 月	《关于进一步加强饶商回归工作的意见》	为在外饶商提供良好的投资环境，通过打造饶商品牌、建立饶商产业园等措施促使其将产业转移回上饶
2018 年 9 月	《江西省促进开发区改革和创新发展三年攻坚行动计划（2018—2020 年）》	进行开发区管理体制改革，支持"大"开发区整合、托管"小"开发区，提高开发区运行效率
2019 年 4 月	《江西省营商环境突出问题 2019 年专项整治工作方案》	开展融资领域专项整治解决企业融资难问题；着力树立"政务诚信"；精简第三方评估流程、规范政府收费行为
2019 年 9 月	《关于进一步降低企业成本 30 条政策措施》	全面落实国家减税降费政策，多举措降低企业用能成本、物流成本、融资成本、用工成本、制度性交易成本
2022 年 4 月	《江西省深度融入长珠闽积极承接发达地区产业转移"十四五"规划》	以"深度融入长珠闽、积极承接发达地区产业转移"为总体目标，加快推进江西内陆开放型经济试验区建设，助推江西商务经济高质量跨越式发展
2023 年 6 月	《江西省以制造业为重点促进利用外资量质双升的若干举措》	优化投资环境，扩大外商投资流入；加强投资服务，支持外商投资企业发展；引导投资方向，提升外商投资质量

资料来源：根据江西省人民政府、上饶市人民政府公开政务信息整理而成。

（四）以衢饶示范区建设为试点，深化浙赣边际合作

上饶市紧邻浙江省衢州市，如果能够深化浙赣边际合作，推动江西省和浙江省开展产业合作和转移，则有利于两省优势互补、实现互利双赢。基于此设想，江西省人民政府和浙江省人民政府决定开展浙赣边际合作，打造衢饶示范区（衢即衢州、饶即上饶）。2019 年 2 月，两省发展和改革委员会联合印发了《浙赣边际合作（衢饶）示范区建设方案》（以下简称《建设方案》）。根据《建设方案》，衢饶示范区位于浙赣两省交界处，是浙江向内陆拓展经济腹地的重要门户，也是江西通往长三角地区的首站。浙赣边际合作（衢饶）示范区选址上饶市玉山县岩瑞镇，浙江省江山市大桥镇、常山县白石镇，规划开发面积约 20 平方千米，其中上饶市玉山县占地 14.01 平方千米。示范区实施统一规划、统一布局、统一招商、统一管理。示范先行启动区块建设面积约 4 平方千米，包括玉山建设片区、江山建设片区、常山建设片区以及一个衢饶绿心片。

衢饶示范区是赣浙两省推动跨省区域协作的生动实践，也是上饶市对接长三角一体化发展、打造江西内陆开放型经济"东门户"的重要抓手。上饶市将集中要素、集中资源、集中政策，全力支持衢饶示范区建设，致力把示范区打造成为生态和谐共生的示范区、生产要素集成的示范区、产业高端发展的示范区、体制机制创新的示范区，努力将衢饶示范区打造成为省际边界区域合作可复制的全国样板。

自《建设方案》出台以来，浙赣两省结合国家推进区域协同发展、浙江向内陆拓展经济腹地、江西建设内陆开放型经济试验区等战略，为"衢饶"示范区建设提供了多重政策利好和发展机遇。江西省人民政府印发了《关于支持赣东北开放合作推动高质量跨越式发展的若干意见》，明确加大对示范区土地、资金、人才等要素支持；浙江省长三角办印发了《2020 年浙江省推进长三角一体化发展工作要点》，积极推进共建浙赣边际合作（衢饶）示范区。同时，上饶、衢州两市和玉山、江山、常山三县（市）也相继出台了一系列优惠政策，让入驻示范区的企业可叠加享受江西用地、用电、用水、用气、用工的成本优势和浙江资金、资本、技术、人才的资源优势，助力企业发展。

（五）上饶市承接产业转移的主要特点

上饶市在引资和产业承接方面呈现出以下几方面特点：

第一，外部资金来源地以长珠闽地区为主。上饶市与这些地区毗邻，"近水楼台先得月"。

第二，前期承接产业以纺织、矿物制品、有色金属等劳动和资源密集型产业为主。依托上饶市丰富的有色金属和非金属矿产资源，以及原有的产业基础，以有色金属、建材和纺织品加工为主的资源和劳动密集型产业先后落地上饶市。根据上饶市统计公报，2007~2008年上饶市引进的投资规模10亿元以上的省外引资项目包括海螺水泥、晶科能源、亚宙索力、金山矿业、金德铅业、华丰铜业、梦娜袜业等企业。

第三，后期产业承接向技术和资金密集型产业及战略性新兴产业转变。"十三五"时期以来，上饶市确立了大力发展高附加值工业的规划目标，并将"两光一车"（光伏、光学和汽车产业）作为上饶市全力打造的三大支柱产业。配合这一规划目标，上饶市以上饶经济技术开发区为主要平台，以"招大引强"为抓手，从省外引进了一批龙头企业和项目，致力于将上饶市打造成为具有全国乃至世界影响力的产业中心，即"世界光伏城""中国光学城""江西汽车城"。

四、上饶市承接产业转移的效果分析

承接国内外产业转移和外来资金的注入，不仅加快了上饶市经济发展速度、推进了上饶市工业化进程，而且提升了上饶市产业档次、优化了产业结构、增加了产业科技含量，健全现代产业体系，促进上饶市经济高质量发展。

（一）吸引外来资金规模屡创新高

2000年以来，上饶市引进和利用市外、省外资金的规模始终呈现高速增长态势。其中，2002~2013年利用市外、省外资金规模增速几乎均保持20%以上，2002年和2003年的增幅更是高达3.4倍和1.4倍；"十五"期间实际引进市外资金586亿元，是"九五"时期的20.7倍。2007年后，由于统计口径调整（仅统计省外5000万元以上项目资金），增速有所放缓，但仍保持10%以上的增速，其中，2010~2011年的增速分别高达41.74%和31.22%，见图3-1和图3-2。

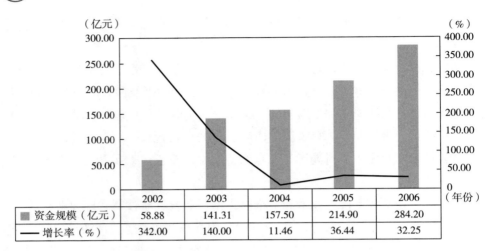

	2002	2003	2004	2005	2006
资金规模（亿元）	58.88	141.31	157.50	214.90	284.20
增长率（%）	342.00	140.00	11.46	36.44	32.25

图 3-1　上饶市实际利用市外资金规模与增速（2002~2006 年）

资料来源：根据公开资料整理而成。

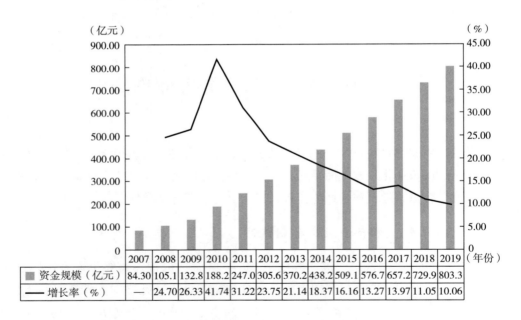

	2007	2008	2009	2010	2011	2012	2013	2014	2015	2016	2017	2018	2019
资金规模（亿元）	84.30	105.1	132.8	188.2	247.0	305.6	370.2	438.2	509.1	576.7	657.2	729.9	803.3
增长率（%）	—	24.70	26.33	41.74	31.22	23.75	21.14	18.37	16.16	13.27	13.97	11.05	10.06

图 3-2　上饶市实际利用市外资金规模与增速（2007~2019 年）

注：2007 年后，统计口径调整为仅统计省外 5000 万元以上项目资金。

资料来源：根据公开资料整理而成。

（二）加速了工业化进程

2001～2021 年，上饶市地区生产总值从 210 亿元增加到 3043.5 亿元，20 年里增长了 13.5 倍。在此期间，上饶市的三次产业结构也发生了巨大变化，第一产业占比从近 30% 下降到 10% 左右。第二产业占比先升后降，从 2001 年占比不到 1/3，到 2010 年首次超过一半，2012 年达到近 54% 的峰值；此后进入下降通道，2015 年跌破 50%，到 2021 年下降为 39.5%。第三产业则呈现出先降后升的走势，由 2001 年的 37.6% 下降到 2012 年的 30.2%，然后再上升至 2021 年的 50.1%。上述情况表明，21 世纪以来，随着西部开发和中部崛起战略的启动，以及由东向西产业转移的推进，上饶市经历了有史以来最快的工业化进程。2002～2014 年，上饶市规模以上工业企业增加值始终保持两位数的增长速度，2007 年达到 38.1%。2001～2012 年，第二产业增加值占比增幅超过 20 个百分点，见表 3-6。

表 3-6　上饶市三次产业占比变动情况

年份	地区生产总值中三次产业占比（%）
2001	29.8：32.6：37.6
2010	16.8：51.0：32.2
2012	15.9：53.9：30.2
2014	13.5：48.7：37.8
2019	10.9：38.9：50.2
2020	11.3：38.2：50.5
2021	10.4：39.5：50.1

注：2019 年地区生产总值核算由分级核算正式改为国家统一核算，以第四次全国经济普查修订后的数据为基数。

资料来源：根据相关年份的《上饶市国民经济和社会发展统计公报》资料整理。

（三）推动产业集聚发展和转型升级

21 世纪前 10 年，受益于紧邻东部沿海省份的区位优势，上饶市把握东部地区第一轮产业转移浪潮的机遇，积极承接省内先进地区及浙江等东部省份产业转移，形成了以有色金属、新能源、机电光学、新型建材为主的工业体系。2010年以后，随着国务院出台《关于中西部地区承接产业转移的指导意见》，上饶市根据《产业转移指导目录》，并结合自身"打造支柱产业、培育新兴产业、提升传统产业"的规划，启动了新一轮产业承接，有力推动了上饶市工业产业的集聚发展和转型升级。

助推传统产业优化升级。以有色金属相关产业为例。该产业是上饶市第一大工业产业，也是目前唯一一个千亿级产业。2021 年营业收入超过 1774.85 亿元，占全市规模以上工业比重 34.4%，大于 1/3。有色金属产业是横峰经济开发区的主导产业。近年来，横峰大力实施有色金属产业"倍增计划"，加快有色金属产业集群提能升级。江西兴南环保科技有限公司在空中架设管道，将原材料输送、燃气、供水、废气管道高度集成，更加高效集约节约利用土地；江西和丰环保科技有限公司增加 30 亿元投资，新上多金属产业园项目为横峰有色金属产业发展打造新引擎；江西耀泰铜业有限公司投入 5 亿元，新上轧机等精深加工设备，生产 0.2 毫米铜带和铜板等电子元器件高端铜原材料产品，有效延伸和拉长了产业链。和兴新材料、舜兴新材料、埃森智能、万兴铜业、宏正铜业、长庚铜业等一批"高产值、高税收、占地少"的有色金属产业项目先后落地横峰，推动了产业发展提档升级，为经开区发展挺起"产业脊梁"。2021 年，横峰县域经济总量持续壮大，在江西省开发区创先争优综合考评中，横峰经济开发区排名第 38 位，比 2019 年前进 21 位，全年共完成工业主营业务收入 306.23 亿元，增长 32.41%；实现利润总额 21.39 亿元，增长 30.69%；完成税收 8.63 亿元，增长 12.68%。

助力支柱产业做大做强。"十三五"以来，上饶市委市政府确立了以"两光一车"为主导产业，打造"世界光伏城""中国光学城"和"江西汽车城"的发展目标。上饶市光伏产业龙头企业晶科能源，最早作为浙江光伏企业昱辉阳光的原料供货商，由浙江企业家李仙德于 2006 年创办。此后十年，企业由硅锭、硅片等原材料生产逐步向产业链下游延伸，最终发展成为全球最大的光伏组件制造商。在晶科能源的带动下，上饶市形成了以晶科能源为龙头，以展宇新能源和晶科光伏材料为重点配套企业，汇聚 20 多家相关配套企业的"1+2+20"的全产业链发展格局。2017 年和 2020 年，晶科能源先后启动"双倍增"和"再倍增"计划，新增投资近 300 亿元用于扩大产能和提质增效。2019 年，上饶市光伏产业营收规模达 500 亿元，成为仅次于有色金属加工的第二大工业产业。在汽车领域，上饶市借助 20 世纪七八十年代在客车制造领域形成的产业基础，把握新能源汽车的发展机遇，自 2013 年以来，先后从浙江、上海、重庆等地引进汉腾汽车、中汽瑞华、爱驰亿维、长安跨越和吉利新能源六大整车车企，致力于打造以六大整车企业为龙头，发动机、电池、电机、电控四大核心部件为支撑，六十多家零部件企业为配套的"6+4+60"产业发展格局。六年多来，上饶市汽车产业总投资超过 800 亿元，规划产能超过 121.5 万辆（乘用车 90 万辆、商用车 31.5 万辆），位居江西省第一。

助育新兴产业集聚发展。"十三五"时期以来，上饶市确立了以新材料、生物医药、电子信息、节能环保和装备制造为主要方向的新兴产业培育工程，致力于通过引进和培育一批骨干企业，打造具有高成长性的战略性新兴产业集群，力争到 2020 年战略性新兴产业营收规模占规模以上工业的 40%。根据这一规划，上饶市各县市区以产业园区为平台，在招商引资和产业承接中强化产业导向，着力从长三角和珠三角地区引进龙头和骨干企业，初步形成了以上饶经开区的信息技术装备制造和生物医药，上饶高铁试验区的数字服务，广丰区的电子信息，玉山、弋阳县的节能环保产业等为代表的新兴产业集群，为上饶市产业结构转型升级、打造以先进制造业和现代服务业相互支撑、融合发展的现代产业体系奠定了基础。

五、当前面临的问题与挑战

在进入 21 世纪后的短短二十多年时间里，上饶市从一个工业基础十分薄弱的农业大市迅速发展成为第二产业占比过半的工业强市，不仅形成了具有鲜明地域特色和优势的现代工业产业体系，还开启了向高附加值工业转型、向打造中部地区重要的现代制造业基地目标迈进的新征程。在这个过程中，产业承接无疑发挥了十分重要的推动作用。在上饶市原本没有深厚工业基础的情况下，正是来自东部地区的产业转移帮助构建起了上饶市的工业骨架。但是，随着国内外经济发展环境和格局发生深刻变化，上饶市在产业承接过程中也暴露出很多问题，对推动上饶市工业高质量发展构成了严峻挑战。

（一）环境容量的限制

进入 21 世纪以来，在我国启动新型工业化发展道路并引发东部沿海地区产业转移大潮的背景下，上饶市凭借其紧邻长三角的区位、交通优势及自然资源、土地和劳动力等生产要素的成本优势，在承接沿海地区产业转移方面赢得了先机，形成了以有色金属加工、水泥、建材等非金属矿物制品及纺织服装等为特色的资源密集型产业集群。然而，党的十八大以来，随着绿色发展理念的贯彻实施和资源环境等要素约束的不断强化，上饶市在土地、能耗和排放等方面的比较优势逐渐减弱，不仅对其继续以传统粗放方式发展资源密集型产业带来巨大挑战，而且对其产业承接的行业范围构成了极大制约，甚至在一定程度上削弱了其对外招商的竞争力。

（二）土地资源的限制

从土地资源情况看，上饶市地貌多以丘陵为主，全市土地总面积 22791 平方千米，其中山地面积 2342 平方千米，丘陵面积 14436 平方千米，二者合计共占全市土地总面积的 73.62%[①]。由此可见，上饶市适合用于工业发展，特别是大规模工业发展的土地面积并不多，这就造成了用地紧张的局面。以上饶市下辖的德兴市为例。德兴市四面环山，园区内土地三通一平的成本高达 20 多万一亩。为了吸引外资进入德兴，当地政府按国家最低基准地价出让土地，并承担其中差价。但是上饶市人多地少的基本格局决定了即使政府承担了出让差价，将来工业用地成本也将不可避免地上升，限制了工业发展。弋阳县政府提供的一份资料显示，面临日益紧张的工业供地形势，从 2020 年开始，该县的工业用地出让标准价为 234 元/m²，并且将逐步提高标准价供地的比例，从 2020 年的不低于 30% 提高到 2021 年的不低于 60%，直至到 2022 年全面实行新增工业项目用地标准价。笔者在上饶经开区的调研中还了解到，近年来，晶科能源加大了其产业在省外布局的力度，其中一个重要的原因是上饶市在与四川、浙江等地的用电价格和用地价格等要素竞争中并不具备优势。

（三）"互补性"资产相对缺乏

由于上饶市尚处于工业化中期阶段，与整体进入工业化后期的东部地区相比，上饶市工业发展的"互补性"资产（或者说产业发展的支撑性条件或配套条件）相对缺乏。

---

① 资料来源于《上饶统计年鉴 2021》。

笔者从调研中也了解到，上饶市金融机构对外开放程度不高，融资、物流成本过高，科技服务型企业缺失，外贸等专业服务人才匮乏等现象较为普遍，不仅显著增加了当地制造业企业的融资和生产经营成本，而且较大程度上制约了制造业企业向信息化、数字化和智能化转型及"请进来"和"走出去"的能力。

上饶市现代服务业存在结构性短板，对承接外来产业支撑能力不足。先进制造业和现代服务业融合发展既是现代产业体系的基本特征，也是我国产业转型升级、实现高质量发展的必由之路。先进制造业的发展促进了金融、会计、法律、信息技术服务、现代物流等生产性服务业的发展壮大，生产性服务业作为一个成熟的服务产业体系，也已成为先进制造业得以发展壮大的必要支撑。无论是江西省还是上饶市在信息服务和科技服务水平方面，与东部沿海省份还有较大差距，支撑先进制造业信息化、智能化转型和创新发展的能力还存在明显不足。

六、对策建议

上饶市通过主动对接东部沿海地区，科学承接产业转移，在推动自身传统产业转型升级、支柱产业做大做强和新兴产业集聚发展方面取得了积极成效。与此同时，日益增强的资源环境约束、人才科技瓶颈效应及生产性服务业存在的结构性短板，对上饶市产业优化升级和高质量发展构成了"双向挤压"：一方面，迫于日益加大的资源供给和环境保护压力，传统资源密集型产业遭遇发展天花板，必须走转型升级之路；另一方面，科技创新能力和金融、信息等服务业短板又很大程度上制约了上饶市制造业和服务业向产业链下游和价值链高端转型。为此，未来上饶市必须在新发展格局条件下谋求高质量承接和发展之路，破解"两头受压"困局。

（一）强化"双循环"背景下产业转移趋势研究，优化产业布局顶层设计

面对"双循环"新发展格局及江西省建设内陆开放型经济试验区这两大发展机遇，上饶市应组织力量加强对"双循环"新发展格局下长三角区域经济发展和产业格局调整的趋势研究，准确把握长三角经济一体化和产业链区域化、本

土化布局对上饶市产业承接和结构优化升级带来的机遇与挑战，在此基础上做好"十四五"时期上饶市产业布局和开放合作的顶层设计和路径规划。以浙赣边际合作（衢饶）示范区建设为试点，积极探索"双循环"新发展格局下以要素自由流动促进区域一体化发展的有效路径。

（二）政府市场双向发力，突破资源环境要素配置的地域限制

发挥政府和市场在统筹和优化资源配置中的优势作用，一方面，加强市政府在经开区和各区县要素资源配置上的统筹力度，在用地、用能和排放等约束性指标上适当向资源密集型产业和支柱性产业倾斜，在培育首位和支柱产业做大做强的基础上谋求优化升级。另一方面，以国家推进要素市场化配置体制机制改革为契机，积极推进土地、资源和排放权等市场化交易试点，突破资源环境要素配置的地域限制，在更大空间范围内谋求产业发展所需的要素支撑。

（三）推进衢饶示范区建设，带动浙赣产业合作体制机制创新

浙赣边际合作（衢饶）示范区是推进上饶承接浙江产业转移的具体实践，应借鉴苏州工业园区建设发展经验，成立浙赣两省主要领导挂帅的"浙赣边际合作（衢饶）示范区"理事会，从高层推动示范区建设发展，理事会下设浙赣两省联席会议协调机构，切实解决示范区建设发展面临的实际问题。借鉴张江长三角科技城平湖园区等成功经验，成立由浙赣两省资金、相关市县政府资金、社会资金（尤其是市场化的产业平台类开发公司）入股的股份合作公司（园区平台公司），对园区建设和发展进行公司化运作，除规划、拆迁等必须由政府实施的工作外，其他工作如开发建设、融资平台搭建、人才引进、招商引资等工作应主要由园区平台公司进行市场化运作。切实推进衢饶示范区建设，并以此带动浙赣产业合作体制机制创新，进而促进上饶市域其他地区开展产业合作、承接产业转移。

（四）突破"请进来"思维定式，"走出去"寻求产业发展的人才与科技支撑

同为长三角腹地城市的金华市率先在上海松江科技城设立科创中心和人才大厦，成为G60科创走廊九个城市中首个落地上海的人才科创"飞地"。借助这一人才科创平台，身处内陆的金华企业可以"跳跃式"接轨上海的高端人才和科

技资源，实现就地招才用才和委托研发，极大破解了当地企业的引才和引智困境。与金华市相比，上饶市距离上海、杭州等中心城市更远，对高端人才的吸引力也更弱，因此可学习借鉴金华市的做法，以"走出去"的方式在中心城市搭建科创平台、帮助企业实现"异地用人"和"委托研发"不失为上饶市在短期内突破人才科技瓶颈、推动产业高端化发展的一条捷径。

（五）加大现代服务业开放合作力度，提升生产性服务业对现代制造业的支撑能力与融合水平

进入 21 世纪第二个十年以来，新一代信息技术变革引发了第四次工业革命，万物互联的智能制造将成为制造业的主流模式。上饶市的软件与信息技术服务业发展水平显著高于江西省总体水平，但与以浙江省为代表的东部发达地区相比，还有不小的差距。上饶市应当在既有基础上，进一步提高在新一代信息技术与服务领域的开放合作水平，借助东部沿海地区的资金、技术、人才和管理优势，加大在新一代信息技术和工业互联网、大数据、云计算等应用型信息基础设施方面的布局力度，为上饶市"两光一车"等支柱产业由传统制造向智能制造转型提供技术与服务支撑，真正把上饶市打造成为中部地区重要的先进制造业基地。

参考文献

［1］Arauzo-Carod J M，Liviano-Solis D，Manjon-Antolin M. Empirical studies in industrial location：An assessment of their methods and results ［J］. Journal of Regional Science，2010，50（3）：685-711.

［2］Brouwer A E，Mariotti I，Ommeren J N V. The firm relocation decision：An empirical investigation ［J］. Annals of Regional Science，2004，38（2）：335-347.

［3］Vernon R. International investment and international trade in the product cycle ［J］. International Executive，1966，8（4）：16.

［4］Zhao Y H. Labor migration and earnings differences：The case of rural China ［J］. Economic Development and Cultural Change，1999，47（4）：767-782.

［5］蔡昉，王德文，曲玥. 中国产业升级的大国雁阵模型分析 ［J］. 经济研究，2009（9）：4-14.

［6］陈刚，刘珊珊. 产业转移理论研究：现状与展望 ［J］. 当代财经，2006（10）：91-96.

［7］冯南平，杨善林．产业转移对区域自主创新能力的影响分析：来自中国的经验证据［J］．经济学动态，2012（8）：70-74.

［8］工业和信息化部．产业转移指导目录（2018年本）［EB/OL］．［2018-11-15］．http：//www.miit.gov.cn/n1146285/n1146352/n3054355/n3057292/n3057295/c6495651/content.html.

［9］工业和信息化部．中国产业转移年度报告（2018—2019）［M］．北京：电子工业出版社，2019.

［10］工业和信息化部产业政策司，国家工业信息安全发展研究中心．中国产业转移年度报告（2016—2017）［M］．北京：电子工业出版社，2017.

［11］江西省科学技术厅．2018年全省科技经费投入统计公报［EB/OL］．［2019-09-26］．http：//www.jxstc.gov.cn/html/1072/2019-09-26/content-11708.shtml.

［12］江西省生态环境厅．2017年环境统计年报［EB/OL］．［2018-11-29］．http：//sthjt.jiangxi.gov.cn/doc/2019/11/02/67042.shtml.

［13］江西省统计局．2017年全省科技经费投入统计公报［EB/OL］．［2018-11-12］．http：//www.jxstj.gov.cn/id_8a84cc8366aa52dd016705d3154479ff/news.shtml.

［14］卢根鑫．国际产业转移论［M］．上海：上海人民出版社，1997.

［15］罗伟，葛顺奇．跨国公司进入与中国的自主研发：来自制造业企业的证据［J］．世界经济，2015（12）：29-53.

［16］商务部．中国对外投资发展报告（2018年）［EB/OL］．［2019-01-28］．http：//www.miit.gov.cn/n1146285/n1146352/n3054355/n3057292/n3057295/c6495651/content.html.

［17］上饶市统计局，国家统计局上饶调查队．上饶统计年鉴2010［M］．北京：中国统计出版社，2010.

［18］上饶市统计局，国家统计局上饶调查队．上饶统计年鉴2016［M］．北京：中国统计出版社，2016.

［19］上饶市统计局，国家统计局上饶调查队．上饶统计年鉴2017［M］．北京：中国统计出版社，2017.

［20］上饶市统计局，国家统计局上饶调查队．上饶统计年鉴2018［M］．北京：中国统计出版社，2018.

［21］上饶市统计局，国家统计局上饶调查队．上饶统计年鉴2019［M］．北京：中国统计出版社，2019.

［22］上饶市统计局．2010年上饶市国民经济和社会发展统计公报［EB/OL］.［2011−05−11］．http：//www.zgsr.gov.cn/doc/2011/05/11/37717.shtml.

［23］上饶市统计局．2011年上饶市国民经济和社会发展统计公报［EB/OL］.［2012−05−11］．http：//www.zgsr.gov.cn/doc/2012/05/11/37720.shtml.

［24］上饶市统计局．2012年上饶市国民经济和社会发展统计公报［EB/OL］.［2013−05−20］．http：//www.zgsr.gov.cn/doc/2013/05/20/37723.shtml.

［25］上饶市统计局．2014年上饶市国民经济和社会发展统计公报［EB/OL］.［2015−05−12］．http：//www.srtj.gov.cn/tjnr.asp？id=8917.

［26］上饶市统计局．2015年上饶市国民经济和社会发展统计公报［EB/OL］.［2016−04−25］．http：//www.srtj.gov.cn/tjnr.asp？id=10211.

［27］上饶市统计局．2016年上饶市国民经济和社会发展统计公报［EB/OL］.［2017−05−05］．http：//www.srtj.gov.cn/tjnr.asp？id=29030.

［28］上饶市统计局．2017年上饶市国民经济和社会发展统计公报［EB/OL］.［2018−04−23］．http：//www.srtj.gov.cn/tjnr.asp？id=31802.

［29］上饶市统计局．2018年上饶市国民经济和社会发展统计公报［EB/OL］.［2019−04−25］．http：//www.srtj.gov.cn/tjnr.asp？id=35092.

［30］上饶市统计局．改革开放四十年上饶工业大崛起［EB/OL］.［2018−08−17］．http：//www.srtj.gov.cn/tjnr.asp？id=33099.

［31］孙浩进．国际产业转移的历史演进及新趋势的启示［J］．人文杂志，2011（2）：85−88.

［32］魏后凯．产业转移的发展趋势及其对竞争力的影响［J］．福建论坛（经济社会版），2003（4）：11−15.

附录　国际产业转移的历史与现状、利弊分析

（一）国际产业转移的历史发展脉络

有观点认为，从第一次工业革命开始，全球一共发生了四次产业转移浪潮（孙浩进，2011）。第一次国际产业转移浪潮发生于18世纪末至19世纪上半叶。产业转移的内容以第一次工业革命中发展起来的纺织业与简单的机械制造业为主，产业转移的方向是由英国向欧洲大陆与美国转移。美国作为第一次产业转移

的最大受益者，其所承接的产业成为其领跑第二次工业革命的基础。

第二次国际产业转移浪潮发生于 20 世纪 50 年代至 60 年代。"二战"后期及"二战"结束以后，美国国内科技产业迅速发展，其传统的钢铁、纺织产业逐渐成为当时的"落后产能"。美国国内产业结构的调整导致其钢铁、纺织等传统制造业转移到了日本和联邦德国。据统计，1950～1959 年，日本引进国外新技术2332 项，并在此期间进行了大规模的设备更新。1955 年，日本的最新设备在全部机械设备中的占比就超过了当时的欧美国家（孙浩进，2011）。这次产业转移浪潮使日本和联邦德国的产业经济得到振兴，并迅速走出了战败国的阴霾。

第三次国际产业转移浪潮发生于 20 世纪 70 年代至 80 年代。在此期间，日本经济迅速发展，产业结构开始发生变化，科技含量更高的产业如电子、航天等高附加值产业开始占据更大比重，而将纺织、服装等劳动密集型工业或污染重、耗能大的重化工业则转移至"亚洲四小龙"国家（地区）及部分东盟国家，少量产业也转移到了中国大陆。这次产业转移造就了"亚洲四小龙"的腾飞。与此同时，美国也进一步注重发展科技含量更高的产业，并同样将一些劳动密集型或高污染产业转移至拉美国家。

第四次国际产业转移浪潮于 20 世纪 90 年代开始，产业输出地有欧美、日本、"亚洲四小龙"等国家和地区，而承接地主要是中国大陆。中国大陆广阔的市场、廉价的劳动力以及以最大优惠力度吸引外商投资、承接产业转移的政策，吸引了大量在"亚洲四小龙"国家（地区）难以继续保持竞争优势的劳动密集型和资源密集型产业。此外，欧美和日本在进一步发展新材料、新能源等高新技术产业的同时，也把低附加值产业转移到中国大陆。这次大规模产业转移，助推中国经济实现了从 20 世纪 90 年代至 2008 年国际金融危机近二十年的高速发展。

回顾国际产业转移的历史我们可以发现，产业转移几乎总是围绕世界经济中心展开，主要是从既成的经济中心转移向新兴的经济中心。既成的经济中心之所以要进行产业转移多是因为其自身出现经济结构调整和产业转型升级的需要，而新兴的经济中心之所以能够吸引、承接转移产业，则主要得益于其在劳动力、资源、市场及制度等方面的比较优势，以及自身发展的需要。

（二）新时期国际产业转移及其特点

进入 21 世纪以来，特别是 2008 年国际金融危机之后，世界经济格局发生深刻变化。一方面，以美国、日本、德国为代表的经济发达国家为应对金融危机开始实施再工业化战略，制造业在一定程度上出现了由发展中国家向发达国家回流的趋势；另一方面，中国顺应世界经济格局变化及国内转变发展方式、调整经济结构的需要，自 2013 年开始启动"一带一路"倡议与国际产能合作，开启了由世界上最大的发展中国家发起的，并且重点在发展中国家和转轨经济体之间的产业对接与合作。在此背景下，新一轮国际产业转移浪潮逐渐形成并呈现出以下几方面的新特点：

第一，产业转移主体多极化、方向分散化、方式多元化。首先，国际产业转移在新时期呈现出主体多极化的态势。中国作为世界上最大的发展中国家，加入到重要产业输出国行列。2012 年，中国对外直接投资规模达 878 亿美元，仅次于美国和日本，首次跻身全球三大对外投资国之列。[①] 其次，国际产业转移在新时期呈现出方向分散化的态势。在金融危机之前主要承接转移产业的是发展中国家，以中国为代表；现在不仅向一些更落后的国家和地区（如东盟和非洲）进行产业转移，还向一些发达国家进行产业转移。商务部《中国对外投资发展报告（2018）》的数据显示，2017 年，在中国对主要经济体投资规模排名中，东盟国家以 8.9% 的占比位居第二。对欧盟和美国的投资规模占比分别是 6.5% 和 4.0%，分别居第三位和第四位。最后国际产业转移在新时期还呈现出方式多元化的态势。转出国对外转移不再局限于劳动密集型或资源密集型产业，也开始包括一些资本密集型和知识、技术密集型产业。很多跨国公司已经在发展中国家设立研发中心，而不是仅仅将研发中心设置在欧美国家。

第二，全球产业转移趋势减缓，逆全球化现象凸显。金融危机以来，发达国家受劳动生产率下降与经济增速放缓等因素影响，对外直接投资规模增长缓慢甚至出现巨幅下降。美国特朗普政府上台后，推行贸易和投资保护主义及单边主义的对外政策，不仅加剧了全球经贸摩擦，也对国际产业分工布局造成了重要影响。《2019 年中国商务环境调查报告》显示，2018 年，在中美贸易争端的背景下，有 28% 的在华商会会员企业选择推迟或取消决策，有 42% 的会员企业选择调整供应链，在中国或美国境外寻找源组件或（和）组装。

第三，数字经济在国际产业转移中发挥着越来越重要的作用。由于互联网技术的发展，跨国公司不必再依赖于实体建设，而是可以运用互联网技术实现创新研发的全球布局。例如，科技公司可以不再需要实体的总部大楼，而是通过电子通信技术将全球的科技精英人才联系到一起进行工作。这样，数字经济就减缓了

---

① 资料来源于《中国首次成为世界三大对外投资国之一》。

传统意义上对外投资和产业转移的步伐。另外，互联网技术的发展也使得生产规模较小的实体也可以加入全球产业转移的浪潮中来，而在此之前，全球转移的主体则几乎都以大型跨国公司为主。这样的转变势必也将对未来的产业转移产生新的影响。

第四，消费市场在产业转移中发挥日益重要的影响。2008 年国际金融危机之后，消费成为各国重振经济的重要抓手，而从各国输出的产业都在瞄准转入国的消费者群体，也随着转入国的消费者群体的偏好而对自身进行改造。例如，前面提到的数字经济改变了消费者的消费习惯，使得消费者更加注重于定制化需求，转移产业就必须对此作出回应。另外，为了更好地争取消费者群体，各个跨国公司纷纷将自己的研发过程、生产过程接近消费者。比如，跨国科技公司在中国设立研发中心，就是为了及时对中国市场的需求变化作出回应。如此看来，转入国的消费者群体在产业转移过程中正发挥着重要作用。

第五，研发创新等资本和技术密集型生产环节出现向发展中国家布局的势头。众所周知，跨国公司是经济全球化和产业转移最重要的载体和参与者之一，跨国公司的战略决策深刻影响着全球产业链的布局。以往，跨国公司多将技术含量较高的设计生产环节留在本部所在的国家或地区，而将劳动力密集、资源密集生产环节转移到发展中国家。但近年来，越来越多的跨国公司开始将更多高技术含量的生产环节进行全球配置。以西门子公司为例，2016 年，西门子在青岛设立创新中心，这也是西门子在德国本土外第一家创新中心。2017 年，西门子又设立了智能制造（成都）创新中心。跨国公司将含有科技、人才等高端要素的产业环节向发展中国家转移意义深远，这一全球资源配置模式的转变有可能消除一些学者提出的跨国公司对发展中国家自主研发的抑制效应（罗伟、葛顺奇，2015），进而带动和提升后者的企业自主研发投入和水平。

（三）国际产业转移的利与弊

从全球层面看，产业转移通过促进资本、技术、人才等生产要素的跨境流动，极大推动了经济自由化和全球化进程，在优化产业分工和提高资源配置效率的过程中，促进了全球的经济增长与繁荣。工业革命以来在全球范围内呈梯度进行的几轮国际产业转移，使英国（欧洲）、美国、日本和中国等国家和地区先后成为世界经济增长的重要引擎，并形成了一种"多引擎"的发展模式，极大增强了全球经济的动力与活力。同时也要看到，产业转移虽然促进了产业承接国的经济发展，其产业结构在一定程度上也得到优化和提升，但这并未能减小产业承接国与转出国之间的"产业级差"（卢根鑫，1997）；相反，由于其所承接的产业较大程度上具有高污染高能耗的落后产能特征，产业转移不仅可能造成资源环境负担的转嫁，而且可能使那些以资源开发为主导产业的产业承接国陷入"分工陷阱"。

对于产业输出国来说，一些落后或过剩产能的对外转移不仅缓解了其在资源环境等方面的压力，而且释放出了更多的土地和劳动力，为新兴产业的进一步发展创造了更好的条件。但是，伴随产业转型升级而来的劳动力需求结构的变化，会造成大量低素质劳动人口的就业障碍，在加大贫富差距的同时加剧社会分裂和动荡。金融危机以来，美国社会逐渐凸显的民粹主义和反全球化思潮较大程度上就是产业转移所引发的国内经济矛盾在社会和政治领域的表现。此外，制造业外迁还可能带来本国产业"空心化"的危险，而产业结构的"脱实就虚"倾向及金融领域的过度"创新"，很大程度上也正是2008年席卷西方社会的金融危机的主要原因。

从产业承接国角度看，承接来自发达国家的产业转移不仅有助于弥补本国在资本、技术、人才、管理经验等方面的不足，为产业发展和转型升级提供至关重要的生产要素；而且能够借助外资企业的资源渠道迅速纳入全球产业分工体系，在全球化的分工与合作中实现资源的最优配置和产业竞争力的提升。改革开放以来，中国通过不断加大对外开放力度，大规模承接产业转移，自1993年开始成为吸引外资最多的发展中国家。作为中国融入世界产业分工体系的重要桥梁，外资企业扩大了中国进出口规模，增加了工业制成品的出口比重，改善了中国出口商品的结构，显著提升了中国工业的国际竞争力。统计数据表明，中国工业企业出口交货值从2000年的1.46万亿元增加到2016年的11.78万亿元，年均增长13.9%，其中外资工业企业的出口交货值占全部工业出口交货值在2014年以前始终保持在60%以上，年平均值达到65.9%。中国产品通过外资企业全球化的产业分工链条和销售网络走向世界，使中国成为全球最大的制造业大国和世界工厂。但也要看到，在产业承接国的资源环境规制和劳动者权益保障等制度不够完善的情况下，转移产业的落后产能特征会对承接国造成较为严重的环境问题。产业承接国虽然纳入了全球产业分工体系，但通常处于产业链和价值链的低端，这些国家要突破"分工陷阱"，向产业链和价值链的高端迈进还会面临来自发达国家在技术和制度等多方面的竞争壁垒。

参考资料

［1］孙浩进．国际产业转移的历史演进及新趋势的启示［J］．人文杂志，2011（2）：85-88.

［2］罗伟，葛顺奇．跨国公司进入与中国自主研发：来自制造业企业的证据［J］．世界经济，2015（12）：29-53.

［3］卢根鑫．国际产业转移论［M］．上海：上海人民出版社，1997.

第四章　上饶市产业园区集群发展

产业集群是现代产业发展的重要组织形式，通过发挥其规模效应、集聚效应和溢出效应，能够降低生产成本和交易成本，从而形成地区产业竞争优势。依靠竞争优势，产业集群不仅作为主导力量带动地区经济发展，而且是国际竞争的重要支撑。习近平总书记在党的十九大报告中强调，促进我国产业迈向全球价值链中高端，培育若干世界级先进制造业集群。党的二十大报告指出："推动战略性新兴产业融合集群发展，构建新一代信息技术、人工智能、生物技术、新能源、新材料、高端装备、绿色环保等一批新的增长引擎"，"促进数字经济和实体经济深度融合，打造具有国际竞争力的数字产业集群"。上饶市依据产业基础和地区特点，经过多年的实践形成了多个具有自身特色的产业集群，产业集群政策和措施实施效果显著，但仍有一些问题尚待完善。未来，上饶市产业集群实现高质量发展，还面临着一系列挑战，需要深入落实党的二十大精神，更大力度解放思想，进行新的探索，推动产业集群实现新的突破。

一、产业集群理论

（一）产业集群的内涵

因研究背景与研究角度存在差异，不同的学者对产业集群概念的理解也不同。迈克尔·波特于1990年最早提出了产业集群的概念，其认为产业集群是一组地理上临近的相互联系的公司和关联机构，它们同处在一个特定的产业领域，由于具有共性或互补性而联系在一起。Rolelandt 和 Hertog（1998）对群进行了定义：为了获取新的互补的技术、从互补资产和利用知识联盟中获得收益、加快学习过程、降低交易成本、克服或构筑市场壁垒、取得协作经济效益、分散创新风险，相互依赖性很强的企业（包括专业供应商）、知识生产机构（大学、研究机构和工程设计公司）、中介机构（经纪人和咨询顾问）和客户通过增值链相互联系形成网络，这种网络就是群。王缉慈（2001）将产业集群总结为大量专业化的产业（或企业）及相关支撑机构在一定地域范围内的柔性聚集，它们结成密集的合作网络，植根于当地不断创新的社会文化环境中。总的来看，产业集群是一个区域维度的概念，其成员企业间相互依赖，通过相似、相关或互补集聚而成的网络。

（二）产业集群的类型

不同学者对产业集群研究的视角不同，定义也就不同，对集群类型的划分也有所不同。Markusen（1996）依据产业区结构特征，把产业集聚划分为：马歇尔新产业区、轮轴式产业区、卫星产业平台、政府定位型产业区。McCann 等（2002）从一个交易成本的视角，根据集群中企业特征、集群内关联和交易的特征将产业集群划分为纯粹集聚、产业共同体和社会网络。Guerrieri 和 Pietrobelli 也从企业间关系出发，提出将产业集群分为（偶然的）企业的地理集群、马歇尔式（意大利）产业区域、存在某种领导者形式的企业网络。从价值链的治理结构角度，Gereffi 也对产业集群进行了划分：纯市场结构、科层结构和三种网络结构（标准型或模块型、关联型、俘获型或被控制型）。罗若愚（2002）等也依据集群形成方式将集群分为浙江专业化产业区（"原生型"产业集群）、广东外向型产业集群（"嵌入型"产业集群）、中关村高新技术产业集群及国有企业衍生形成的产业集群（"衍生型"产业集群）。《中国产业集群发展报告》将产业集群分为资源驱动型产业集群（如广东的五金、家电产业集群和山西的煤炭产业集群）、贸易驱动型产业集群（如温州打火机产业集群、中山古镇灯饰产业集群）、外商直接投资型产业集群、科技资源衍生型产业集群（如中关村产业集群）、大企业种子型产业集群（如青岛家电产业集群）和产业转移型产业集群（如成都女鞋产业集群）。

二、上饶市促进产业集群发展主要做法

（一）政策引导

工业园区在区域经济发展中居于十分重要的地位。工业园区具有较强的产业空间集聚和辐射效应，成为区域经济发展的中心及体制和技术创新的试验区，推动区域经济的发展。产业集群是工业园区发展的方向，其通过企业集聚，产业专业化分工合作，企业间的相互协作，有利于增强企业间的信任，减少交易成本，使园区获得市场优势，同时技术、知识在园区内企业间更容易传播，从而有助于技术进步。近年来，国家、江西省及上饶市均出台了一系列政策促进了上饶市产业集群的发展。2014 年 1 月，《上饶市产业集群发展规划（2013—2020 年）》（以下简称《发展规划》）通过了省级专家组评审。《发展规划》为加速推进新型工业化，推动科技进步，加快转型升级，促进绿色发展和推进产业集群发展提供了清晰的"线路图"。2016 年 9 月，上饶市委、市政府出台《关于以企业为核心，五年决战七千亿的若干意见》，提出深入实施主攻工业决战园区战略，加快工业经济健康发展，组织实施"以企业为核心，五年决战七千亿"的工业强攻战，奋力打造全省一流工业强市。为实现目标，一系列支持产业集群化发展的措施和政策保障被付诸实施，其中包括落实兑现江西省委、省政府《关于降低企业成本优化发展环境的若干意见》涉企税收及其他各项帮扶政策；设立产业发展引导基金；推动产业集群升级发展；对新增为省级、市级重点工业产业集群的，分别一次性奖励 20 万元、10 万元等。此外，为了促进产业集群发展，各地依照国家、江西省及上饶市政策法规，制定了适合当地特色的产业专项扶持政策，不断激发企业投资热情，见表 4-1。

表4-1　2007 年以来产业集群相关政策汇编

文件名	发文机构	发文时间
《国家发展改革委关于促进产业集群发展的若干意见》	国家发展和改革委员会	2007 年 11 月

续表

文件名	发文机构	发文时间
《关于在全省工业园区推进产业集群促进集约发展的指导意见》	江西省人民政府	2011 年 12 月
《上饶市产业集群发展规划（2013—2020 年）》	上饶市人民政府	2014 年 1 月
《关于加快产业集群发展促进工业园区发展升级的意见》	江西省人民政府	2014 年 9 月
《工业和信息化部关于进一步促进产业集群发展的指导意见》	工业和信息化部	2015 年 7 月
《关于以企业为核心，五年决战七千亿的若干意见》	上饶市人民政府	2016 年 9 月
《上饶市支持鄱阳、余干、万年县融入大南昌都市圈发展行动方案》	上饶市人民政府	2019 年 7 月
《关于加快推进战略性新兴产业产业集群建设有关工作的通知》	国家发展和改革委员会	2019 年 9 月
《关于加快推进战略性新兴产业产业集群建设有关工作的通知》	江西省发展和改革委员会	2019 年 9 月
《促进中小企业特色产业集群发展暂行办法》	工业和信息化部	2022 年 9 月
《江西省制造业重点产业链现代化建设"1269"行动计划（2023—2026 年）》	江西省人民政府	2023 年 7 月

（二）园区先行

上饶市工业园区发展大致经历了 2001 年之前起步探索阶段、2001～2006 年整合规范阶段、2007～2012 年快速发展阶段、2013 年之后转型升级阶段四个阶段。1991 年南昌高新技术产业园区的设立，揭开了江西省工业园区发展的序幕。1992 年 8 月，经江西省政府批准，设立大茅山经济开发区为省级综合性开发区，上饶市首个工业园区正式成立，开始了全市以工业园区为工业企业集聚地，加速推进工业化发展的新道路。1996 年 12 月，广丰县成立芦林工业园区，成为上饶市第二个省级工业园区。2001 年江西省第十一次党代会上，确立了"依托园区办工业，以工业的崛起加速江西的崛起"的发展战略，掀起了全省上下兴办工业园区的高潮，上饶市各县纷纷建立工业园区，集中优势资源全力推动工业经济发展。2003 年，上饶市共设立了包含上饶凤凰工业园和广丰芦林工业园等在内的14 个工业园区。2004～2006 年，上饶市对各类工业园区进行规范整顿，整合资源，规范发展。整合之后，全市形成了江西上饶经济开发区、江西广丰工业园和江西德兴大茅山经济开发区等 11 个省级工业园区协同发展的新格局。

几年的实践证明"依托园区办工业"是促进工业快速发展的有效途径，2007 年起上饶市工业园区加快调园扩区步伐，科学规划园区发展，通过对各工业园区不断提高发展定位，强化基础设施建设，引进资本，增加新项目，为工业发展持续凝聚发展动力。经过这一阶段的不懈努力，全市形成拥有1个国家级经济技术开发区、9个省级工业园区和1个省级经济开发区协同发展工业经济的新格局。

党的十八大以来，党中央深刻认识当前经济发展形势，得出我国经济发展进入新常态的科学论断，为有效应对新形势新挑战，做出了推进供给侧结构性改革的重大决策。在我国经济发展形势出现重大调整的大背景下，上饶市工业园区的经济增长方式也出现了较大变化，增量扩能式增长让位于调整存量和做优增量并举的发展方式，经济发展进入转型升级期。上饶市工业园区放缓了调园扩区步伐，更加注重改善发展环境和提升服务质量，不断优化产业结构，更加注重发展质量和效益。发展方式的转变，使得工业园区产业功能区更加科学合理，循环经济生产模式得到全面推广，生态园区建设取得阶段性成果，工业园区对工业经济发展带动作用进一步扩大，产业结构日趋优化，资源利用率增高，逐渐走上了集约化发展道路。

经过多年的发展，上饶市不断探索，截至2021年末，上饶市共建成13个省级以上开发区（工业园区），其中国家级经济技术开发区1个、省级高新技术产业园区6个、省级工业园区5个、省级经济开发区1个。2021年末上饶市工业园区实际开发面积95.8平方千米，投产企业1823家，从业人员19.3万人。工业园区工业营业收入、利润总额分别完成4731.1亿元和304.8亿元，成为上饶市工业经济主要承载平台。

（三）优化营商环境

在发展工业、促进产业集群发展的过程中，上饶市大力提升工业园区发展层次，按照规划先行、适度超前的原则，通过"腾笼换鸟"，加快调园扩区步伐，鼓励和支持有条件的园区升级升格，提升园区容量和承载力。同时，通过不断改善和优化营商环境，创造更好的招商引资条件，促进工业的发展。2019年上饶市率先出台了上饶市优化营商环境行动配套措施36条及《关于进一步降低企业成本32条政策措施的通知》等一系列文件措施，进一步降低上饶市企业成本、优化上饶市营商环境。优化营商环境，简化审批事项是重要环节。从2001年开始，上饶市持续对行政审批事项进行清理。2015年5月12日，李克强在全国推进简政放权放管结合职能转变工作电视电话会议上首次提出"当前和今后一个时期，深化行政体制改革、转变政府职能总的要求是：简政放权、放管结合、优化服务协同推进,即'放、管、服'三管齐下"。2016 年政府工作报告进一步提出"推进简政放权、放管结合、优化服务改革"。推行"放管服"改革以来,上饶市始终坚信"营商环境就是生产力",积极探索,不断通过创新管理方式简化审批手续,为企业创造更好、便捷的营商环境。围绕"一网、一门、一次"政务服务改革,上饶市发展和改革委员会强化了对投资项目在线审批监管平台的运用,所有审批(核准)项目实行受办一体化和不见面审批,基本做到了"只跑一次"并力争实现"一次不跑";同时进行审批流程再造,将投资项目审批(核准)时间从法定的 20 个工作日压减到 10 个工作日,并在此基础上进一步缩减到 5 个工作日。按照国家、江西省及上饶市政策法规要求,上饶市各工业区也纷纷根据当地实际情况,不断实践争当企业"店小二""招商项目五人行"等服务形式。2019 年 5 月,上饶市政务服务中心办事大厅围绕"一网、一门、一次"改革要求,智能化升级改造完成,正式对外开放。政府服务中心办事大厅的政务服务平台按功能分区设计,分成不动产登记服务区、无差别全科受理服务区、市场准入服务区、投资项目联办区、专科办理服务区、公安集成服务区和出入境服务区七大板块,同时设置了自助服务区、书吧等候区、24 小时自助区、母婴室等标准化配套区,配置高清 LED 显示屏、短信无声叫号系统、智能导服机器人等先进设备。大厅共开设窗口 124 个,进驻 34 个部门 208 名工作人员,可办理各类事项 1262 项,其中 1087 项依申请类事项可实现网上办理。目前,上饶市已成为全国审批手续最少、审批程序最简、办理效率最高、投资环境最好的地区之一,具体内容详见表 4-2。

表 4-2　2016 年以来上饶市"放管服"改革重要政策汇编

文件	发文机关	发文时间
《上饶市人民政府关于承接省政府下放市级实施的行政权力项目的通知》	上饶市人民政府	2016 年 3 月
《上饶市人民政府办公厅关于印发简化优化公共服务流程方便基层群众办事创业工作方案的通知》	上饶市人民政府办公厅	2016 年 7 月
《上饶市人民政府关于印发 2016 年推进简政放权放管结合优化服务改革工作方案的通知》	上饶市人民政府	2016 年 9 月
《上饶市人民政府关于衔接省政府取消和调整行政权力项目的通知》	上饶市人民政府	2017 年 4 月
《上饶市人民政府关于加快推进"放管服"改革工作的意见》	上饶市人民政府	2017 年 12 月

续表

文件	发文机关	发文时间
《上饶市人民政府关于印发上饶市加快推进"最多跑一次"改革实施方案的通知》	上饶市人民政府	2017 年 12 月
《上饶市人民政府办公厅关于公布上饶市市本级第一批"一次不跑"政务服务事项目录清单的通知》	上饶市人民政府办公厅	2018 年 1 月
《上饶市人民政府关于衔接国务院、省政府取消和调整行政权力事项的通知》	上饶市人民政府	2018 年 3 月
《上饶市人民政府办公厅关于印发上饶市行政审批"一窗受理、集成服务"改革实施细则的通知》	上饶市人民政府办公厅	2018 年 4 月
《上饶市人民政府关于进一步精简市级行政权力事项和公共服务事项的决定》	上饶市人民政府	2018 年 6 月
《上饶市人民政府关于公布上饶经济技术开发区全链审批赋权清单的通知》	上饶市人民政府	2018 年 7 月
《上饶市深化政务服务推行"一网、一门、一次"改革实施方案》	上饶市人民政府	2018 年 8 月
《上饶市人民政府办公厅关于确定上饶市市本级首批实施"一网通办"政务服务事项的通知》	上饶市人民政府办公厅	2018 年 11 月
《转发上饶市人民政府关于衔接国务院、省政府取消一批行政许可等事项的通知》	上饶市人民政府	2019 年 1 月
《上饶市人民政府关于落实和衔接国务院、省政府取消和下放行政许可事项的通知》	上饶市人民政府	2019 年 9 月
《上饶市贯彻落实纵深推进"放管服"改革进一步提升政务服务若干措施的工作方案》	上饶市人民政府	2022 年 4 月

（四）发挥龙头企业带动作用

产业集群内部是一个复杂的有机整体，涉及相关的企业、协会、中介机构等，龙头企业对产业集群的促进作用，不仅表现在促进经济增长和增加就业机会等方面，它还有很强的辐射和带动作用。龙头企业一般具有雄厚的资源实力，有很强的组织能力、创新能力和市场开拓能力。依托龙头企业带动产业集群的发展已成为近年来产业集群发展的重要特征。充分发挥龙头企业对产业集群的示范带动作用，通过利用龙头企业的知识溢出效应带动产业集群发展。上饶市促进产业集群发展的过程中十分重视发挥龙头企业的示范带动作用，严格要求和激励措施并行。通过设立标准严格考核产业集群龙头企业。龙头企业的生产经营状况及其与配套企业间的协作是产业集群发展状况考核的重要指标。上饶市工业重点产业集群申报条件之一为龙头企业基本情况，要求评估龙头企业的带动作用，集群内主营业务收入前五位的企业，其主营业务收入之和占产业集群的比重达到50%以上。此外，上饶市还制定了详细的绩效评估办法对集群内龙头企业发展进行监督。根据《上饶市工业产业集群龙头企业考核评价办法》申报"产业集群龙头企业"的企业除对企业规模、竞争实力、科技创新、企业诚信有一定的要求外，还必须具有较大的辐射带动作用。与产业集群内相关企业建立协作配套关系，充分发挥本企业品牌优势、技术优势、销售网络优势、信息优势等，辐射带动中小企业10家以上的企业才能够达到申报"产业集群龙头企业"的资格。同时，上饶市通过优惠政策激励产业集群龙头企业发展。除对项目引进、税收优惠、专项扶持资金之外，为了激励龙头企业发挥带动作用，上饶市对符合《上饶市工业产业集群龙头企业考核评价办法》考核评定，获得"产业集群发展龙头企业"的分别奖励5万元，由市委、市政府发文通报，同时在上饶日报、上饶之窗等新闻媒体发布。

（五）提升公共服务能力

2015年，工业和信息化部印发了《关于进一步促进产业集群发展的指导意见》，从七个方面提出了推动产业集群转型升级、进一步促进产业集群发展的二十条意见。该意见提出建立产业集群公共服务平台，建立健全产业集群多层次、多类别的人才培养机制，引导和推动产业集群依法组建行业协会、商会和联盟等，集聚优质服务资源，提升公共服务能力，为产业集群协同创新和转型升级提供支撑。为提升公共服务能力，上饶市政务服务中心办事大厅进行智能升级改造时增加了公共资源交易平台这一功能，为全市各类公共资源交易提供规范统一的交易场所。建设工程、水利工程、土地出让、产权交易、政府采购等交易机构均进驻了公共资源交易中心。通过先进的设施、齐全的服务，物理平台与数字化平台建设同步进行，为企业提供线上线下服务。同时，上饶市鼓励各工业园区通过政企合作或企企合作等方式建立相关产业集群公共服务平台，并将公共服务能力作为工业园区或产业集群发展的考核标准。以上饶经开区为例，上饶经开区紧紧围绕"两光一车"产业发展，已经建设了晶科能源国家级技术中心和江西省光伏发电及系统工程技术研究中心两家光伏产业集群公共服务平台；与凤凰光学合作共建项目总投资6500万元的上饶市光学检测中心，该检测中心为上饶市所有光学企业提供光学零部件、整机产品的检测，帮助企业稳定控制生产质量。同时，大力支持汉腾汽车和清华大学汽车工程系联合成立了动力研究中心；与中国汽车工程研究院股份有限公司共同成立了开发中心，在上饶市积极打造新能源汽车研发基地，将成为汽车产业集群公共服务平台。

三、上饶市促进产业集群发展的效果分析

（一）取得主要成效

江西省为全面深入实施工业强省战略、加速推进新型工业化提供强有力的支撑，2014 年 6 月，江西省工业和信息化委员会公布了全省首批 20 个省级工业示范产业集群，以通过发挥典型示范作用，带动全省产业集群加速发展，其中包括上饶市经济技术开发区光伏产业集群、上饶市经济技术开发区光学产业集群、广丰红木产业集群、横峰有色金属综合回收利用产业集群、鄱阳五金机电产业集群。2015 年上饶市培育产业集群效果显现，全市工业园区 2015 年主营业务收入过百亿元的产业集群有 5 个，即上饶经开区光伏产业集群 460 亿元、广丰经济开发区金属新材料产业集群 221 亿元、横峰经济开发区有色金属精深加工产业集群 156 亿元、铅山工业园区有色金属加工产业集群 125 亿元、玉山经济开发区有色金属产业集群 116 亿元。2017 年 11 月，江西省公布第二批省级重点工业产业集群，其中玉山经济开发区通用设备制造产业集群、万年高新区机械电子产业集群新增为省级重点工业产业集群。2018 年 11 月，江西省工业和信息化厅下发《关于新增省级重点工业产业集群的通知》，上饶经济技术开发区汽车产业集群、德兴市高新技术产业园区黄金产业集群名列其中。2019 年 1 月，上饶高新区电子信息产业集群成功晋级江西省省级重点产业集群。2019 年 11 月，江西省工业和信息化厅发布《关于新增调整省级重点工业产业集群的通知》，认定了万年高新技术产业园区纺织新材料产业集群为新增省级重点工业产业集群，同时鉴于现有广丰红木产业集群产业规模逐年萎缩，并且已不作为当地主导产业发展，将其调整退出省级重点工业产业集群。上饶市构建了以有色金属、光伏新能源两大主导产业和电子信息、非金属材料、汽车、机械制造四个重点产业为主的"2+4+N"产

业体系，形成了 11 个省级产业（培育）集群。2021 年，全市"2+4"主导产业实现营收 4087.9 亿元，占全市产业的 81.1%。

1. 上饶经开区光伏产业集群

2019 年，江西省拥有规模以上光伏制造企业 87 家，投资总额逾千亿元，涌现出了晶科能源、赛维 LDK、旭阳雷迪等一大批国内知名龙头骨干企业，光伏企业主要集中在新余、上饶、九江、南昌、景德镇、鹰潭等重点区域，特别是上饶经开区和新余高新区两大产业集群，已成为江西省光伏产业的重要集聚区。上饶经开区的光伏产业从 2006 年开始发展，2016 年首批入选江西省省级工业示范产业集群。2017 年 11 月，入选"江西省战略性新兴产业集聚区"。2018 年 2 月 4 日，被国家工业和信息化部认定为"国家新型工业化产业示范基地"。经过多年的发展，上饶经开区光伏产业集群逐步形成了以晶科能源为龙头，以中电彩虹、海优威、捷泰新能源、晶科光伏为骨干的产业集群，集聚了各类光伏企业二十余家，"硅料—硅片—电池片—组件—应用"晶体硅垂直产业体系日益健全，一批横向配套项目相继落户，晶科能源国家企业技术中心、江西省光伏发电及系统工程技术研究中心、江西晶科科技协同创新有限公司等公共服务平台相继建成，上饶经开区光伏产业综合配套功能日趋完善，科技研发实力强劲。2019 年上饶市光伏产业实现主营业务收入 500 亿元，占江西省光伏产业半壁江山。其中，上饶经济技术开发区光伏产业实现主营业务收入约 425 亿元。2022 年全区光伏产业实现主营业务收入约 1055 亿元，生产规模跻身全国第一方阵，建成国家级光伏高新技术产业化基地和国家分布式光伏发电应用示范区。

2. 上饶经开区光学产业集群

光学产业是上饶市政府对上饶市经济技术开发区确定的另一重点发展产业。1965 年，上饶经开区光学龙头企业——凤凰光学建厂以来，已近 60 年的历史。区内现有光学企业 170 多家，涵盖了手机镜头模组、安防监控系统、车载摄像系统、医疗器械、新型显示等众多领域，已经形成从光学镜片加工到光学镜头组装的完整光学冷加工产业链。作为江西省"十二五"重点建设项目，光学产业基地共包括 5 个功能片区：凤凰光学龙头核心区、基础光学产业集聚区、新兴光电产业区、光电产品交易集散中心和中国光学产品应用研发中心。

2015 年至今，上饶经济技术开发区先后打造了光学一基地、合创汇光电信息产业园、光学二基地、光电产业城四大光学基地，落户企业 120 多家。同时，光学三基地项目总投资 6 亿元，用地约 150 亩，总建筑面积 17 万平方米，标准厂房 35 栋，计划落户不少于 60 家光学企业。上饶经济技术开发区适时出台《上饶经济技术开发区关于促进光学产业发展的若干意见》《上饶经济技术开发区光学产业基地建设管理办法（试行）》等政策措施促进光学产业的发展，2020 年出台《上饶经济技术开发区关于支持光学产业高质量发展的十条政策措施》，对入驻光学产业基地企业在场地、设备投资、扩大再生产、企业成长等各方面提供政策支持。在业态布局上，规划建设全国首个集智慧制造和智慧展示的光学特色小镇。龙头企业凤凰光学在其母公司中电海康的支持下，将成为中电海康第二个智能制造基地，进一步带动区内光学企业向高端光电子产品迈进。

虽然上饶经开区已经成为世界最大的光学镜片生产基地，但是单以光学镜片冷加工为主的上饶光学产业，一直处在产业链的前端，产业大而不强、多而不精。为此，上饶经开区全面开启产业集群模式，着力打造光学产业基地，光学产业从粗放迈向集约、产品从低端向高端的"蝶变"效应逐步显现。2018 年末落户光学二基地的上饶市力鼎光电有限公司正式投产，力鼎光电是一个集光学镜片加工、光学镜头组装和光学模组研发生产销售于一体的现代高科技企业，是光学镜头模组行业翘楚，其技术创新能力达到国际先进水平。力鼎光电只是光学产业迈向高端制造的一个缩影，同样落户光学二基地的"松江之光"项目同样令人充满期待。依瓦塔精密光电有限公司、兆九光电技术有限公司等 7 家企业是在业内拥有"松江之光"美誉的高新技术企业，共拥有 20 余项发明专利、30 余项实用新型专利，涉及紫外光源、高端镀膜机、复眼透镜、夜视仪、增距镜、光学计算全息等产品，这些项目有效填补了上饶经开区光学产业链条上的空白。按照走"高端化、集群化、规模化"之路打造标准，截至 2019 年，光学产业二基地已入驻企业 50 余家，为上饶光学产业迈向高端制造打下坚实基础。

区内现有光学企业 260 余家，涵盖了手机镜头模组、安防监控系统、车载摄像系统、医疗器械、新型显示等众多领域，已经形成从光学镜片加工到光学镜头组装的完整光学冷加工产业链。

3. 玉山通用设备制造产业集群

近年来，玉山县委、县政府高度重视装备制造业发展，把装备制造业定位为玉山两大战略性新兴产业之一，积极鼓励扶持装备制造业发展。在经济下行压力不减和县域竞争日趋激烈的大背景下，玉山县把振兴实体经济作为应对经济新常态的主抓手，牢固树立工业支柱意识，玉山县紧紧围绕"建全省工业强县"奋斗目标，深入实施以装备制造为首位产业，电子信息和新材料为主导产业的

"1+2+N"的产业高质量跨越式发展行动计划，以高端化、智能化、绿色化、服务化为方向，以项目、企业、集群、园区为着力点，通过培育壮大龙头骨干企业，推进产业园区化、基地化，做实做大产业规模，推动全县工业高质量跨越式发展。2017年11月，玉山县经济开发区（2018年更名为江西玉山高新技术产业园）通用设备制造产业集群被列入"省级重点工业产业集群"。通过不断努力，玉山县重点产业发展核心地位凸显。围绕装备制造、电子信息、新材料三大主导产业，深入实施"1+2+N"行动，工业经济结构不断优化，发展效益不断增加。作为江西通用设备制造产业集群聚集地，玉山坚持首位产业优先发展、优先支持，实施创新提能行动。强化企业创新主体地位，推动创新要素向企业集聚，支持企业信息化基础能力建设，实现两化融合高质量发展，推进红睿马钢管、红马钢构、上菱电梯等做大做强。2022年，通用设备制造产业投产企业达105家。2022年1~6月，通用设备制造产业集群实现营业收入146.7亿元，同比增长了28.9%。同时玉山县按照"抓大扶小、培优育强"的原则，加快构建百亿级、五十亿级、十亿级、五亿级骨干企业和规模以上企业—专精特新—专业化小巨人—单项冠军双梯队格局。2022年1~6月，新增规模以上工业企业6家，预计全年新增35家以上；新增10亿元以上企业1家；申报省级"专精特新"企业19家，申报国家级专业化"小巨人"企业2家。

4. 横峰有色金属综合回收利用产业集群

2014年横峰县有色金属综合回收利用产业集群列入"全省工业重点产业集群名单"。横峰是有色金属综合回收利用产业集群县，以铜冶炼和精深加工为主、其他有色金属加工为辅的有色金属加工产业集群，成为江西省首批60个重点产业集群之一。横峰经济开发区被授予"江西省有色金属加工产业基地"称号，也是全省首批循环经济试点园区。

近年来，横峰明确了把有色金属作为主导产业的工业发展方向，按照"抓大放小、提质增效"的思路，紧紧围绕中旺、兴南、和丰三大铜材企业做大做强。同时，有色金属加工产业从过去单一的铜冶炼向分离稀贵金属、延伸铜深化加工的铜产业链条发展。截至2021年底，江西横峰经开区现有有色金属企业36家，以和丰、兴南、飞南、中旺等几家大的铜冶炼企业为主。近年来，这些骨干企业在当地政府大力支持下，主动换挡升级，赢得了市场竞争力。作为江西省制造业100强、横峰县龙头企业江西和丰环保科技有限公司增加30亿元投资，新上锡、镍回收及制酸生产线，为横峰有色金属产业"倍增计划"打造新引擎。通过

"腾笼换鸟"落户的江西耀泰铜业有限公司投入 5 亿元，新上轧机等精深加工设备，生产 0.2 毫米铜带和铜板等电子元器件高端铜原材料产品，有效延伸和拉长了产业链。从"向空间要土地"到"向环保要生存"，从"向技改要效益"到"向升级要动能"，横峰走出了一条传统优势产业转型升级之路。

5. 鄱阳五金机电产业集群

2005 年 7 月 8 日鄱阳县工业园区（芦田轻工业产业基地）正式破土动工，多家五金机电企业同步入驻园区，落户鄱阳，由此翻开了鄱阳县立足招大引强、致力工业强县、推动开放型经济跨步发展的崭新篇章。经过多年的发展，鄱阳县五金机电行业抢抓机遇，以县工业园区升级省级工业园区为契机，趁着 22 万伏变电站建成、电镀集控区投入使用、鄱阳（温州）商会组建等东风蓬勃发展，实现了"小五金"向"大产业"的华丽变身。2016 年鄱阳县提出了"打造中国下一个五金机电之都"的口号，集中精力打造五金机电产业，在招商力量分布上、在招商区域对接上、在招商资料宣传上、在园区平台建设上等围绕五金机电产业进行重点部署，使鄱阳县五金机电产业成功跻身江西省重要产业集群。截至 2021 年底，鄱阳工业园区的五金机电产业（139 家）占全县的 55%，形成了年产 150 万吨紧固件/标准件，100 万把锁、5 万套电涡流缓速器、160 万套汽摩配件、10 万吨铸造件和 10 万套铜涡轮的生产能力。

6. 万年高新区机械电子产业集群

万年是江西省"产城融合示范试点县"、省级高新技术开发区、省级循环化改造示范园区，截至 2022 年万年高新产业园区共落户企业 375 家，其中投产企业 303 家，规模以上企业 182 家。一直以来，万年充分利用该县位于长江经济带、长江中游城市群、长三角一体化、海西经济区等国家战略交汇处的区位优势，引进、培育上下游企业，补足产业短板，促进产业补链、强链、延链。万年结合当地传统机械制造业、纺织业基础的产业特点和优势，精心规划产业布局，坚持一个规划指引到底，保证了主导产业的延续性和引领性，打造了集电容电器、LED 节能照明、半导体芯片、智能机器人、蓄电池生产、精密铸件、汽车配件等机械电子完整产业链条，形成了机械电子、纺织新材料、食品药品三大百亿元产业集群。

7. 上饶经开区汽车产业集群

近年来，上饶经济技术开发区将汽车产业作为打造工业升级版的新引擎，全力推动汽车产业强势崛起，打造千亿元产业集群，现已初步形成了新能源与传统汽车齐头并进，乘用车、公交车、物流车交相辉映，整车与零部件企业互动发展的良好局面。上饶经开区集聚长城汽车、爱驰汽车、博能上饶客车、吉利商用车和吉利客车 5 个整车项目，建成后可形成 60 万辆乘用车和 22 万辆商用车的产能。

8. 德兴黄金产业集群

德兴素有"铜都""金山""银城"之美誉，域内矿产资源丰富，主要有金、银、铜、铅锌等。其中，黄金储量 418 吨，占江西省总储量的 80% 左右，远景储量超过 1000 吨。为充分利用好丰富的矿产资源，促进德兴经济高质量跨越式发展，结合当前国家相关产业政策，德兴市充分发挥自身资源优势，整合域内黄金矿山企业，确定黄金采、选、冶、深加工发展战略，成立德兴高新技术产业园区黄金产业集群，并于 2017 年成功列为省级重点工业产业集群。

德兴明确把有色金属作为三大主导产业之一，在做强做大上做文章，打造以黄金珠宝为特色的有色金属首位产业集群。立足上游江西金山矿业、德兴市黄金有限公司等企业，中游德贤黄金珠宝创意产业园，下游益丰铜业、一元再生等企业，不断完善上下游产业链建设。建立"一个项目、一名领导、一支队伍、一抓到底"的工作机制，高效推进重点企业项目建设进度。集中各类要素，聚集各方优势，重点推动黄金精炼、电镀、德辰科技、银山矿等一批重大有色金属项目落地，提高设计、研发、精深加工等环节的附加值，促进尾矿提取和废旧金属利用。组建黄金产业基金，2021 年取得上海黄金交易所会员及牌照。以金山、花桥等金矿采选冶基地为龙头，以黄金精深加工产业和金融交易为延伸，以珠宝首饰销售及回收为配套，集聚全产业链资源的黄金珠宝产业园区已基本形成。2021年德兴高新区有色金属产业全年完成产值 370.13 亿元，同比增长 38.86%，为打造千亿级有色金属产业打下扎实基础。

9. 广丰区电子信息产业集群

广丰区始终坚持工业挂帅、工业打头阵，大力推进工业集群化发展和新旧动能转换战略，深入推进营商环境优化升级"一号改革工程"，工业总量逐年增长、产业结构持续升级、企业规模不断扩张，全区工业经济稳中有进、进中趋优，挺起了广丰高质量发展的"脊梁"。广丰区精心构建精准、专业、现代招商体系，按照"高大上+链群配"的思路，瞄准新电子、新材料、新智造三大主导产业，深入实施区域招商、以商招商、"一把手"招商，强化顶层设计和上下联动，引进了一大批具有战略引领力的大项目、好项目，以高水平招商吸引有效投资。围绕强链、延链、壮链、补链抓产业布局，依托立景创新科技、捷配工业互联网等龙头企业，延伸产业链条，大力推动新电子产业集群化发展。把数字化转型作为引领性、战略性工程，聚焦产业数字化，加快企业智能化改造和传统产业赋能提升。立足特色资源优势，秉持绿色发展理念，黑滑石产业开发有序推进，成功引进泰珂黑滑石新材料百亿项目。积极培育一批"专精特新"中小企业，不断提升产业核心竞争力。截至 2022 年 10 月，全区已有电子信息企业 67 家，其中规模以上企业 28 家，初步形成产业链条。特别是在打造"光芯屏端网"产业集群上，已拥有 10 家硬核企业。2021 年，广丰电子信息产业集群获评省级重点工业产业集群。

10. 万年纺织新材料产业集群

纺织新材料产业是万年县三大主导产业之一，先后获批为江西新型工业化产业基地（纺织新材料产业）、江西省级重点产业集群，万年高新区被授予"全国纺织产业转移示范园区"和"中国功能纺织品产业承接转移示范基地"。截至 2020 年底，全县有纺织类企业 166 家，其中规模以上企业 82 家，国家高新技术企业 21 家，实现营业收入 170 亿元，占万年县工业经济比重的 45%，已形成发展集聚效应。纺织行业蓬勃发展，落户企业接二连三，是江浙闽粤等沿海地区纺织企业投资的最佳福地。万年纺织新材料产业集群已经形成了以聚酯纤维—加弹—织造—印染及后整理—纺织新材料、家纺、成衣、户外休闲用品等为一体的产业链条。专业协作配套效应明显，研发创新能力突出，建有国家级院士工作站、多家省级工程技术研究中心、省级企业技术中心。以昌硕纺织、旭腾科技、大地走红、三联纺织、伊兰文纺织等龙头企业为引领，促进纺织主导产业集群、集效、集约发展，文化内涵不断加深，转型升级不断加快。在江西省工业和信息化厅的大力支持下，2020 年，江西昌硕户外休闲用品有限公司被工业和信息化部评定为第二批国家级"专精特新"小巨人企业。纺织新材料产业已逐步形成万年独有特色，走在江西前列。

（二）存在的主要问题

经过多年的发展，上饶市产业集群已逐步发展壮大，一些地区产业集群销售收入已达到本地企业销售收入一半以上，产业集群对区域经济的支撑作用日益明显。但目前产业集群发展总体水平还不高，部分产业集群存在集聚度较低、发展不平衡、创新能力弱、公共服务滞后等问题，亟待转型升级，提升发展能力。

1. 产业集群发展不均衡

截至 2020 年 11 月，江西省共有 100 个重点工业产业集群，其中上饶市有 10 个，占比 10%；涉及有色金属产业的横峰有色金属综合回收利用产业集群、德兴高新技术产业园区黄金产业集群、新能源产业的上饶经开区光伏产业集群、机电光学产业的上饶经开区光学产业集群、鄱阳五金机电产业集群、玉山经济开发区通用设备制造产业集群、万年高新区机械电子产业集群、上饶经开区汽车产业集群等。上饶市公布的 17 个市工业重点产业集群中，除省级产业集群外，有属于新兴建材产业的广丰区黑滑石产业集群和余干县水钻产业集群，属于有色金属产业的广信区金属新材料产业集群、玉山县有色金属产业集群、铅山县有色金属精深加工产业集群、弋阳县有色金属产业集群，以及婺源县旅游商品产业集群。从重点产业集群上看上饶市重点产业集群主要集中在有色金属产业和机电光学产业，产业集群发展不均衡。

2. 营商环境不够完善

随着一系列政策和措施的落地，上饶市营商环境得到了改善和优化，但仍有一些问题尚待完善。一是对小微企业的认定标准还没有完全统一。在开展"降成本优环境"专项行动时，没有统一的小微企业认定标准，可能会导致错评、漏评现象的发生。二是审批领域"信息孤岛"问题仍然存在。目前市政服务大厅开放使用，简化了审批手续和流程，但是在一些项目审批过程中各审批部门信息数据没有完全实现共用共享，如工程建设项目审批时各审批部门现有的审批管理系统与国家投资项目在线审批监管平台不能充分兼容和对接。三是产业集群公共服务平台发展相对滞后。上饶市多数产业分布较分散，以有色金属产业为例，2017 年共有 147 家有色金属企业，主要分布在广丰区 28 家，横峰县 22 家，广信区 21 家，铅山县 16 家，弋阳县和德兴市均为 14 家，玉山县 11 家。上饶市各区县（市）间产业结构类同，存在相互竞争现象，缺乏产业协同创新的产业联盟、协会等。四是部分产业集群企业创新能力较弱。部分企业科技意识不强，自身科研能力有限，申报创新平台等积极性不高。五是融资困难问题仍然存在。虽然上饶市及各地为了解决企业融资难、融资贵的问题采取了产业引导基金、绿色债券、财园信贷通等一系列措施，企业尤其是小微企业贷款相关费用逐步降低，但是由于民营企业和金融部间的信息不对称，企业信用难以评估、抵押不足、第三方担保等成为企业融资的"绊马索"。

3. 生产性服务业发展相对滞后

生产性服务业主要是服务于农业、工业、贸易等的各类服务业，如交通运输、物流、邮政快递、批发零售、信息服务、科技服务、商务服务、金融和节能环保服务等。生产性服务业的发展水平关系到经济运行效率、经济增长与结构调整和优化，对推动农业、工业、贸易等转型升级、增强竞争力都能起到重要的作用。随着对生产性服务业尤其是工业生产性服务业的重视，上饶市生产性服务业快速发展，从成熟度来看，生产性服务业还处于成长期。以交通运输与物流行业为例，多数市场主体"小散弱"，市场秩序也不够规范，公路货运存在过度竞争等问题，铁路运输则呈现出竞争不足等现象。

四、对策建议

上饶市经济正在从高速增长阶段向高质量发展阶段转变。对上饶市来说，以统筹规划做好顶层设计，以龙头企业带动集群发展，以创新驱动促进集群升级，以政策支撑优化集群环境，就是抓住了转型发展的关键。上饶市产业集群实现高质量发展，还面临着一系列挑战，需要更大力度解放思想，进行新的探索，推动产业集群实现新的突破。

（一）加强统筹规划，引导各地区产业集群差异化发展

彻底调查各地资源禀赋、产业基础、区位交通等基本情况，统筹兼顾，合理布局，制定科学的产业规划，促进各县域之间产业集群协调发展。筛选产业同质化严重、缺乏关键核心技术、企业创新能力不足的地区，去弱留强，逐渐确立主导产业。工业主导产业确定应依据当地实际情况，包括区域资源禀赋、地理区位条件、行业和企业基础、科技创新能力、市场需求及现有的区域政策等做出科学的考虑和选择。主导产业的选择还应该具有前瞻性，在区域自身优势的基础上，产业应具有较强的产业链延伸、结构升级和辐射能力，能够带动区域相关经济的发展。

（二）提升龙头企业带动能力，强化企业配套协作

坚持高端化、智能化、集群化发展方向，不断培育延伸产业链、创新链、价值链，推动主导产业集群发展。培育龙头企业，吸引相关配套企业落户工业园，延伸产业链条，鼓励相关企业积极承接产业配套，通过不断提高配套协作能力，推动企业在生产管理、技术工艺、产品研发方面的交流，积极发挥龙头企业的辐射带动作用，形成大中小微企业分工协作的产业生态体系，全产业链整体实现跃升。加强各产业内部企业之间的联系，在产业发展上，深化具有上下游或产品互补关系的产业之间的关系，不断提高共性技术创新，形成有竞争力的产业体系。针对产业配套较为完善、具有一定产业聚集度但整体上处于价值链较低端的园区，寻找产业链条中缺失的高附加值环节，加强研发设计、品牌营销、金融、物流、信息等产业综合配套服务，打造全产业链，形成产业核心竞争力。引导园区企业引进新技术、新设备、新工艺，提升核心竞争力，推进科技创新、应用创新、模式创新，促进产业升级，助推主导企业稳步发展。引导中小企业加入产业集群体系，按产品上下游进行纵向专业分工，延伸产业链，做专做精零部件产品，走专业化发展道路，促进生产效率提高，形成竞争优势。鼓励中小企业与本地大企业进行合作，提高产品的本土配套率，通过协作配套，发展地方特色鲜明的产业集群。

（三）提升公共服务能力，促进产业集群转型升级

以实现资源的合理分配，促进大、中、小、微企业协同创新，促进产业集群转型升级为目的搭建产业集群公共服务平台。建立产业集群市场交易平台，为产业集群提供公共的销售和营销渠道，从流通环节强化产业集群产品的营销和销售。建立产业集群行业自组织平台，以行业协会、联盟等形式对内为产业集群企业提供技术交流、信息交换、法律培训、行为规范等服务，对外为产业集群进行维权、品牌宣传，强化组织竞争优势。建立产业集群协同创新平台，通过政府引导和机制安排，促进企业、大学、研究机构发挥各自的能力优势，整合互补性资源，实现各方的优势互补，加速技术推广应用和产业化，协作开展产业技术创新和科技成果产业化活动。搭建产业集群资源共享平台，为产业集群提供共性资源流动渠道。充分利用大企业资源充足，中小企业灵活、专业的特点，解决大企业资源闲置、中小企业资源不足的问题，促进产业集群内资源合理流动及共性技术

的研发和创新。

（四）加大政策力度，优化产业集群环境

营造良好的创新环境。进一步转变政府职能，加快行政审批制度改革。逐步清理并废除妨碍企业发展的制度和规定，打破地方保护主义。理顺审批过程中数据不共享问题，逐步实现区、县（市）数据共享。建立和规范企业信用信息发布制度，制定严重违法企业名单管理办法，把创业主体信用与市场准入、享受优惠政策挂钩，完善以信用管理为基础的企业创新监管模式。完善人才评价制度，制定和落实鼓励创新创业的激励政策，鼓励科研人员持续研究，充分调动和激发科研人员的积极性和创造性。创造新型政商关系，需要政府和企业双方共同努力。组织企业法律知识培训，提高企业风险防范意识。加强宣传，提高企业社会责任感。

统筹政府资源，加强银企沟通。完善小微企业扶持政策，制定统一企业认定标准，防止扶持资金错放、漏放。大力发展融资担保机构，为民营企业融资提供第三方担保。引导小微企业创造信贷支持条件；建立大数据共享平台，充分掌握企业经营及信用状况；增强企业实力与提高银行风险补偿并举，提升银行放贷积极性；着力完善配套机制，强化小微融资优惠政策效果。推广小微企业融资平台，改善企业和银行信息不对称问题，为小微企业融资提供便利。小微企业融资平台可以有效改善企业和银行信息不对称的问题。充分调动金融机构内生动力，创新金融产品和金融服务；转变银行考核导向，构建社会责任共识；改善市场环境，拓宽小微企业融资渠道。

参考文献

［1］Gereffi G，Humphrey J，Sturgeon T. The governance of global value chains［J］. Review of International Political Economy，2005，12（1）：78-104.

［2］Markusen A. Sticky places in slippery space：A typology of industrial districts［J］. Economic Geography，1996，72（3）：293-313.

［3］Mccann P，Arita T，Gordon I R. Industrial clusters，transactions costs and the institutional determinants of MNE location behaviour［J］. International Business Review，2002，11（6）：647-663.

［4］Roelandt T J，Den Hergtog Pim. Cluster analyses & cluster-based policy in

OECD-countries［R］. 1998.

［5］2019年上饶市国民经济和社会发展统计公报［EB/OL］.［2020-04-13］. http：//www. zgsr. gov. cn/doc/2020/04/13/358273. shtml.

［6］罗若愚. 我国区域间企业集群的比较及启示［J］. 南开经济研究，2002（6）：52-55.

［7］山区洼地如何崛起产业高地？——来自玉山工业一线的观察与启示［EB/OL］.［2017-11-09］. http：//www. huaxia. com/jxsr/yw/sryw/2017/11/5532560. html.

［8］上饶经开区光学产品走向"高大上" 老产业迸发新活力［EB/OL］.［2019-01-16］. https：//www. sohu. com/a/289414531_120058811.

［9］王缉慈. 创新的空间：企业集群与区域发展［M］. 北京：北京大学出版社，2001.

［10］易庆萍. 工业主导产业发展：特点、问题与建议——以江西省上饶市为例［J］. 金融教育研究，2018（6）：48-53.

第五章　上饶市工业企业技术创新

长期以来，我国工业的快速发展得益于我国的后发优势。在工业化发展的初期阶段，我国利用发达国家先进的技术与经验，通过技术模仿创新不断缩小与发达国家之间的技术差距。但长期的模仿创新产生对外技术依赖性，降低了我国自主创新的能力。在当前引进技术面临阻碍的背景下，通过自主创新占领科技高点，有利于维护国家经济安全，推进我国社会主义现代化国家建设进程。本章基于已有创新理论，考察上饶市工业企业技术创新的发展现状、创新优势、主要做法，总结上饶市工业企业技术创新的模式和问题，提出下一步上饶市工业企业技术创新的对策建议。

一、创新理论的发展

（一）熊彼特的创新理论

创新作为学术概念和理论体系是由熊彼特在《经济发展理论》一书中最早提出来的，旨在用创新理论来解释经济周期和经济增长问题[1]。随后，熊彼特在《资本主义、社会主义与民主》中对创新的形式、创新的主体进行全面详细的分析，形成了熊彼特创新理论。熊彼特认为，创新是一个经济范畴而非技术范畴，它不仅是指科学技术上的发明创造，更重要的是指把发明的科学技术引入到企业中，形成一种新的生产能力，其目的是获得一种潜在的利润，从而推动社会和经

---

[1]　约瑟夫·熊彼特. 经济发展理论［M］. 北京：商务印书馆，2020.

济的不断发展①。

1. 创新形式

根据熊彼特对创新的基本定义及其后国内外学者的相关研究，技术创新形式主要包括产品创新、工艺创新、服务创新、组织创新。

产品创新是指生产出新的产品或是对老产品的改进与提高。它可以使创新者增加产品品种，开辟新市场，取得市场竞争的有利地位，从而在短时间内推动企业、行业乃至产业部门的快速发展。因此，企业家对产品创新有着特别的偏好。国内外成功发展经验表明，具有广阔市场前景的新产品，是一国经济发展的增长点。产品创新能力直接影响着一个企业或国家的科研实力和市场竞争力。

工艺创新是指对各种产品的制造方法和过程、所用的工具设备、材料、配方、劳动组织等方面的研制与改进。这是在过程中的一种技术创新，因此也被称为过程创新。工艺创新的目标在于保证产品的质量，提高经济效益与生产效率，降低生产成本。特别是对于以高新技术成果产业化为内容的换代产品和全新产品来说，其最终的商业化成功，若没有工艺创新是很难实现的。

服务创新是指新的设想、新的技术手段转变为新的或者改进的服务，如正在发展的电子银行、电子邮政、电子商务等。近30年科技与经济的迅猛发展使产业结构发生了重大变化，以信息产业为代表的服务业——第三产业迅速崛起。大多数发达国家，第三产业在国民生产总值中所占的比重已经超过第一、第二产业的总和，在一些发展中国家也出现类似情况。

组织创新是企业对生产组织方式和相应的生产关系所进行的创新，是制度安排上的一种变革。组织创新的目的是改善或者创造更好的组织环境和制度，使企业的各项活动更有效。组织创新有着十分广泛的含义，涉及政治学、经济学、管理学、法学等各个领域。诺斯等的研究表明，组织创新对经济绩效和行政绩效的影响越来越大。组织创新有时直接表现为制度安排，所以也将组织创新称为制度创新。

2. 创新主体

技术创新的主体是指从事技术创新的社会实体，即技术创新的承担者。技术创新主体包括企业及在企业的企业家和科技人员，前者称为企业主体，后者称为个人主体。

---

① 约瑟夫·熊彼特. 资本主义、社会主义与民主［M］. 北京：商务印书馆，1999.

市场经济条件下，在技术创新从发明到开发、产品化，并实现商业化、产业化这一过程中，政府有关机构、高等院校、独立的非营利性研究机构、企业等社会主体均参与其中。从国内外的技术创新经验和我国的市场经济发展情况来看，只有企业才能成为技术创新的主体。这是因为，只有企业才具备技术创新主体所具有的三个特征：一是作为技术创新的投资主体；二是作为技术创新研究开发活动的主体；三是作为技术创新损益承担的主体。

在一个经济社会中，企业是技术创新的主体单位。在一个企业中，起决定性作用的是企业家和科技人员。企业技术创新是一个系统过程，涉及企业内外各部门、各环节。因此，一项技术创新活动必须要具备许多要素，其中企业家是最为活跃的要素。企业家通过自己的管理技能，创造性地运用技术、资源开拓企业产品市场、管理企业技术创新、实现企业创新战略目标。虽然随着创新工作的展开，企业家创新职能也随之转变，但技术创新过程的每一步都需要企业家发挥其创新管理职能。从系统角度看，企业家的作用贯穿于从技术创新设想产生到创新的实施、创新成果扩散的整个过程。企业家是企业技术创新的活灵魂。技术创新的具体过程是由参加创新的全体员工，尤其是科技人员来完成的。因此，技术人员是企业技术创新活动的另一主体。科技人员作为技术创新的主要参与者和实施者，他们负责从技术开发直至创新产品市场化的全过程。作为企业技术创新互动不可或缺的人力基础，科技人员的个体素质情况，尤其是是否具备强烈的创新意识，直接影响着技术创新的最终结果。如果一个企业拥有一个高层次、高水平的科技人员队伍，而且科技人员富有高度的敬业精神和责任感，则该企业技术创新成功的概率往往很高；反之则低。由此可以看到，作为技术创新的主体，科技人员承担着具体实施技术创新的责任，其技术创新能力直接影响企业整体的技术创新水平，从而直接关系到企业的兴衰存亡。

（二）新发展阶段的创新理论

当前，我国面临新一轮技术革命和产业变革，"创新、协调、绿色、开放、共享"五大新发展理念的提出，不仅表明了我国经济正处在转变发展方式、优化经济结构、转换新旧动能的攻坚期，还为未来经济发展的质量与可持续性提供了理论基础。创新作为引领发展的第一要素，决定了发展的速度、质量与可持续性。习近平在中国共产党第十九次全国代表大会上的报告中指出，要"不断推进理论创新、实践创新、制度创新、文化创新以及其他各方面创新"①，这一创新理论是从宏观视角进行论述的创新理论，有别于熊彼特的"微观创新理论"。

驱动高质量发展的创新动力体系，是由理论创新、技术创新、制度创新、文化创新、实践创新五大要素构成的相互关联、相互作用的有机体。理论创新是基础，技术创新、制度创新、文化创新、实践创新等各方面的创新只有建立在理论创新基础上，才能成为我国高质量发展的动力②。

理论创新包含自然科学和社会科学两个方面的理论创新，两者相互依托、相辅相成，共同组成了新发展阶段创新理论的基础。技术创新是引领发展的第一动力，是建设创新型国家的逻辑起点，是新阶段创新理论的核心。面对新一轮技术革命与产业变革，必须坚持自主创新。党的二十大指出，"坚持创新在我国现代化建设全局中的核心地位"，"以国家战略需求为导向，集聚力量进行原创性引领性科技攻关，坚决打赢关键核心技术攻坚战。加快实施一批具有战略性全局性前瞻性的国家重大科技项目，增强自主创新能力"。制度创新是鼓励技术创新的制度保障，党的二十大对此提出，"深化科技体制改革，深化科技评价改革，加大多元化科技投入，加强知识产权法治保障，形成支持全面创新的基础制度"。通过制度创新破除当前体制机制的障碍，为理论创新与技术创新创造更好的制度环境。党的二十大报告同时强调，"强化企业科技创新主体地位，发挥科技型骨干企业引领支撑作用，营造有利于科技型中小微企业成长的良好环境，推动创新链产业链资金链人才链深度融合"。要建立以企业为主体、市场为导向、产学研深度融合的技术创新体系，促进科技成果转化。文化创新是国家创新发展的软实力，是新阶段创新理论的重要组成部分。习近平总书记在庆祝中国共产党成立95周年大会上的重要讲话中强调："全党要坚定道路自信、理论自信、制度自信、文化自信。"③ 文化自信是文化创新的基础与目的，文化创新是实现文化自信的路径。为了保障制度创新与技术创新，就不仅需要推进创新的文化，更需要推进接受创新失败的文化体系。实践作为检验真理的唯一标准，实践创新有利于完善理论，最终实现理论创新与实践创新的同步发展。

① 习近平. 决胜全面建成小康社会 夺取新时代中国特色社会主义伟大胜利 [N]. 人民日报，2017-10-28（001）.

② 逄锦聚，林岗，杨瑞龙，等. 促进经济高质量发展笔谈 [J]. 经济学动态，2019（7）：14-19.

③ 习近平. 在庆祝中国共产党成立95周年大会上的讲话 [EB/OL]. [2016-07-01]. http：//jhsjk. people. cn/article/28517655.

二、上饶市促进技术创新的主要做法

围绕工业企业技术创新需求，上饶市通过完善创新政策体系、提升人才供给数量和质量，以数字经济引领、服务工业企业技术创新，夯实工业企业技术创新平台，努力提高本市工业企业技术创新水平。

（一）完善创新政策体系

随着新一轮科技革命和产业变革的深入，上饶市贯彻江西省委省政府《关于深入实施工业强省战略推动工业高质量发展的若干意见》，上饶市立足大数据产业基地，抢抓 5G 产业格局重构和市场迭代的发展机遇，创造新的产业发展路径、引领数字产业化发展，赋能垂直行业数字化转型、推动产业数字化变革，编制《上饶市 5G 通信基础设施专项规划（2019—2023 年）》，对于加快发展新经济培育新动能、拓展数字经济发展空间具有重大意义。为稳定产业链供应链，推进经济转型升级和产业结构调整，上饶市印发《上饶市实施产业链链长制工作方案》，全面统筹推进产业链企业发展、项目建设、人才引进、技术创新等重大事项。根据每个产业链的发展方向，上饶市积极与国内专业技术一流的高校合作成立技术研究院，并对国家级重点实验室、工程技术研究中心、质检中心（站、所）、企业技术中心给予适当奖励。此外，上饶市积极探索采取股权、期权激励和奖励等多种方式，鼓励科技人员积极转化科技成果。

为加快推进信息化与工业化深度融合，加强对企业信息化工作的指导和协调，推进本市企业两化融合进程，提升工业企业技术创新能力和核心竞争力，上饶市出台《上饶市信息化与工业化融合示范企业认定办法》，每年认定一批市级两化深度融合示范企业和示范园区，创新搭建上饶市智能化综合服务平台（饶企云），着力打通涉企信息数据交换共享通道，鼓励本市企业主动推动信息化与工业化融合发展。

为激发人才创业积极性，解决创业面临的起步难、融资难问题，上饶市对符合条件的高层次人才创业项目发放额度为 100 万元免担保、免息创业扶持贷款，并对创业孵化示范基地发放运行费补贴和一次性补助。此外，为扶持大学生创业，上饶市出台大学生创业贷款政策，建设大学生创业见习基地，发放大学生创业见习补贴。

（二）提升人才供给数量和质量

上饶市奋力建设中部地区人才集聚新高地。始终坚持把人才战略作为第一动力，实施人才强市战略，不断深化人才发展体制机制改革，为推动上饶市高质量跨越式发展提供智力支持。

在完善本地人才培养体系的基础上，上饶市积极推动职业技能鉴定工作。截至 2018 年，上饶市职业技能鉴定共 168228 人，涉及 115 个职业工种，其中高级工鉴定 6079 人，中级工鉴定 106572 人。通过职业技能工种鉴定 2643 人，专项能力鉴定 293 人。2019 年培育技能人才 88485 人，技能人才总量达到 296628 人。

2014～2018 年上饶市中等职业教育学校教师学生数如图 5-1 所示。

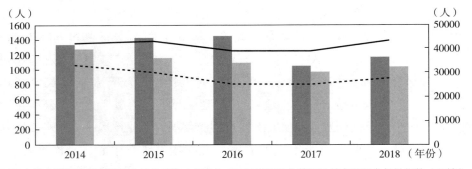

图 5-1　2014～2018 年上饶市中等职业教育学校教师学生数

资料来源：历年《中国城市统计年鉴》。

为弥补本地人才短板，上饶市人才工作围绕"主动对接融入长三角，打造人才生态最优城市"，连续出台了《上饶市高层次人才引进培养办法（试行）》《上饶市急需紧缺实用性人才引进培养办法（试行）》《上饶市高层次人才引进培养办法操作细则（试行）》，创新人才引进服务模式。聚焦上饶市"两光一车"及大数据、大旅游、大医疗等产业的发展，近年来，自主培养国家级人才 5人，评定高层次人才 259 人，拥有国家级创新创业人才和团队 2 个，累计引进国外 B 类以上人才 410 人。2021 年，狠抓人才引育，推荐 26 人选申报国家、省级高层次人才项目，其中 1 人进入科技部答辩环节、1 人入围省推荐人选，7 人已入选各类省级人才计划项目；引育创新团队及领军人才 44 个；征集人才项目与需求 50 余次，达成引才意向需求 17 人次。

通过落实本地培养、技能鉴定、人才引进的人才引进培养体系，上饶市为工业企业技术创新打造了坚实的人才优势基础。2021 年，全市国有企事业单位拥有工程技术人员、农业技术人员、卫生技术人员、科学研究人员和教学人员等专业技术人员共计 9.54 万人，是 2012 年的 1.2 倍。

（三）培育发展高新技术产业

发展 5G+应用产业。通过引进培育 2~3 家行业细分领域骨干企业，上饶市积极建设 5G 创新产业园，鼓励已有互联网企业研发以 5G 为载体的产品。

发展数字金融产业。为深化金融与数字经济产业融合发展，上饶市通过积极争取金融业务牌照、引进金融科技与服务上下游企业，拓宽工业企业技术创新融资渠道，大力推进消费金融公司建设，为上饶市数字经济企业提供金融定制化产品和全程跟进服务，助力小微企业创业孵化，力争打造赣东北数字金融集聚区。

培育互联网经济新产业。一方面，打造数字文娱产业。引进一批优质游戏企业和品牌，瞄准游戏开发、游戏运营、销售渠道等产业上下游企业，推动游戏产业发展。同时，为推动数字出版业发展，上饶市重点引进一批知名数字出版企业和文化传播公司，推进数字内容投送交易平台建设，完善版权公共服务平台建设。另一方面，壮大互联网内容审核产业。依托软通动力等互联网内容审核头部企业，上饶市积极开展网络直播、短视频、新闻资讯、门户网站、电商等各领域网络内容安全审核业务，建设共商、共建、共享、共赢的内容审核平台，形成内容审核产业集聚效应，进一步壮大互联网内容审核基地。

（四）优化区域创新格局

上饶市深入实施创新驱动发展战略，坚持科技是第一生产力，按照全市产业发展总体规划，全面推进产业创新、企业创新、产品创新、市场创新，紧密围绕江西省"一廊两区六城多点"区域创新格局，高标准规划建设上饶市大数据科创城，着力打造大数据科创体系、"两光一车"科创体系、电子信息科创体系、大健康科创体系、现代农业科创体系，为上饶市技术创新提供有力的科技支撑。

三、上饶市工业企业技术创新发展现状

通过培育高新技术产业、优化区域创新格局、完善创业平台建设、推动企业两化融合，上饶市工业企业技术创新水平显著提高。

（一）高新技术企业与战略性新兴产业发展迅速

2016 年开始，上饶市委、市政府正式确定"两光一车"为上饶市本级主攻的主导产业（"两光"即光伏产业和光学产业，"一车"即汽车行业），并确定了打造"世界光伏城""中国光学城""江西汽车城"的发展目标。近年来大力实施战略性新兴产业、传统产业转型升级和开发区创新发展"三大倍增"行动，全力培育光伏新能源、有色金属、锂电新能源、新能源汽车 4 个千亿级产业集群。

光伏产业是上饶市新能源产业的核心。上饶市现有规模以上新能源企业 42 家，2019 年实现营业收入 522 亿元，占全市规模以上工业比重的 16.7%。上饶市新能源产业以光伏产业为核心，光伏产业在整个新能源产业中的占比达到 96%。光伏产业以晶科能源为龙头，晶科能源成为全球首家光伏组件出货量突破 100GW 的制造商，光电转换率连续 22 次打破世界纪录，2019 年实现营业收入 500 亿元，占江西省半壁江山。晶科能源稳居全球光伏组件生产行业老大地位。在晶科能源引领下，成立了展宇新能源、晶科光伏材料两家产值超 30 亿元的重点配套企业，汇聚了 20 余家相关配套企业，光伏产业形成了"1＋2＋20"的格局。

光学产业迅速发展。上饶市机电光学产业现有规模以上企业 318 家，规模以上企业数在四大主导产业（有色金属、新能源、机电光学、新型建材）中位居首位，2019 年实现营业收入 414 亿元，占全市规模以上工业比重的 13.3%。其中，光学产业形成了"镜片—镜头—模组—成套设备—研发"光学产业链，全市汇聚 240 余家光学企业。龙头企业凤凰光学瞄准"百亿凤凰"目标，红外、模组、高端智能控制器等拓展项目即将建成。康佳（上饶）智能制造科技城项目顺利落地，光学产品质检中心、未来光学（上饶）科研院揭牌运营，光学产业逐步向物联网、光机电一体化迈进。

汽车产业群基本形成。吉利、长城等整车企业集聚上饶，引进了与整车企业配套的发动机、电池、电机、电控4类核心零部件，70多家汽车零部件配套企业，1个汽车综合试验场，初步形成了"新能源汽车与传统汽车齐头并进，乘用车与商用车交相辉映，整车与零部件企业互动发展"的良好态势。

高新技术企业数量迅速提高。2021年上饶市培育省级以上"专精特新"中小企业215家、"小巨人"企业27家、制造业单项冠军企业4家、独角兽（含种子）企业3家、瞪羚（含潜在）企业26家、高新技术企业623家。

创新能力持续增强。《上饶对接融入长三角G60科创走廊发展规划》编制完成。首期8个重大科技"揭榜攻关"项目正式发布。江西省光伏产业科技创新联合体落户上饶市，上饶高新区科技企业孵化器获评国家级孵化器，实现上饶市零的突破。2022年新增高新技术企业177家，认定科技型中小企业945家。引进高层次人才团队6个、领军人才23名、高端人才56名。上饶市产业工人队伍建设改革取得明显成效。

（二）园区经济发展效果显著

上饶市有13个省级及以上工业园区，包括开发区、高新区。其中，上饶经济技术开发区作为国家级经济技术开发区，2019年在全国经济技术开发区中位居第55位。省级经济开发区2个，包括横峰经济开发区与茶亭经济开发区；省级高新技术产业园区6个，包括上饶高新技术产业园区、玉山高新技术产业园区、弋阳高新技术产业园区、余干高新技术产业园区、万年高新技术产业园区及德兴高新技术产业园区；省级工业园区4个，包括信州产业园、铅山工业园区、鄱阳工业园区与婺源工业园区。累计创建国家新型工业化产业示范基地2个、省新型工业化产业基地5个、省级两化融合示范区4个。2021年，上饶市经济开发区实际开发面积95.8平方千米，居江西省第三；投产企业1823家，列江西省第四；累计建成标准厂房1690万平方米，总量居江西省第二，企业入驻率达80%以上；完成营业收入4731.1亿元，占全部规模以上工业营业收入的比重为91.8%，同比增长37%，增速位列江西省第三。

（三）创新创业平台建设凸显成效

截至2020年8月，上饶市共组建院士工作站22家、博士后工作站5家、博士后创新实践基地 6 家，创建国家级"海智工作基地" 1 家、国家级企业技术中心 1 家、国家级"星创天地" 10 家，聘请 5 位院士担任"上饶市产业发展顾问"，建立省级科技企业孵化器 6 家、省级工程技术研究中心 29 家、省级企业技术中心 28 家、省级工业设计中心 4 家、省级智能制造试点示范项目 12 个。2019 年以来，共扶持 9 名高层次、高技能人才创业，发放企业贷款 1980 万元。2020 年，上饶市共有 39 家创业孵化基地，其中，省级 9 家，市级 13 家，县级 17 家。2018~2020 年，上饶市累计发放运行费补贴 1005.63 万元，发放市级创业孵化示范基地一次性补助 280 万元。2020 年 1~6 月，共扶持大学生创业 604 人，贷款金额 8361 万元，共建见习基地 165 家，新增青年见习 305 人，发放见习补贴 240 万元。

（四）两化融合进展迅速

江西省工业和信息化厅公布了 2020 年省级两化融合示范区和示范企业名单。上饶市玉山高新区作为 2020 年江西省唯一的省级两化融合示范区获批，同时还批复了玉山华丽丰科技、铅山顺丰纸业、婺源巨龙精工、广信区新金叶、万年县万年芯微电子和上饶经开区的汉氏联合干细胞、宏欣光学 7 个省级两化融合示范企业。至此，上饶市省级两化融合示范区和示范企业总数累计分别达到 4 个和 34 个，其中省级两化融合示范企业获批个数位列江西省第一。至 2020 年 8 月末，上饶市已有 2880 余家企业实现上云上平台，其中有 900 余家企业实现深度上云，完成了首批 600 家企业深度上云的评价工作。

（五）创新水平显著提升

党的十八大以来，上饶市在关键技术攻关、知识产权创造、科技成果转化等方面取得积极进展。全市专利授权数从 2012 年的 426 件增加至 2021 年的 7652 件，年均增长 37.8%。截至 2021 年底，上饶市共存有有效发明专利 973 件，同比增长 33.3%；每万人拥有有效发明专利 1.5 件，同比增长 39.0%；全市新增注册商标 21156 件，累计有效注册商标 84601 件，中国驰名商标 13 件，地理标志保护产品 9 件，马德里注册商标 40 件。2021 年，上饶市共获省部级以上科技成果 48 项，获得省级科学技术奖 1 项，其中科技进步奖 1 项。

上饶市以产学研合作为纽带，推进科技成果转移转化。对接 G60 科创走廊，主动融入长三角一体化。与江西省科学院合作编制 G60 科创走廊（上饶段）发展规划。2016~2020 年，上饶市申报国家级科技项目 9 项，其中 4 个战略性新兴产业领域项目获批国家重点研发计划立项；申报省级科技计划项目 1356 项，其中 274 项获批立项，合计争取 1.23 亿元专项经费支持；技术市场合同交易额累计 32.83 亿元。2021 年通过对接企业技术需求，开展院（所）企、校企科技合作 104 项。上饶市提名 8 个项目申报 2021 年省科学技术奖，比同期增长 37.5%；获得省科技成果登记认可 48 项，比同期增长 71.4%；技术合同登记额 19.1 亿元，比同期增长 45.8%。

四、上饶市工业企业技术创新模式

上饶市坚决贯彻落实江西省委、省政府《关于深入实施工业强省战略推动工业高质量发展的若干意见》，实施工业强市战略，依托战略性新兴产业，大力推动工业企业技术创新，走出一条以产业创新为动力、以创新平台为基础、以协同创新为举措、以金融创新为协助的创新道路。

（一）以产业创新为动力

上饶市在做大做优传统产业的同时，大力培育发展"两光一车"、战略性新兴产业，实现传统产业改造升级，新旧动能转换效果初显。数据显示，上饶市战略性新兴产业、装备制造业比重显著提高，高耗能产业比重下降。以光伏制造为主的战略性新兴产业发展起来，成为上饶市工业经济发展的主要动力。2021 年，上饶市战略性新兴产业增加值占规模以上工业经济比重为 22.6%，比 2016 年（战略性新兴产业统计规范起来）提高 6.1 个百分点。装备制造业营业收入比重为 29.8%，比 2012 年提高了 14.6 个百分点，工业经济发展水平明显提升。高耗能产业经济增加值占规模以上工业经济比重从 2012 年的 54.1% 下降为 2021 年的 45.6%，下降 8.5 个百分点。

（二）以创新平台为基础

上饶市以省内重点企业及科研院校现有研发平台及团队为基础，搭建协同创新平台，突破产业共性技术瓶颈。加快骨干企业自身创新体系建设，鼓励企业建设高水平的技术中心、工程研发中心、重点实验室、院士和博士后工作站。建立新能源汽车创新成果转移转化中心、知识产权运营中心和产业专利联盟，建立健全展示、交易、共享、服务、交流"五位一体"的技术交易服务平台，畅通科技成果产业化应用的渠道。

（三）以协同创新为举措

上饶市依托战略性新兴产业发展，拓展上下游产业链，推动产业链协同创新。为鼓励新能源汽车企业、关键零部件企业开展协同创新，围绕形成产业链优势，上饶市鼓励和推动整车企业与"三电"企业联合重组、相互参股、优化资源配置，形成利益共同体，不断加强新能源汽车企业的核心竞争力。上饶市以新能源汽车产业联盟为平台，充分发掘行业内整车与零部件企业间、企业与科研院校间的合作点，整合省内优势资源，实现技术、装备及市场的共享，开展协同创新。

（四）以金融创新为协助

为推动本地企业技术创新、提高创新创业水平，上饶市多措并举助融资，降低企业融资成本，解决企业融资难问题。

创新信贷投入模式。一方面，中国人民银行上饶市中心支行以"供应链"为重点突破口，通过"调研摸底、找准企业、盯紧落实"，支持金融机构以网络供应链业务为切入点，为工业龙头企业量身定制产业链综合金融服务方案。推动晶科能源成为首家在应收账款融资服务平台完成产业链登记工作的企业。另一方面，通过向政府投融资平台公司融资的方式，助推建立产业投资专项基金，据统计，银行机构对上投集团、城投集团、云集投资、和济投资等平台公司的贷款有力支持上饶市企业产业的发展。

创新抵押担保方式。一方面，推动新型质押方式创新。积极探索应收账款、银行承兑汇票等质押融资方式，有效解决部分制造业贷款抵押物不足的问题。赣州银行创新应收账款质押融资，利用江西博能上饶客车有限公司国家补助款应收账款作为质押，对其授信 1.47 亿元，破解其补助资金从申请到拨付环节的资金周转难题。上饶银行研发了"微易贷"产品，基于企业的纳税数据和其他维度数据发放无抵押信用贷款。中国建设银行上饶市分行推出"云电贷"，以企业用电信息作为贷款主要依据，无抵押线上办理。另一方面，推动政府风险补偿和担保的信贷产品运用。积极推进"财园信贷通"、创业担保贷款等信贷产品,重点围绕"两光一车"、机械制造、战略新兴等相关产业提供贷款服务。

创新综合金融服务。一方面,打造综合性金融服务体系,有效满足制造业企业融资需求。中国建设银行上饶市分行制定《关于打造智能制造相关行业金融生态园的通知》,通过基本建设贷款、技术改造贷款、并购贷款、产业投资基金、供应链融资等多种产品为客户提供综合金融解决方案,支持先进制造业发展。光大银行上饶市分行主动服务晶科能源,为其研发涵盖子公司融资、境内外融资、多产品组合的综合化金融方案,通过潜入企业自身供应链满足企业的融资需求。另一方面,缩短融资周期,有效降低制造业企业融资成本。引导银行机构通过优化流程、简化材料、限时服务、线上支用等方式提高制造业授信业务办理效率。九江银行推出制造业企业票据贴现率优惠、票据贴现资金 2 小时到账服务,制造业企业的贷款 5 个工作日调查办结、3 个工作日审查办结、2 个工作日审批办结,融资周期平均缩短 30%以上。

五、上饶市工业企业技术创新存在的问题

(一) 研发投入强度低

2019 年,上饶市研发经费投入 (R&D) 为 26.19 亿元,投入强度为 1.04%。每百家规模以上工业企业拥有研发机构数 12 个,规模以上工业有效发明专利数 664 个,每万名从业人员拥有有效发明专利数 34 个。这些数据在江西省均排名靠后,反映出上饶市工业企业创新研发投入、研发效率相对落后。

上饶市近年来全社会研究与试验发展 (R&D) 经费总量保持较快增长。2020 年,上饶市研究与试验发展 (R&D) 经费达到 38.54 亿元 (见图 5-2),比 2019 年增加 12.35 亿元 (增速在江西省排名第一),比 2019 年增长 47.2%,在 2019 年增速 41.1%的基础上继续上升 6.1 个百分点,增幅高于江西省 35.1 个百分点。全社会研究与试验发展 (R&D) 经费投入强度持续上升。2020 年,全社会研究与试验发展 (R&D) 经费投入强度提高 0.43 个百分点。研究与试验发展 (R&D) 经费投入强度 (与国内生产总值之比) 为 1.47% (见图 5-3),比 2019

年提升 0.43 个百分点（提高值位列江西省第一），增幅高于江西省 0.30 个百分点。2021 年，上饶市研究与试验发展（R&D）经费达到 51.42 亿元，位列江西省第五；R&D 经费比 2020 年增加 12.88 亿元，增长 33.4%，增速比江西省平均水平高 16.8 个百分点，位列江西省第二。全市 R&D 经费投入强度达到 1.69%，比 2020 年提高 0.22 个百分点，研发投入强度位列江西省第七，提高值位列江西省第二。

（亿元）

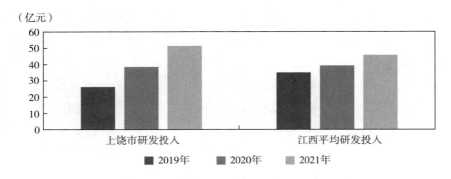

图 5-2　2019~2021 年上饶市研发投入和江西省平均研发投入对比

资料来源：江西省《全省科技经费投入统计公报》、上饶市《全市科技经费投入统计公报》。

（%）

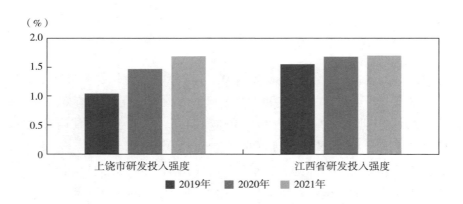

图 5-3　2019~2021 年上饶市与江西省研发投入强度对比

资料来源：江西省《全省科技经费投入统计公报》、上饶市《全市科技经费投入统计公报》。

但不容忽略的是，虽然上饶市的研发投入增长较快，有赶超江西省平均水平的趋势，但在全国范围内，江西省无论研发投入总量还是研发投入强度都居于平均水平以下，明显落后于发达地区。2019 年，江西省研发经费投入总量达 384.31 亿元，研发经费投入强度达到 1.55%，与全国的差距由 2018 年的 0.75 个百分点缩小为 0.68 个百分点，列全国第 17 位，中部地区第四位。2020 年，江西省研发经费投入总量达 430.72 亿元，研发经费投入强度为 1.68%，比 2019 年提高 0.13 个百分点，列全国第 17 位，与 2019 年持平，居中部地区第四位，高于河南、山西。2021 年，江西省共投入研究与试验发展（R&D）经费 502.17 亿元，研究与试验发展（R&D）经费投入强度为 1.70%，比 2020 年提高 0.02 个百分点。因此，上饶市研发投入强度在全国排名并不乐观。

（二）产业结构还需优化

虽然上饶市高新技术产业规模在逐步扩大，但是结构还需持续优化。2021 年，上饶市高新技术产业主要集中在光机电一体化领域，该领域的企业数占比和营收占比虽较 2020 年分别下降 2.1 个百分点和 5.2 个百分点，但仍分别高出江西省平均水平的 14.1 个百分点和 23.6 个百分点。技术含量和附加值高的领域如电子信息领域和生物、医药和医疗器械领域规模不大。2021 年，光机电一体化领域和新材料领域总营收占比达 85.8%，电子信息领域占上饶市高新技术产业营收比重较 2020 年下降 1.2 个百分点，比江西省平均水平低 23.4 个百分点；生物、医药和医疗器械领域占上饶市高新技术产业营收比重较 2020 年下降 0.9 个百分点，比江西省平均水平低 5.7 个百分点。上饶市高新技术产业对光机电一体化领域等传统产业的依赖程度较高，知识密集型产业发展还需提速。

（三）面临人才瓶颈

长期以来，受经济发展水平相对落后、高等教育不发达等因素影响，高素质人才匮乏和科技研发力量薄弱始终是上饶市经济社会发展的重要短板，严重制约了上饶市产业的转型升级和高端化发展。据了解，目前上饶市仅有高等院校五所，其中具有本科培养能力的高校仅有上饶师范学院一所。2021 年，上饶市常住人口规模超过 643.67 万人，占江西省人口比重接近 14.25%。但当年上饶市的高校在校生规模仅为 4.72 万人，仅占江西省高校在校生人数的 3.5%。2021 年，上饶市共有地方企事业单位各类专业技术人员 102146 人（其中工程技术人员 7945 人，占比 7.8%；科研人员仅 168 人，占比 0.16%），平均每万人口中专业技术人员为 158.02 人。

上饶市尽管具有丰富的劳动力资源，但缺乏将劳动力资源转化成创新型人才资源的能力。专业技术人才的匮乏和科技研发水平的落后，导致上饶市产业的"低端化"特征较为显著。上饶市"两光一车"产业中的龙头企业，其研发中心大多设在上海、杭州等人才高地城市。近年来，上饶高铁经济试验区虽然形成了以数据存储、数字内容审查、数字文娱、数字营销等为特色的数字服务产业集群，但上述行业总体上属于数字服务产业的低端环节，技术含量不高，准入门槛较低，行业竞争激烈。企业甚至产业的成长存在较大的不确定性。上饶市产业发展要想走出低附加值洼地，向微笑曲线两端延伸，必须突破人才和技术两大瓶颈。

六、对策建议

面对以上问题，上饶市需要继续坚持创新引领，推动本市产学研协同发展，拓宽人才培养与人才引进渠道，培育发展壮大战略性新兴产业和高新技术产业，提高技术创新平台支撑能力，进一步提升上饶市工业企业技术创新水平。

（一）坚持创新引领，推动产学研发展

促进产学研一体化发展。以创新为引领，需要上饶市重点做好企业技术中心培育、建设、完善、升级工作，开展"一产一院"工作，降低企业研发成本，提高企业研发水平。以江西省牵头成立的产业研究院为基础，加快推进晶科光伏技术协同创新研究院、汉氏干细胞华东再生医学研究院、华东数字医学工程技术创新中心、星盈科技新型固态锂离子电池技术创新中心等创新平台建设，促进本市产业链产学研一体化发展。探索研究中心大范围承接相关企业的研发需求、研发成果在产业内共享的研发机制，充分发挥研发创新带来的正向外部性。

推动企业两化深度融合。贯彻落实"以信息化带动工业化，以工业化促进信息化，走出一条科技含量高、经济效益好、资源消耗低、环境污染少、人力资源优势得到充分发挥的新型工业化道路"的指导思想，坚持政府引导、企业主体、统筹规划、分类推进、示范先行、点面结合的发展原则，重点围绕产业创新、业务创新、管理创新，以"互联网+"驱动企业和园区数字化、网络化、智能化，

推动企业信息化、工业化深度融合，实现新型建材、有色金属等行业节能减排，改造调整传统产业，促进传统产业转型升级，巩固提升战略性新兴产业。

（二）提高平台支撑能力

推进园区体制机制改革。持续推动《关于加快县（市、区）工业园区跨越发展的意见》落地。探索开展各类试点，及时总结推广，创新管理体制，推动实现决策机构一元化，管理机构扁平化，服务机构企业化，提升园区服务功能。大力推进信江产业新城建设，积极推动上饶经开区与周边县（市）产业合作。

发展关联产业公共平台。通过公共机构提供的各种生产性服务，克服上饶市产业在功能升级时面临的缺乏资源、人才、技术和能力的困难。加快建立健全以上饶经济开发区及大型龙头企业为核心的技术开发、知识产权、信息化应用、工业设计、检验检测等公共技术服务平台，重点扶持一批创新能力好的科技研发平台开展升级建设，使之不仅具备为区内产业服务的能力，而且还具备为周边区域提供相关支持服务的能力。

（三）加快新旧动能转换

提升产业转型升级。随着产业革命与技术变革的快速发展，上饶市原有的产业集群面临着设备老化、产业工人知识储备不足等系列问题，只有通过不断更新设备、提升劳动力素质和学习集群内先进公司等方式，才能开拓新市场，抵御市场波动带来的风险。要加大技术、设备改造力度，广泛运用新技术、新工艺、新设备、新材料，以创新驱动、绿色发展优化提升机械制造、红木等传统产业集群，提升装备和工艺水平，增强企业新产品开发和品牌创建能力，引领产业集群向中高端发展上实现新突破。此外，通过分析产业集群的生产环节，将不具备优势或者非关键性的部分生产环节外包给区域外的其他集群，或加强与跨区域集群之间的合作互动，会更为有效地促进本地产业集群的发展。

推动企业数字化转型。以产业数字化为主线，推动互联网、大数据、物联网、人工智能、区块链等新一代信息技术和实体经济深度融合，全市重点产业、规模以上工业企业实现数字化改造和提升全覆盖。提升园区数字化服务水平，发展服务型制造，促进制造向"制造+服务"转型。持续培育、认定一批省、市两化深度融合示范企业。加强电子信息制造、大数据产业（工业）、虚拟与现实产业数据的调度、报送、分析工作，推进 VR/AR、03 专项（物联网）和 5G 技术在工业领域的应用，组织申报一批省级大数据、VR/AR 示范企业（项目）及物联网、两化融合示范项目。加快工业大数据开发应用，加强工业控制系统安全防护，提升网络安全防御能力，保障企业信息系统安全运行。

促进产业链向中高端升级。向高新技术产业和战略性新兴产业倾斜创新资源，扶持发展民营中小企业，与大型企业之间形成发达的生产技术网络，强化企业之间的技术合作联系。通过围绕集群主导产业链布局创新链，"十四五"期间实施 10 项重大技术及产业创新专项，强化供应商之间和竞争者之间的知识互动，实现新的积累循环，促进产业发展迈向价值链中高端；引导企业建设重点实验室、工程技术研究中心等创新载体，扶持一批市级创新载体升级成为国家级研发机构，加强企业创新载体建设，培育以主导产业为核心的创新平台；服务科技型中小企业创新需求，全面培育产业集群内部创新网络，使产业集群竞争优势的基础由集聚经济向创新网络演进，成为产业集群长期繁荣的关键。

（四）拓宽人才培养与人才引进渠道

除继续落实本地培养、技能鉴定、人才引进的人才引进培养体系外，上饶市可以积极探索多种人才培养和人才引进渠道，通过积极参与 G60 科创走廊建设（延伸 G60 科创走廊至上饶市），以"走出去"的方式在中心城市搭建科创平台，最大程度利用中心城市、经济圈人才资源优势，帮助企业实现"异地用人""异地研发""委托研发"，这对于在短期内突破人才科技瓶颈、推动上饶市产业高端化发展不失为一条捷径。

第六章　上饶市工业绿色发展

工业绿色发展是我国工业转型升级、实现高质量发展的必然选择。近年来，上饶市一直注重从政策落实、企业转型、融资保障等多方面推进工业绿色发展，优先发展生态工业，加快传统工业转型升级，引进绿色环保项目，实现工业绿色转型和低碳增长。本书从工业绿色发展的定义和当下时代背景着手，重点论述了上饶市在推进工业绿色发展过程中的主要做法和循环经济产业园区的建设情况，剖析了现阶段制约上饶工业绿色发展的主要因素，并提出了进一步促进上饶工业绿色发展的对策建议，以期为上饶未来工业绿色转型发展乃至我国绿色经济的增长提供参考。

一、绿色发展是中国工业高质量发展的重要内容

当下，气候变化、资源危机、环境污染、生态系统退化等已成为制约全球经济社会可持续发展的主要因素，发展低碳经济、实现绿色发展是大势所趋。我国"十三五"规划将绿色发展理念确定为中国未来发展的主基调，"十四五"规划进一步勾勒出了"十四五"时期生态环境保护工作的路线图，即加快推动绿色低碳发展，持续改善环境质量，提升生态系统质量和稳定性，全面提高资源利用效率。党的二十大报告进一步强调，"加快发展方式绿色转型"，"加快推动产业结构、能源结构、交通运输结构等调整优化。实施全面节约战略，推进各类资源节约集约利用，加快构建废弃物循环利用体系"，"发展绿色低碳产业"，"推动形成绿色低碳的生产方式和生活方式"。

绿色发展追求人与自然生态、经济社会协同发展，强调通过改变和改善资

源利用方式，增加绿色财富和绿色福利，以实现人与自然的和谐发展。其实质就是将生态文明建设融入经济建设，作为经济建设的内在要求和约束，加快经济发展方式的转变，使经济建设尽可能地符合自然规律，实现生态文明建设与经济建设的协调、统一。工业是实体经济的关键部门和重要载体，绿色应当是现代化工业的底色，故绿色发展无疑是中国工业高质量发展的重要内容。

"工业绿色发展"，即以资源集约利用和资源友好为导向，以绿色创新为核心，实现工业生产各环节、全流程的绿色化，获得经济、环境效益。具体的表现特征为：在工业领域资源能源的有效利用、污染物排放降低和零污染。具体而言，可归纳为以下三个方面：一是工业生产的绿色化。在发展过程中通过调整产业结构、开发利用新能源和替代能源、提高科技创新能力等方式减少发展过程中对资源的依赖和对生态的负面影响。二是终端产品的绿色化。通过改进商业运营模式，增加终端产品能效，使绿色产品的比重在整体产品结构中不断提高。三是产业绿色化。通过技术进步，减轻生态压力，进一步增加绿色新兴产业对地区经济健康发展的贡献①。由此可见，工业绿色发展是我国工业转型升级、实现高质量发展的必然选择，是提升我国制造业竞争力的必然途径，也是我国工业化向前推进的必经之路。

近年来，我国在调整工业产业结构、发展循环经济、淘汰落后产能、发展可再生能源、优化能源结构、工业行业和企业厉行节约、提高能效等方面采取了一系列政策措施，并取得了一定的成果。包括早在 2016 年颁布的《工业绿色发展规划（2016—2020 年）》就已明确我国工业绿色发展的时间表和路线图，同时提出到 2020 年，绿色发展理念成为工业全领域、全过程的普遍要求，能源利用效率、资源利用水平、清洁生产水平大幅提升，绿色制造产业快速发展，工业绿色发展体系初步建立。经过几年的发展，我国工业绿色发展确实交出了一份令人较为满意的成绩单，2016~2019 年，规模以上企业单位工业增加值能耗累计下降超过 15%，相当于节约 4.8 亿吨标准煤，节约能源成本约 4000 亿元，同期，单位工业增加值二氧化碳排放量累计下降 18%。

但是，与发达国家相比，我国工业绿色发展在观念、技术、企业、监管等方面还存在一定差距：①工企绿色发展意识薄弱，我国很多工业企业没有从本

---

① 中国社会科学院工业经济研究所课题组 . "十四五"时期中国工业发展战略研究 [J]. 中国工业经济，2020（2）：5-24.

质上转变自身的生产运营模式以及盈利准则，仍在发展传统的高资源消耗型经济，虽打出环保、绿色等口号，但仅是被迫进行"末端治理"；②核心关键技术缺乏，在新能源转化、固碳（碳封存）等绿色技术的发展上与世界一流水平还存在较大差距，尖端绿色科技水平落后，研发能力有限，缺乏先进的、有利于减少温室气体排放的技术；③区域性发展不协调，当前我国工业无论是绿色工业发展综合值，还是经济、环境、能源以及社会效益，都呈现出了较大的区域性差异，绿色工业的发展态趋、速度以及结果存在较大变数；④政府监管力度不足，目前实施的高耗能、高污染行业的单位产品能耗限额标准偏低，缺乏有效监管和后评估制度。我国在低碳和绿色工业方面仍有较大提升空间，进一步推进工业绿色发展与循环发展，仍然是我国未来经济社会发展面临的巨大挑战之一。

二、上饶市推进工业绿色发展的主要做法及效果

上饶市一直把推进生态文明建设和工业绿色发展放在重要的位置上，从绿色政策实施落地、绿色体制机制建设，到绿色企业转型与引进，均走在江西省甚至是全国的前列，交出了一份高分"绿色"答卷。

（一）政策先行，制度创新推动绿色发展

抓好生态文明建设工作，建立健全生态机制。上饶市委、市政府高度重视生态环境保护工作，出台了《上饶市生态文明建设工作要点》《上饶市生态文明制度体系建设工作实施方案》等一系列文件方案，系统推进生态文明建设。同时，坚持以高铁经济试验区、国际医疗旅游先行区、国家中医药健康旅游示范区等重大平台为载体，系统推进全面改革创新，打造生态文明样板。

推进生态文明建设在财税领域的落实。为进一步配合《中华人民共和国环境保护税法》出台落地，上饶市地税局专门拟定了《上饶市地方税务局环境保护税开征准备工作的实施方案》《工作任务分解表》，明确了税政、征管、法规、纳服、信息、办公室等职能部门的工作职责。地税与财政、环保部门共同推动环保税的有序开展，对上饶市煤炭、水泥、发电等13个行业共22户典型企业进行

了排污费征收情况实地调研；税务局与环保部门积极衔接沟通，做好了环保税纳税人预识别工作，为"费改税"平稳过渡提供了坚实的数据支撑。同时，对税务干部进行了环境保护税的培训工作，确保对政策理解精确到位，为"一对一"纳税服务提供政策保障，对外加强媒体报道，通过政府网站、报纸、电视台等多渠道广泛宣传环保税法的立法意义和环保税的征收方式，进一步提升群众对环保税的认知度和知晓度。

积极承接产业转移，做大做强绿色工业示范区。上饶市积极参与编制《赣浙（玉山）省际生态产业合作示范区发展规划（2016—2030）》，建设承接长三角产业转移先行区，建设沿海地区绿色低碳生产基地，与长三角经济区、海西经济区、珠三角经济区和鄱阳湖生态经济区实现融合发展，在区域低碳发展中，践行城乡融合、产业融合与多边融合的目标，做大做强绿色低碳工业产业示范区。

（二）多措并举，加大力度淘汰落后产能

加快推进淘汰落后产能的步伐。2018年，出台了《上饶市工业行业利用综合标准依法依规推动落后产能退出工作方案》，构建了多标准、多部门、多渠道协同推进的工作格局。2017年以来，相关部门严格项目准入，全市无新增产能项目；淘汰"地条钢"产能约105万吨，拆除14套中频炉；水泥生产企业中淘汰落后产能企业1家；市建成区内淘汰10蒸吨及以下燃煤锅炉133台；完成工业企业超标排污整治12家，关停取缔"散乱污"企业266家；实施环境行政处罚案件101件；完成关闭退出煤矿100处，去产能448万吨，完成计划关闭数量的98%。

（三）源头控制，建立健全绿色制造体系

积极开展绿色制造体系建设。上饶市严格落实《江西省绿色制造体系建设实施方案》的相关要求，大力开展绿色园区、绿色工厂示范工程建设，降低工业能源消耗，淘汰落后产能，提升工业绿色发展水平。深入推进绿色制造，优先选择上饶经开区、"两光一车"等主导产业重点区域、重点行业及重要产品等开展绿色制造体系建设，及时总结并推广先进经验。

上饶市有色金属产业基础优越，近年来更是得益于辖区内"中国铜都"德兴市的迅猛发展，承接浙江等地产业转移较多，使得上饶市产业结构面临能耗压

力，因此上饶市政府积极鼓励环保企业、清洁生产企业入驻，包括：①弋阳海创环保科技有限责任公司，是海螺创业的全资子公司，成立于2016年，位于上饶市弋阳县，经营范围是利用水泥窑对城市固体废弃物、危险废弃物的收集、运输、贮存、处置运营管理和技术服务；②上饶市致远环保科技有限公司，由中国民企500强致远控股集团于2012年投资成立，属于资源再生综合利用企业，坚持以技术创新为先导，以"环保节能、循环利用"为宗旨，着力打造中国有色金属废弃物回收利用的升级版；③上饶市富旺环保科技有限公司，成立于2016年，地处玉山县经济开发区，主营业务范围为：环保项目研发及技术转让，阳极铜、电解铜、粗铜、精锡、七水硫酸锌、氧化锌生产、销售，表面处理废物、含铜废物、有色金属冶炼废物等危险废物的收集、储存、利用；④江西巴顿环保科技有限公司，2018年入驻上饶市弋阳县，致力危废处置和二次资源综合回收，拥有先进的有色金属冶炼技术，表面处理废弃物、含铜废物及固体废弃物的处置技术，经营范围包括工业废弃物的处置及综合利用、再生物资回收；⑤上饶市城投能源环保有限公司，2019年入驻经济技术开发区，经营范围涉及焚烧处理生活垃圾，销售所产生的电力、灰渣及附属产品，废弃物再生能源项目建设，处理固体废弃物。

上饶市晶科能源有限公司、汉腾汽车有限公司分别是工信部第二批和第三批国家级绿色制造示范项目，上饶市已有国家级绿色园区1家、国家级绿色工厂4家，省级绿色园区2家、省级绿色工厂5家，绿色制造体系初步形成。

（四）硕果累累，交出"绿色"高分答卷

江西省发布的《2016年设区市生态文明建设年度评价结果》显示，上饶市绿色发展指数在11个设区市中排第1位；从反映绿色发展指数的6项分类指数来看，资源利用指数在全省排第2位、生态保护指数在全省排第3位、环境质量指数在全省排第4位，3项指标上饶均排在全省前列。

此外，江西省工信厅从2018年开始每年公布省级绿色制造名单，截至2020年，上饶共有7家企业、2家园区分批次进入名单之中，其中晶科能源还入选了国家级第二批绿色制造名单（见表6-1），上饶工业绿色转型和生态文明建设一直在路上。

表 6-1　上饶市入选江西省第一、第二、第三批绿色制造名单

一、省级绿色工厂		
序号	企业名称	入选批次
1	晶科能源有限公司	第一批①
2	汉腾汽车有限公司	第一批
3	江西博能上饶客车有限公司	第一批
4	江西金德铅业股份有限公司	第二批
5	江西凤凰光学科技有限公司	第二批
6	江西博能上饶线材有限公司	第三批
7	弋阳海螺水泥有限责任公司	第三批
二、省级绿色园区		
序号	园区名称	入选批次
1	上饶经济技术开发区	第一批
2	江西玉山高新技术产业园区	第二批

资料来源：江西省工信厅。

水污染治理方面，2019 年全年上饶市河流共监测 43 个断面，监测 468 点次，其中达标 465 点次，达标率为 99.4%。其中，信江断面水质达标率为 99.6%，乐安河断面水质达标率为 100%，饶河断面水质达标率为 95.8%，鄱阳湖一级支流 3 个省控断面水质达标率为 97.2%。为加快环保设施建设，2009 年 10 个县（市、区）污水处理厂全部竣工，于 2011 年全部投入使用，助推污染指标下降。近年来上饶市水质达标率呈现先降后升的趋势，水质达标率在 2017 年最低，为 93.57%，总体来说达标率较高，高于国家平均水平。

环境空气质量方面，2019 年全市城区空气质量优良率为 94.5%，近年来 2017 年空气优良率最低，为 85.5%（见图 6-1）；PM2.5 年均浓度为 32 微克/立方米，达到国家二级标准，低于江西省平均 PM2.5 浓度 35 微克/立方米，低于全国平均 PM2.5 浓度 36 微克/立方米。自 2012 年以来，上饶市城市环境空气质量，包括 PM2.5、SO_2、PM10、NO_2 的浓度，全部达到国家二级标准。

能耗方面，2019 年上饶市规模以上工业综合能源消费量为 389 万吨标准煤，增长 2.4%，由图 6-2 可以看出，近三年上饶市规模以上工业综合能源消费量增长率逐年下降，且在 2019 年低于江西省规模以上工业综合能源消费量增长率；

---

①　除此之外，已入选国家第二批绿色制造名单。

2019 年上饶市万元规模以上工业增加值能耗为 0.58 吨标准煤，下降 5.8%（见图 6-3），超额完成下降 2.5%的年度目标任务；2019 年上饶市万元 GDP 能耗为 0.35 吨标准煤，下降 3.5%，完成下降 3.5%的年度目标任务，2013 年以来上饶市万元 GDP 能耗水平低于江西省万元 GDP 能耗水平，在"十三五"期间，上饶市万元 GDP 能耗下降速度高于江西省和全国（见图 6-4）。

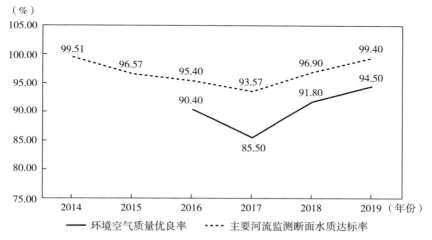

图 6-1　2014～2019 年空气优良率和水质达标率

资料来源：上饶统计信息网。

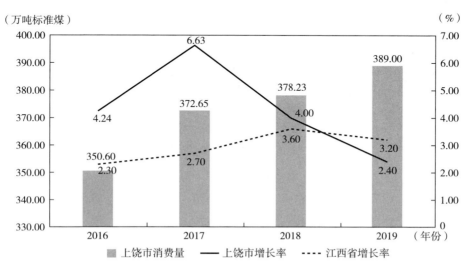

图 6-2　2016～2019 年规模以上工业综合能源消费量

资料来源：上饶统计信息网。

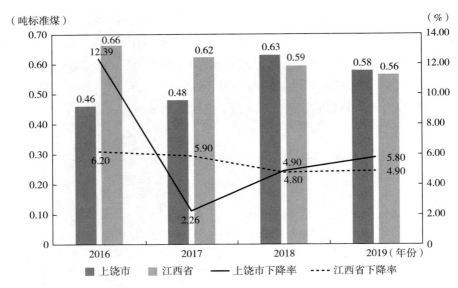

图 6-3　2016~2019 年万元规模以上工业增加值能耗

资料来源：上饶统计信息网。

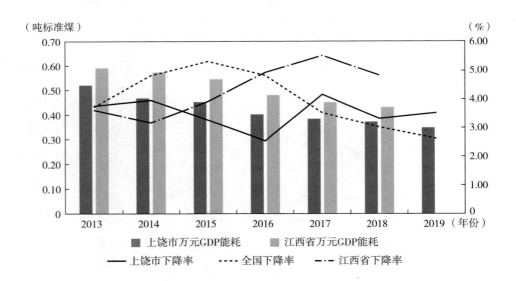

图 6-4　2013~2019 年万元 GDP 能耗

资料来源：上饶统计信息网。

总之，"十三五"期间，上饶市水质、空气质量和工业能耗方面均取得较大改善，整体居全国和江西省平均水平之上，工业能耗下降速度快于江西省和全国平均水平，上饶市工业绿色发展和节能减排降耗成效明显。

三、上饶市循环经济产业园建设与发展情况

在推进工业绿色发展的进程中，上饶市一直注重与产业集群和园区建设相结合，力求能够最大限度地发挥产业链和产业园区的关联效用。截至 2020 年，上饶市已经建设了上饶经济技术开发区、上饶高新技术产业园区、江西弋阳高新技术产业园区等多个先进的循环经济产业园区，如表 6-2 所示，上饶市现已有七家产业园区被江西省发展改革委列入省级园区循环经济试点/循环化改造试点名单。在获得国家和省级各类专项资金的同时，上饶市结合自身资源环境特点和循环经济发展基础，力求能够做出特色、做出模式，为江西省及其他省市的生态文明建设工作提供一定的借鉴。本节列出了不同工业园区在绿色转型方面的特色做法。

表 6-2　上饶市入选省级园区循环经济试点/循环化改造试点名单

序号	园区名称	入选年份
1	横峰工业园区（横峰经济开发区）	2010
2	江西铅山工业园区	2012
3	江西玉山经济开发区（玉山县环保装备产业园）	2017
4	江西万年高新技术产业园区	2017
5	上饶经济技术开发区	2018
6	上饶高新技术产业园区	2018
7	江西弋阳高新技术产业园区	2020

资料来源：江西省发展和改革委员会。

（一）上饶经济技术开发区：率先提出实行"三园同创"

上饶经济技术开发区（以下简称经开区），2018 年被批复为省级循环化改造试点园区，被江西省工信厅认证为第一批省级绿色工业园区，同时也是工信部认

证的第三批国家级绿色园区。近年来，经开区积极践行"创新、协调、绿色、开放、共享"五大发展理念，坚守发展和生态"两条底线"，严厉整治不符合国家政策的污染重、能耗高的"十五小"工业企业，着力打造光伏、光学和汽车"两光一车"升级版，布局了千亿光伏、千亿汽车、百亿光学"两千一百"产业，并着力实施了"建链""延链""强链"战术，形成了以晶科能源为龙头的光伏产业，以凤凰光学为龙头的光学产业，以长城汽车、爱驰汽车、博能上饶客车、吉利商用车和吉利客车5个整车项目为龙头的汽车产业。

生态理念促产业转型。经开区以"生态立区"理念引领产业转型升级，深入推进清洁生产，加大工业固废回收和再生利用，实施"太阳能屋顶计划"，推进清洁生产公共服务平台建设，使得绿色循环发展渐入佳境。率先提出实行"三园同创"，即一方面创建省级清洁化工业园区，另一方面同步创建国家级生态工业园和国家级循环经济产业园，致力于生态低碳工业的发展。此外，陆续出台了《创建生态工业园区、清洁化工业园区和循环经济产业园区的实施方案》《创建清洁化工业园区工作方案》，明确提出了创建的目标任务及措施要求。

推行清洁生产新模式。为加大清洁能源的利用，经开区在全省率先推广分布式光伏发电商业模式，实施"太阳能屋顶计划"，积极向中央及省市相关部门争取政策扶持，牵手多家银行给予绿色贷款，现已成功创建国家级分布式光伏发电应用示范区。同时，以晶科能源为依托，在区内现有及新建的可利用建筑屋顶上全部装配太阳能光伏发电设施，并投入运营。此外，该区还将进一步加大天然气等清洁能源的使用，提高区内清洁能源的利用比例，从源头上控制污染源的产生。

（二）横峰经济开发区：着力推进"煤改气"

横峰经济开发区，是江西省首批省级生态工业园区、首批循环经济试点园区。该区围绕"创新、协调、绿色、开放、共享"的发展理念，坚定不移地开展降成本、优环境行动，实现产业循环、绿色和可持续发展。全力推进"煤改气"工程，区内开展燃煤小锅炉污染专项治理活动。污染企业停工停产，采取"停""拆""改"等多种措施，极力遏制二氧化硫等污染物的排放，并与相关部门通力合作，加大执法力度，督促高耗能、高污染企业在规定时间内完成"煤改气"工作。同时，横峰经济开发区积极推进环保基础设施建设，积极加强污水管网项目建设，实现了建成区污水管网全覆盖，积极开展环保大检查，联合环保、安监等部门对企业进行检查，对不达标企业勒令停产。

（三）玉山县环保装备产业园：重视通过技术改造推进绿色发展

玉山县环保装备产业园，围绕环保产业上、下游产业链，重点引进"污水治理、河道整治、土壤治理与修复、固废垃圾处理、大气污染治理、环境监测"等上下游装备企业，将国内外环保产业的先进技术、先进装备、先进工艺、先进管理经验引进来，计划 5 年内打造服务周边 500 千米范围内千亿级环保工程项目的百亿级智能环保装备产业园。目前，以该产业园为依托，已先后引进侯立安院士工作站、江西骏和环保科技有限公司等一批优质环保科研平台和企业。

技改升级初显成效。上饶市致远环保科技有限公司是玉山环保装备产业园的牵头企业，该公司投资建设阳极泥综合利用技改项目，实现了氯化液的循环利用，整个工艺过程采用 DCS 系统实现了过程监控及生产自动化控制，达到了节能节水、能效提升和资源综合利用的目的。技改升级当年就取得了成效，2017 年企业实现主营业务收入 70 亿元，比 2016 年增加了近 20 亿元，2018 年该公司的"复杂组分战略金属再生关键技术创新及产业化"项目，获得了国家技术发明奖二等奖，也是江西省仅有的两个国家技术发明奖获奖项目之一。

（四）弋阳高新技术产业园区：重点引进生态环保项目

弋阳高新技术产业园区（以下简称弋阳高新区），2011 年被列为争创省级生态工业园区试点单位。弋阳高新区坚持"生态、绿色、低碳、科技"发展理念，大力实施新工业园区扩园调区工程，严把环保准入关，严格控制环保指标，对高排放、高污染、高耗能企业一律"亮红灯"。创新基础设施建设，摒弃"推平造园"的传统做法，充分利用原有地形地貌，尽可能地保留原有地形地貌和绿色植被，依山就势布局。推行"自然渗水系统"，引用先进生态理念，建设自然渗水系统，雨水进入绿化带后，通过"自然积存、自然渗透、自然净化"，保护生态平衡。鼓励落户企业在建设厂房、办公楼等建筑时采用绿色设计理念，在建筑屋顶、外墙等部位人工种植绿色植物等，彰显园区特色。

紧抓引进生态环保项目。该园区坚持以"绿水青山就是金山银山"的理念，抓好项目引进和产业培育，引进一批有分量的生态环保型项目。例如，弋阳海创环保科技有限责任公司、江西巴顿环保科技有限公司等，力求在绿色发展上出实效。注重产业培育，突出延链、补链、强链，将有色金属精深加工、新型建材、食物医药培育成数十亿产值的产业集群；拓展新能源、新材料、高端装备等新型生态产业，以产业的"质量指数"换取发展的"绿色指数"。2020年，切实推进新材料产业园项目建设，做好新材料产业园和重点项目整体规划设计，为园区下一步的招商引资等工作奠定基础。

四、制约上饶市工业绿色发展的主要因素

上饶工业绿色发展取得了一定的成果，但仍然存在一些制约因素，本节一一列出，为上饶及其他城市进行工业绿色化转型提供参考。

（一）绿色发展观念尚需深入

工业绿色发展理念尚未深入人心是制约上饶市工业绿色发展的关键因素。受有色金属资源丰盈这一优势因素的影响，长期以来形成了依赖有色金属的惯性思维。上饶市一直将经济建设放在首位，在追求经济高质量发展的今天，发展模式应当符合习近平绿色发展理念、满足人民日益增长的美好生活需要，兼顾经济发展和环境保护，实现均衡发展。上饶市的绿色发展理念没有和工业发展、工业布局、基础设施建设、工业土地利用等方面紧密结合起来，生态保护方面的环保工作未能与企业降低污染、提高生产效率、挖掘产业发展潜力紧密联系起来，且缺乏强有力的全方位的管理治理能力，这使得整体上上饶市工业绿色发展与高质量发展互增互进的效果不够突出。

（二）工业产业结构有待优化

工业产业结构不合理是上饶市工业绿色转型发展的首要问题。2019年全年上饶市规模以上工业增加值同比增长8.6%，其中轻工业增加值同比下降2.0%，重工业增加值同比增长12.2%。2019年，全市规模以上工业36个行业大类中，19个实现增长，其中有色金属冶炼和压延加工业、非金属矿物制品业表现突出，分别增长15.8%、9.3%，对规模以上工业增长的贡献率达52.4%。2019年对采矿业、化学原料及化学制品制造业、非金属矿制品业、黑色金属冶炼和压延加工业的固定资产投资分别增长30.9%、39.8%、41.9%、204.8%。因此，上饶市规

模以上工业增加值中重工业的比重较大，有色金属加工、非金属矿物生产和加工等能耗高的工业行业占比较高，大部分处于产业链的低端，电子信息、新能源、新材料等工业行业的占比较低。高技术制造业在规模以上工业增加值中仅占12%。战略性新兴产业发展速度快，2019年产业增加值占GDP的14%，但并未形成完善的产业体系。生产性服务业发展速度较慢，对工业绿色转型发展的支撑力度不够。

（三）自主创新能力较为薄弱

科技创新水平较低是制约上饶市工业绿色发展的核心因素。在工业领域上饶市的科技创新能力还有待提高，尤其是企业的自主创新能力不足，现阶段上饶市发展中科技创新领域供需不平衡的矛盾日益突出，同时工业企业的自主创新能力薄弱，科研基础条件落后，对工业绿色发展水平的提升形成了很大的制约。实现工业转型发展需要先进的绿色技术和绿色装备的支撑，但上饶市工业企业绿色转型发展起步缓慢，基础薄弱，掌握的先进技术不足，清洁技术还没有得到广泛的应用，基本上不能满足上饶工业绿色转型发展的需要。

进行工业绿色转型发展需要组建掌握先进技术以及科研能力的高端人才队伍，而上饶市的高端人才队伍规模比较小，加之上饶市的地理位置、工作环境、晋升机会以及薪资等因素的影响，人才流失也比较严重。虽然上饶市注重人才的引进工作，但力度仍不够，相关高等院校及科研机构对科研高端人才的培养还不能完全满足上饶市工业绿色转型发展的需要。

（四）环境保护支持力度不足

上饶市环境保护支持力度不足是制约工业绿色发展水平的主要因素。上饶市拥有基础良好的资源型产业，但当前全市仍然存在污染较严重的企业，落后产能淘汰机制尚未健全，增加了环境污染治理难度。目前，上饶市采取了一系列举措，如提高产品的综合利用率、对污染物进行净化处理、关停污染排放超标的工业企业等，但传统工业废弃物处理技术与发达地区相比较为落后，全市各类工业企业的污染物排放总量依然很大。工业绿色发展过程中"三废"排放总量较大，基础设施建设的速度未能对污染排放造成的生态破坏进行及时的补救和保护，上饶市工业企业发展的同时消耗了更多的环境和生态容量，且缺乏强有力的技术支持，环境成本很高，对上饶市工业绿色转型发展的实现形成巨大压力。因此，政府部门需加大环境治理力度，引进利用先进的污染处理技术，不断提升环境保护支持力度。

上饶市工业绿色转型发展基础薄弱，存在投入不足的现象。绿色转型发展需要对技术和装备进行改造，需要足够的资金支持，发展基础薄弱的企业特别是中小型企业资金的投入明显不能够满足工业绿色转型发展的需要。上饶市工业绿色转型发展起步缓慢，高素质人力资源储备不足，而人力资源的投入和高素质人才储备不足将影响工业绿色转型发展的速度和质量。对于工业的绿色转型发展，创新成为首要的动力，上饶市在工业企业的创新费用方面的支持力度仍不足，将会直接影响上饶市工业绿色转型发展。

（五）工业绿色生产效率不高

工业绿色生产效率不高是制约上饶市工业绿色发展水平的原因之一。工业绿色发展的主体是企业，与工业企业管理水平的提升有较强的关联。前文论述中造成上饶市工业资源环境压力大的原因，主要是因为工业资源消耗指标单位工业增加值用地量、用水量、用电量、能源消耗量较大。这与地区工业企业资源利用率不高、生产效率低下有着重要关联。主要表现为：第一，工业企业缺乏优秀的管理人才，管理人才直接影响着企业的生产方向，上饶市多数地区的工业企业管理者缺乏必要的市场敏感度，缺乏必要的精简的资源开支，造成日常生产过程中的资源损耗较大；第二，企业缺乏明晰的市场经营战略，造成自有资产的使用效率低下；第三，部分僵尸企业占据良好的基础设施而不能有效利用，企业整体成本上升，生产效率始终提不上去。

（六）工业融资渠道单一

融资渠道单一是工业绿色转型发展的重要制约因素。上饶市工业企业融资渠道相对单一，以商业银行等金融机构开放"绿色"通道、降息甚至零息贷款等直接融资形式为主，此方式虽有效果，但普适性较差，特别是一些银行对工业企业放贷时设置的门槛较高，贷款金额比较小，致使一些成长中的中小型工业企业陷入"融资难、融资贵"困境，更不要提拿出相应资金进行环保转型了，一定程度上抑制了新兴工业企业的发展，进而对上饶整体工业绿色转型发展产生负面影响。

五、进一步促进上饶市工业绿色发展的对策建议

综合制约上饶工业绿色发展的主要因素，本节从观念、结构、政策、企业等多方面均相应提出了促进上饶工业绿色发展的对策建议，以期能够对上饶市未来应对工业绿色转型挑战有所参考和借鉴，甚至能够服务于我国整体绿色低碳经济增长。

（一）转变发展观念，正确看待绿色与发展的关系

推动工业绿色发展，要转变观念，辩证看待发展与绿色的关系。对企业来说，设置一条约束能耗、控污减排的红线，可能会在短期内影响经济效益，但以发展的眼光来看，全面推行绿色制造，加快转变增长模式，才能为企业开辟新的增长点。例如，投资节能减排设备，长远看能为企业降低生产成本；上马循环经济项目、变废为宝，可以创造新的市场机遇；践行绿色发展理念，有助于提升企业的品牌价值。贯彻新发展理念，坚持绿色发展方式，工业企业才能在市场竞争中站得稳、行得远。

（二）优化产业结构，提升企业绿色转型积极性

优化工业产业结构是上饶市工业绿色转型发展最重要的方面。传统工业在工业中所占的比重较大，要引用最先进的技术，使传统产业逐步向低能耗、低排放、高效益的方向转型发展，促进工业化和信息化的融合发展，形成新的产业发展体系，加快产业向价值链中高端化方向发展；加快产能落后的工业企业的淘汰，提高中小型企业在工业绿色转型发展过程中的积极性；加大对新兴战略性产业的扶持力度，结合现有的新兴战略性产业发展的现状以及特点，完善产业发展的相关政策，促进工业绿色转型发展。目前上饶市高新技术产业虽有一定的起色，但规模并不大，要吸收国内及国外的成功经验，扩大高新技术产业的发展规模，推动工业产业的智能化、高端化发展。

（三）增强创新能力，组建高素质专业人才队伍

企业自主创新能力是工业绿色转型发展最活跃的因素。要健全创新激励机制，鼓励创新，推动创新，提高工业企业自主创新的积极性；提高创新转化为成果的效率，推动创新的成果化，提高创新效率，加快实现工业绿色转型发展。同时，加大对科研项目的资金投入，企业设立相关的研发部门，招聘高端研发人才，增强龙头工业企业在工业绿色转型发展中的核心竞争力。搭建创新交流平台，不仅要加强上饶市与省内其他城市的交流沟通，还要积极促进上饶市与国内其他省市以及国外的创新交流，更好地吸收先进的技术，提高工业企业的自主创新能力，促进工业绿色转型发展。

对于工业企业而言，只有不断提升自身的研发能力，在技术层面获得创新和提升，才能够从"质"上促进企业发展。科学技术是工业企业的第一生产力，而创新能力是一个工业企业不可替代的核心竞争力，只有鼓励企业不断进行技术研发，才能够在智能化、互联网时代立于不败之地。一是要明确并鼓励企业加强与科研机构、高等院校之间的合作，充分利用科研院所的人才优势，将理论科研成果转化为实际生产力，深度融合政产学研用各主体之间的合作机制。二是要加强政府保障，为工业企业提供研发资金，让经济实力领先的工业企业集中进行高尖精技术攻关突破，建立行业之间的技术共享平台，面向小企业进行开放，实现整个行业的技术创新。三是要营造敢于创新的企业氛围，对于企业来说，创新成本高、周期长，创新成果不确定，但是政府、企业及相关部门也要鼓励员工大胆创新，不怕失败，加快绿色技术研发，降低废物排放量，废物利用最大化，才能使得工业企业的生产绿色化、智能化、高效化，才能从根源上改善环境污染状况。

提高劳动力素质，一是要企业重视员工自身的发展，建立人才激励机制，例如对特定的专业技术人员进行物质或者精神奖励，切实制定适合员工未来发展的规划，开展员工专业技能培训，鼓励员工进行学历升级，提高福利待遇，营造稳定的工作环境，吸引高水平、高技术的人才进入企业。二是要与先进的企业之间形成人才交流机制，学习先进企业的技术，更新企业现有的技术知识，提升企业员工整体的知识技能水平，例如安排员工到国外先进企业进行学习访问，或者是下游企业对上游企业进行技术培训，这样才能够为工业绿色发展注入新动力。此外，可以搭建人才培养平台，鼓励有实力的企业开展校企合作或者创办学校，为

企业培养专业对口人才。

（四）加大政策力度，促进绿色一体化协同发展

工业绿色转型发展不仅需要工业企业的大力配合，还需要政府政策的大力支持。加大对工业企业的财政资金支持，通过资金补贴等方式，鼓励更多的企业投身于上饶市工业绿色转型发展。健全绿色转型发展的技术政策保障，鼓励引进先进的技术，构建技术交流平台，引领上饶市工业绿色转型发展。健全人才引进机制，大力引进科研高端人才，不仅做好"引进来"工作，更要争取做好"留下来"工作。建全人才激励政策，通过工资的提升、就业环境的改善，吸引更多的科研高端人才加入上饶市的工业绿色转型发展进程中。加大绿色制造工程支持力度，制定专项绿色制造财政奖励政策，为上饶市实现经济转型和绿色发展提供财政支持。

此外，优化提升上饶市工业绿色发展水平，要把生态环境建设放在重要位置。基于较为脆弱的生态环境，上饶市在今后的发展中更要注重维持生态环境的稳定性，以产业生态化为原则开展工业生产和产业集聚，进行科学的生态环境保护规划和生态功能区划的编制。一方面，需要通过全面深化改革，完善有效促进资源节约集约利用的激励机制和约束机制，合理开发利用生态环境敏感地区，使节约资源逐渐内化为经济高质量发展的必要因素；另一方面，要牢牢把控水污染、大气污染、土壤污染等关键领域的系统治理，促进区域环境质量全面提升。开展污染监测工作，实时考察水体、大气、土壤污染情况。针对大气污染，建立上饶市空气质量监测站。针对水污染，重点加强对信江流域的污染问题的重视，在县区建成黑臭水体的处理设施，加强地表水和生活用水的水体水质监测，形成完整的工业废水排放机制。针对土壤污染，推动重点行业企业用地土壤污染调查，开展地下水污染修复治理试点，加强危险废弃物规范化管理，构建上饶市地区全面覆盖的监测网络，在工业企业搬迁关停改造过程中应当防范二次污染和次生突发环境事件的发生。

（五）园区形成合力，发展工业绿色循环经济

推动工业绿色循环发展是解决上饶市工业高能耗、高排放问题的应对之策。将循环利用产业化，推动再生资源产业集聚发展，探索高附加值产品的利用途径。推动清洁能源以及清洁技术的推广和应用，使工业产品生产过程更加绿色，

实现能源的绿色利用。加速重点行业清洁化生产，鼓励工业企业开发资源利用率高、污染排放少的清洁生产技术。积极有序发展清洁能源，建立减少煤炭消费量的硬性指标，逐步优化能源消费结构。配置节能、节水、节电的绿色装备，实现生产过程的绿色化发展，达到工业绿色转型发展的低能耗要求。建立工业"三废"排放奖惩机制，制定工业污染物排放标准，对于"三废"排放超过标准的工业企业进行惩罚，对于没有超过排放标准的工业企业进行奖励，严格进行排放量的监测并遵守奖惩规则。加强对工业生产的监管，对生产过程进行严格的监管，以达到工业绿色转型发展的生产标准。此外，要积极推进工业园区循环化改造，建设城市产业基地，提升城市资源利用效率，积极推动工业绿色发展，促使能源利用效率不断提高，大力提升终端能源产品的能效水平，以实现上饶市工业绿色循环可持续发展。

推动工业绿色发展，要产业联动，借助产业链和工业园区形成合力。应当看到，上饶市工业绿色转型虽已取得一定成效，但仍处在爬坡过坎的关键阶段。巩固绿色发展成效，挖掘绿色增长空间，不能靠单打独斗，必须协同互助、共同推进。纵向看，龙头企业率先实现绿色转型，有利于带动上下游企业加快绿色发展步伐，推动整条产业链绿色协同发展。横向看，工业园区应充分发挥责任主体作用，管理与服务并重，让绿色制造以园区为轴心向四周辐射。

（六）拓宽融资渠道，助推工业绿色转型发展

拓宽工业企业融资渠道是工业绿色转型发展的一项非常重要的工作任务。在工业企业与融资机构进行贷款时，应该加大对工业企业的扶持力度，鼓励金融机构开展多种形式的金融贷款方式，以降低工业企业融资成本。做好项目建设，努力吸引民间投资，拓宽工业企业融资渠道。搭建融资平台，努力实现信息的公开化与透明化，为工业企业提供多样化的融资方式与渠道，进一步促进上饶市工业绿色、健康、可持续发展。

第七章　上饶市金融支持实体经济发展

实体经济对提供就业岗位、改善人民生活、实现经济持续发展和社会稳定具有重要意义，实体经济与虚拟经济的有效合理互动，更可以助力经济发展。金融作为虚拟经济的重要内容，与实体经济更是联系密切、互促共生。我国实体经济中工业企业利润增长率持续波动或负增长，抑制了资金进入实体企业的步伐，加剧了我国实体经济与金融业的不协调发展（王国刚，2018）。针对近年来我国金融领域出现的"脱实向虚"现象，习近平总书记在党的十九大报告中指出，要深化金融体制改革，增强金融服务实体经济能力。党的二十大报告强调，要"深化金融体制改革，建设现代中央银行制度，加强和完善现代金融监管，强化金融稳定保障体系"。近年来，上饶市牢牢把握金融支持实体经济的本质要求，积极探索，勇于创新，多角度、多层次、多路径为实体经济提供金融支持。但上饶市金融支持实体经济发展过程中还存在融资面窄、融资额度不够、融资贵等问题。尤其是民营企业存在经营规模偏小、信用等级偏低、组织结构不健全、可抵押物偏少、发展存在不确定性等问题，使其很难得到金融机构的有效支持。针对金融支持实体经济发展所面临的问题，上饶市需要不断创新金融服务方式，进一步改善金融生态环境，持续加大金融对实体经济发展的支持力度，有效破解融资难、融资贵问题。

一、上饶市金融支持实体经济发展概况

（一）工业是实体经济的核心

有关什么是实体经济以及实体经济包括的范围，无论是在理论层面，还是在

政策层面，并没有达成共识（黄群慧，2017）。马克思在资本范围内讨论了现实资本和虚拟资本的分类，认为"银行家资本的最大部分纯粹是虚拟的，是由债权（汇票）、国家证券（它代表过去的资本）和股票（对未来收益的支取凭证）构成的"（中共中央马克思恩格斯列宁斯大林著作编译局，1998），并揭示了虚拟资本随着信用制度和生息资本的发展而实现自我增值的过程。管理学大师彼得·德鲁克（Peter Drucker）将整个经济体系分为实体经济（Real Economy）和符号经济（Symbol Economy），实体经济是指产品和服务的流通，符号经济是指资本的运动、外汇汇率和信用流通。用符号经济替代虚拟经济（Fictitious Economy）或者金融经济（Financial Economy），被认为更具有与实体经济相对应的匹配性，且更能解释二者的本质联系（张晓晶，2002）。一般认为，实体经济直接创造物质财富，是社会生产力的集中体现，也是社会财富和综合国力的物质基础，可以包括农业、工业、交通运输、商贸物流、建筑业等提供物质产品和服务的经济活动。虚拟经济是虚拟资本以增值为目的进行独立化运作的权益交易。黄群慧（2017）从产业层面对实体经济的范围进行了创新性界定，认为第一个层次的实体经济（R0）是制造业，这是实体经济的核心部分，是最狭义的实体经济；第二个层次的实体经济（R1）包括制造业（R0）、农业、建筑业和除制造业以外的其他工业，这是实体经济的主体部分，是一般意义或者传统意义上的实体经济；第三个层次的实体经济（R2）包括制造业、农业、建筑业和除制造业以外的其他工业（R1），还包括批发和零售业，交通运输、仓储和邮政业，住宿和餐饮业，以及除金融业、房地产业以外的其他所有服务业，这是实体经济的整体内容，也是最广义的实体经济。R2和金融业、房地产业构成了国民经济的整体，即由实体经济与虚拟经济构成的整体经济。

（二）上饶市信贷投放基本情况

1. 总量上信贷规模快速增长

贷款规模不断增加，贷款增速保持高位增长。2016~2019年，上饶市金融机构人民币各项贷款余额分别为1742.1亿元、2204.0亿元、2673.4亿元和3133.5亿元，同比分别增长18.2%、26.5%、21.3%和17.2%。上饶市金融机构人民币各项贷款余额已由2016年的不足2000亿元跃升至2019年的3000亿元以上，并且连续四年保持17%以上的增速（见图7-1）。

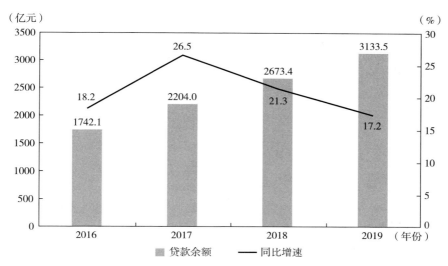

图 7-1 2016～2019 年上饶市贷款规模及增速

资料来源：历年《上饶市国民经济和社会发展统计公报》。

2. 结构上小微企业贷款占比略有下降

小微企业贷款总量增加，但占比逐年下降。2017～2019 年，上饶市各项贷款余额中小微企业贷款余额（不含票据融资）分别为 702.5 亿元、787.9 亿元和 785.4 亿元，占各项贷款余额的比重分别为 31.9%、29.5% 和 25.1%。2017～2019 年，上饶市小微企业贷款规模为 700 亿～800 亿元，2019 年较 2018 年略有下降（减少 2.5 亿元），上饶市小微企业贷款占比由 2017 年的 31.9% 逐年减少至 2019 年的 25.1%。其中，2017～2019 年，小型企业贷款余额分别为 592.1 亿元、667.3 亿元和 673.3 亿元，呈现逐年增长的态势；微型企业贷款余额分别为 110.4 亿元、120.6 亿元和 112.1 亿元，贷款数额波动较大（见表 7-1）。

表 7-1 2017～2019 年上饶市小微企业贷款余额及其占比

年份	小型企业（亿元）	微型企业（亿元）	合计（亿元）	占比（%）
2017	592.1	110.4	702.5	31.9
2018	667.3	120.6	787.9	29.5
2019	673.3	112.1	785.4	25.1

资料来源：上饶市人民银行。

二、上饶市金融支持实体经济发展的做法及成效

上饶市牢牢把握金融支持实体经济的本质要求,积极探索,勇于创新,多角度、多层次、多路径为实体经济提供金融支持。

(一)强化政策引导,在"准"上下功夫

1. 做足融资窗口指导

为有效推进和深化金融支持工业、制造业发展,上饶市出台了《上饶市人民政府办公厅关于推进企业信用监管制度改革的实施意见》《上饶市人民政府办公厅关于落实"映山红行动"推进企业上市工作的实施意见》,人民银行上饶市中心支行先后出台了《关于深化金融服务上饶市制造业发展的实施意见》《上饶市金融支持民营和小微企业发展专项行动方案》等指导性文件,引导辖内金融机构结合本地实际强化金融服务实体经济的创新力度。

为使金融支持工业发展取得实效,人民银行上饶市中心支行将制造业纳入信贷政策导向效果季度评估,重点按"增量、占比、创新"三个指标对地方法人机构支持制造业的情况进行评价,评价结果纳入季度 MPA(宏观审慎评估体系)考核。按季报告金融支持制造业发展的情况,定期召开信贷形势分析会议,及时通报各机构制造业信贷投放情况,针对性地提出支持措施,提高金融机构的重视程度。

新冠疫情发生后,上饶市于 2020 年及时发布了《关于全面加大信贷支持我市新型冠状病毒感染肺炎疫情防控工作的紧急通知》,提出实施央行定向支持政策、引导银行开通信贷绿色通道、实行特优信贷政策等措施。为保障优惠贷款政策的落地落实,上饶市紧急出台金融"组合拳"。2020 年 2 月 14 日发布了《关于上饶金融"战疫情·复工复产"的十条措施》,即"金融十条",要求银行机构"不抽贷、不断贷、不压贷",提出运用央行专项再贷款、引导银行建立服务专班、实施货币政策工具定向支持上饶市企业复工复产等措施。2020 年 3 月 4 日,上饶市出台《上饶市服务实体经济"2020·金融四行"活动方案》,更加广泛、持续地动员金融支持新冠疫情防控、复工复产,大力支持工业企业,助推实

体经济发展。

专栏 7-1 上饶市"映山红行动"

根据《江西省人民政府办公厅关于印发加快推进企业上市若干措施的通知》（赣府厅字〔2018〕39号）和《上饶市人民政府办公厅关于落实"映山红行动"推进企业上市工作的实施意见》（饶府厅发〔2018〕22号）文件精神，对境内上市企业，给予总额不少于1000万元奖励，市财政和受益财政按照与保荐机构签订辅导协议并完成股改、报江西证监局辅导备案并通过验收、向中国证监会报送材料并被正式受理、成功上市四个阶段给予奖励。其中，在向中国证监会报送材料并被正式受理、成功上市两个阶段后由市财政分别奖励200万元和300万元；省财政对企业境内成功上市后给予地方政府500万元奖励资金，待资金到位后由市财政全额一次性奖励给上市企业。

2020年上半年，上饶市江西耐普矿机新材料股份有限公司和晶科电力科技股份公司分别在深交所创业板和上海证券交易所主板成功上市。耐普矿机新材料股份有限公司已获得省财政500万元和市财政500万元奖励资金。晶科电力科技股份公司已获得市财政200万元奖励资金。

资料来源：上饶市财政局。

---

2. 用好政策工具

2020年，为促发展、降成本、优环境，中国人民银行总行先后推出了3000亿抗"疫"专项再贷款、5000亿元复工复产再贷款再贴现专用额度和1万亿元中小银行再贷款再贴现额度、4000亿普惠小微企业信用贷款支持计划和400亿普惠小微企业贷款阶段性延期还本付息支持工具，以支持实体经济复苏。人民银行上饶市中心支行及时向辖区内符合对接要求的金融机构做好政策传导及督促工作，确保货币政策红利尽早尽足地落实到实体经济中。同时，为鼓励全市银行业金融机构用足、用活、用好专项信贷政策和响应市委、市政府号召扶持外贸企业，联合上饶市总工会开展上饶市银行业金融机构"勇当逆行者争做急先锋"劳动竞赛。一是上饶市运用专项再贷款支持工业企业32家，发放贷款6.55亿元，加权平均利率不超过3.05%，为企业降低融资成本1978万元。运用再贷款专用额度为168家工业企业发放贷款2.3亿元，加权平均利率为4.5%，办理工业企业再贴现专用额度 3.45 亿元，加权利率为 2.74%，分别低于同期贷款水平 1.57 个百分点和 3.33 个百分点。二是落地 1 万亿元中小银行再贷款再贴现。截至 2020 年 8 月末，上饶市 12 家法人机构已运用自有资金发放 2043 户、7.84 亿元涉农及小微企业贷款，其中 1.18 亿元投入工业领域。三是落实 4400 亿创新货币政策工具。对接 400 亿元阶段性延期还本付息的地方法人机构共 24 家，已累计足值办理报账的有 12 家，占全省的 15.6%，互换本金 12.56 亿元，互换收益 0.13 亿元，申报机构和互换本金均居全省第二；对接 4000 亿元普惠小微信用贷款支持工具的地方法人金融机构 8 家，为金融加大对工业的信贷投入提供了充足的资金保障。

为全面贯彻落实上级创业担保贷款政策，进一步推动全民创业，带动更多的人员实现就业，上饶市财政局对接市就业局、创业贷款担保中心和放贷银行，严格审核贴息申报数据，核准贴息天数、贷款期限、贴息利率，及时兑付贴息金额，认真做好财政贴息工作。2020 年 1~6 月，上饶市新增发放创业担保贷款 133889 万元，完成任务数的 86.94%；直接扶持 9105 人次，带动就业 30254 人次；安排担保基金 110 万元，还款率 99.96%。2020 年 1~2 季度财政贴息 5191.35 万元。

2020 年上半年，上饶市各级财政部门主动与疫情防控重点保障企业取得联系，传达市政府《关于有效应对疫情稳定经济增长 26 条政策措施》文件精神，指导企业按要求上报贴息资金申请材料，市财政局整理汇总后报省财政厅审核。根据《江西省财政厅关于调整疫情防控重点保障企业优惠贷款中央财攻贴息资金的通知》（赣财金指〔2020〕5 号）和《江西省财政厅关于下达疫情重点保障企业优惠贷款省级财政贴息资金的通知》（赣财金指〔2020〕7 号）文件，上饶市 35 家企业 43 笔合计 68289 万元的专项再贷款符合贴息要求，获得中央财政贴息资金 1033.79 万元，资金省级财政贴息 516.88 万元。

（二）做好稳保工作，在"通"上求实效

2020 年以来，上饶市贯彻落实"稳企业保就业"整体工作部署，切实引导金融机构加大对实体经济的支持力度，打通银企对接渠道，以金融力量助推工业高质量发展。

1. 加大银企对接力度

上饶市按照打造省金融一站式平台工作安排，积极搭建银企对接平台，破解

银企双方信息障碍，通过层层压实各县（市、区）金融办主体责任，积极组织全市符合条件的金融机构进驻"一站式"平台，重点督促上饶市金控金服、上饶经开区转贷公司和12家政策性融资担保机构接入"一站式金融服务平台"系统。目前已通过开展银企对接、座谈会、产融对接会等方式，多渠道推广"一站式平台"，以开发区金融、县域金融为载体，通过及时梳理银企双方融资需求，鼓励辖内已接入的银行机构、转贷公司、融资担保公司及时发布相关融资讯息，上线金融服务产品。

对"白名单"工业企业实现百分百对接。建立"上饶市重点行业企业白名单库"，并及时推送给各银行，以开展融资对接工作。截至2020年8月末，全市白名单企业中工业企业126户，且实现了对接全覆盖。

开展江西省小微客户融资服务平台"提质扩面"专项行动，在平台推广中落实"保市场主体"工作，全力实现小微企业贷款需求"有求必应、合规授信、应贷尽贷、全程留痕"，有效改善银企信息不对称。至2020年8月末，上饶市共有34.6万户各类市场主体在服务平台成功注册，注册户数位居全省第二，对接户数位居全省第一，获贷户数位居全省第一。

2. 开拓政策指导方式

一是全面推行园区企业金融辅导员制度。选派800余名金融骨干人员组建金融辅导团，人民银行上饶市中心支行"一把手"任金融辅导团团长。对口辅导2000余家企业金融需求，其中超200家为工业企业。二是成立金融支持稳企业保就业党员先锋队。一县一支，下沉一线，入园区、进企业、问需求，以精细化、专业化的服务，为企业解难题、想对策。三是调研宣讲指导。及时召开工作协调推进会、调研座谈会、政策宣讲会，推动政策落地。

3. 开展"一百千"专项行动

2020年6月29日，上饶市举办了上饶市金融支持稳企业保就业"一个融资服务平台、百名行长进园区、千名行长进万企"行动（以下简称"一百千"行动）启动仪式暨首场金融政策宣讲会。人民银行上饶市中心支行领导先后深入晶科能源有限公司、泽众医药股份有限公司、安驰新能源有限公司等重点企业，实地调研走访，并召开金融政策宣讲座谈会，确保政策红利落地落实。此外，组织辖区内11个县（市、区）支行同步开展政策宣讲活动，宣讲覆盖工业企业500余家。

（三）优化融资服务，在"新"上出硬招

据初步统计，近几年，上饶辖内财政和金融机构不断推出实体经济金融创新产品（服务），其中金融机构产品达 50 余项，通过创新产品带动信贷投入超过 80 亿元。

1. 创新融资模式

江西省在全国首创"财园信贷通"① 融资模式，将财政专项资金集中使用，作为贷款风险补偿金，通过杠杆放大，支持银行对中小微企业发放免抵押、免担保贷款。近几年，上饶市通过完善政府、银行、企业合作长效机制，积极用足、用活、用好"财园信贷通"等优惠政策，降低企业融资成本，切实帮助企业解决融资难、融资贵问题，为了应对新冠疫情对企业的影响，及时推出并办理"财园信贷通"复工复产贷款业务。2020 年 1 月至 8 月，全市"财园信贷通"合作银行已放款户数 600 户，比上年同期 281 户增加 319 户，放款金额 25.95 亿元，比上年同期的 11.24 亿元增加了 14.71 亿元，同比增长 130.9%。

此外，上饶市强化创新创业金融支持。扩大"科贷通"② 覆盖面和规模，引导银行增加对科技型中小企业的信贷支持。引导金融机构办理知识产权（包含专利权、商标权等）质押贷款。例如，上饶市弋阳县自 2020 年实施"科贷通"以来，财政共安排 500 万元风险补偿金，已发放贷款 700 万元，惠及 4 家科技型企业。

2. 创新信贷投入模式

一方面，上饶市以"供应链"为重点突破口，通过"调研摸底，找准企业、紧盯落实"，支持金融机构以网络供应链业务为切入点，为工业龙头企业量身定制产业链综合金融服务方案。推动晶科能源成为首家在应收账款融资服务平台上完成产业链登记工作的企业，为制造业企业晶科能源、汉腾汽车搭建了网络供应链业务平台。另一方面，通过向政府投融资平台公司融资的方式，助推设立产业投资专项基金，如银行机构向上投集团、城投集团、云济投资、和济投资等平台公司发放贷款，有力支持上饶市汽车产业的发展。

---

① "财园信贷通"是指财政、园区、银行、担保机构四家共同合作，向企业提供无抵押、无担保的流动资金贷款。

② "科贷通"是指科技部门设立科技型中小企业信贷风险补偿资金（科贷补偿金），向银行推荐符合条件的"科贷通"贷款备选企业，银行进行审贷决策、提供信贷服务。

3. 创新抵押担保方式

积极探索应收账款、银行承兑汇票、出口退税企业账户、景区收费权等质押融资方式，有效解决部分企业贷款抵押物不足的问题。赣州银行上饶分行创新国家补助款应收账款质押融资，利用江西博能上饶客车有限公司国家补助款应收账款作为质押，对其授信1.47亿元，破解其补助资金从申请到拨付环节的资金周转难题。江西省晶科电力科技工作有限责任公司电子商业承兑汇票金额15亿元，应付票据大量积压，针对企业现状，建设银行对该企业申报了银行承兑汇票质押贷款1.2亿元、保函业务额度0.8亿元，以及"交易快贷"1亿元，有效缓解了企业应付账款支付压力。上饶银行研发了"微易贷"产品，基于企业的纳税数据和其他维度的数据发放无抵押信用贷款；建设银行推出"云电贷"，以企业用电信息作为贷款主要依据，推行无抵押线上办理。

4. 创新综合金融服务

一方面，通过综合性金融服务，有效满足企业融资需求。比如，建设银行上饶市分行制定《关于打造智能制造相关行业金融生态圈的通知》，通过基本建设贷款、技术改造贷款、并购贷款、产业投资基金、供应链融资等多种产品为客户提供综合金融解决方案，支持先进制造业发展。光大银行上饶市分行主动服务晶科能源有限公司，为其研发涵盖子公司融资、境内外融资、多产品组合的综合化金融方案，通过嵌入企业自身供应链满足企业的融资需求，有效满足了企业资金需求，助推该企业光伏组件出货量连续三年位居全球第一。另一方面，通过缩短融资周期，有效降低制造业企业融资成本。引导银行机构通过优化流程、简化材料、限时服务、线上支用等方式提高制造业授信业务办理效率，如九江银行上饶分行推出制造企业票据贴现利率优惠、票据贴现资金2小时到账服务，制造型企业的贷款5个工作日调查办结、3个工作日审查办结、2个工作日审批办结，融资周期平均缩短30%以上。

5. 创新园区金融试点

上饶经开区率先打造全省首家"园区金融"试点，依托上饶经开区金融产业园，打造资源集聚、牌照齐全、产品丰富、服务便捷的园区金融聚集区，初步形成了以银行、保险等传统金融机构为主，多种新型金融业态为辅的现代金融机构体系。截至2020年3月，金融产业园聚集各类金融机构103家，当年实现税收2亿元，累计帮助企业获得融资达110亿元，节约企业融资成本约1.67亿元，为上饶市主导产业及园区中的小微企业提供了有力的金融支撑。

6. 开展首贷提升工程

例如，玉山县将 800 多户无贷户名单梳理后分配给辖内金融机构，督促金融机构加强对无贷户的对接。截至 2020 年，各机构已与 541 家无贷户对接，其中 517 家正常经营，54 家有融资需求，融资金额为 6272 万元，已对 28 家无贷户成功发放贷款金额 1650.9 万元。

（四）配置金融资源，在"实"上做文章

1. 鼓励地方类金融机构发展

鼓励地方类金融机构发展，不断拓宽金融市场的广度和深度。一是加快推进上饶市政府性融资担保体系建设，先后召开上饶市政府性融资担保体系金融合作座谈会、上饶市政府性融资担保体系建设推进视频会暨银担合作签约仪式等。截至 2020 年 6 月底，农业银行上饶分行等 8 家金融机构与富饶担保公司签订战略合作框架协议，部分尚未成立政府性融资担保机构的县（市、区）如万年、弋阳、铅山等县区正在积极筹备组建担保公司，已成立政府性融资担保公司的县区正积极与富饶担保公司对接，争取 2020 年底前纳入融资担保体系。二是强化基金支持，全市共设立 23 只产业引导基金，总规模 177.8 亿元，已投放资金 148.1 亿元。三是推动保险资金入饶。在全市范围内调度收集了 103 个融资项目并将其提供给各保险机构以进行对接，截至 2020 年 3 月，已累计引入利用保险资金 82.2 亿元。

专栏 7-2　上饶市发展升级引导基金

2017 年 5 月 1 日，上饶市人民政府第十三次常务会议审议通过了《上投集团关于上饶市发展升级引导基金组建事项的请示》。上饶市发展升级引导基金采用母子基金"1+N"模式，逐步统筹财政性资金等 40 亿元作为劣后级资金，按照 1 : 4 的杠杆比例向社会资本募集资金 160 亿元，形成 200 亿元规模的母基金。母基金发起设立投向不同产业、不同发展阶段企业的子基金，或参股已设立的股权投资资金，通过二次杠杆形成规模达到 1000 亿元左右的基金集群。

上饶市发展升级引导基金为母基金，母基金由市金控投资管理有限公司（上投集团下属基金管理公司）进行运营和管理。市财政局设立上饶市财政投资有限公司、上投集团设立上投实业发展有限公司作为劣后级合伙人，银行资金、保险资金和其他符合条件的社会资本作为优先级合伙人。基金重点围绕支持创业创新、中小企业发展、战略性新兴产业培育、传统产业转型升级、基础设施和公共服务领域等进行布局和投资运作。

资料来源：上饶市财政局。

2. 切实降低企业融资成本

推动辖内政府性融资担保在可持续经营的前提下降低担保费率，目前，上饶市平均综合担保费 1.22%，同比下降 0.18 个百分点，代偿金额 2340 万元，同比减少 47.7%。推动 LPR 改革，完善内部利率定价机制，强化普惠小微贷款降成本要求，降低小微企业贷款利率。比如，2020 年玉山县小微企业贷款平均利率 5.37%，较年初下降 0.82 个百分点，节约成本 2713.45 万元。

3. 着力支持主导产业集聚发展

目前，上饶市已经形成经开区光伏产业、光学产业、汽车产业、广丰红木产业、玉山通用设备制造等省级重点产业集群。上饶市积极推动金融机构主动对接，支持制造业产业集群发展，例如农行上饶市分行出台了光伏行业信贷政策、有色金属行业信贷政策、饮料制造行业信贷政策等，进一步加大对制造业的支持力度。铅山县支行指导金融机构大力支持园区基础设施建设，县工行发放 3 亿元用于县工业园区标准厂房建设，县建行发放 0.8 亿元用于县农业产业园基础设施建设，围绕金属和非金属新材料、家居建材、先进制造加工三大主导产业，坚定不移抓产业集聚。

4. 着力助推产业结构优化

一是积极支持新能源、循环经济等绿色领域产业的发展。上饶市选择德兴市、鄱阳县作为试点构建绿色金融体系，积极开展能效信贷，排污权、碳排放权抵押贷款等绿色信贷业务，为制造业循环经济、能源技术创新、环境污染防治等提供金融服务。上饶银行在银行间债券市场发行总规模为人民币 30 亿元的绿色金融债券。二是加快推进产业技改升级。银行机构加快推进金汇环保、金瑞铜业等传统产业企业技改升级、扩产倍增；加快宁能生物质、珑熙锂电环保科技等的新能源项目建设，不断提升工业产业能级。

5. 着力推动工业"走出去"

为推动工业企业拓宽融资渠道、利用好国际国内两个市场，上饶市政府联合人民银行上饶中心支行、上饶海关、市商务局与中国出口信用保险公司江西分公司，在全省首创专为生产型外贸企业提供融资服务的"关助融"模式。联合市商务局成立"关助融"服务专班，公开发布"关助融"申报指南和审批流程，推动市中行、农行、建行、江西银行和九江银行加强与全市149家"白名单"企业的对接，抓好督查督办与窗口指导，真正为生产型外贸企业提供真金白银，提供优质服务。截至2020年9月7日，全市"关助融"白名单企业对接实现全覆盖，授信金额49.54亿元，放款金额29.23亿元，放款率达59%，加权平均利率为4.05%，有效满足了生产型外贸企业的融资需求。

三、存在的主要问题及原因分析

虽然上饶市信贷投放规模稳步增长，但贷款结构还有待进一步优化，部分企业反映的融资问题的确存在，还存在融资面窄、融资额度不够、融资贵等问题。尤其是民营企业存在经营规模偏小、信用等级偏低、组织结构不健全、可抵押物偏少、发展存在不确定性等问题，使其很难得到金融机构的有效支持。

（一）主要问题

1. 金融服务能力较弱

根据北京大学发布的报告，2018年上饶市数字普惠金融指数为226.97，位列全省倒数第四，全省最高的南昌市为265.13，上饶数字普惠金融指数与南昌相差近40（见图7-2）。这也说明上饶市金融发展环境和服务能力还有很大的改善空间。从江西省各地市金融审批时间来看，2019年上饶市普惠型小微贷款平均审批时间为11.2个工作日，位列全省第四。此外，由于银行信贷规模、权限上收，自主放贷权减弱，层层请示多，企业普遍认为金融机构的企业贷款审批发放程序较为复杂，贷款办理时间较长。

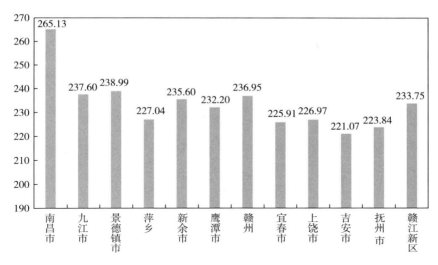

图 7-2　2018 年江西省各地市普惠金融指数

资料来源：北京大学数字普惠金融指数①。

2. 融资成本较高

2019 年上饶市普惠型小微企业贷款平均利率为 7.07%（见图 7-3），相比 2018 年减少了 0.21 个百分点，但是横向比较仍居于全省较高水平。而企业调查问卷亦显示，企业对办理金融信贷成本（费用）的评价平均得分为 2.88 分（满分 5 分），表明上饶市融资贵问题较为突出。根据对广丰区的 8 户企业的调研发现，2019 年 2 季度以来企业主营收入同比下降 23.7%，利润总额同比下降 51.3%，比财务费用同比增速多下降了 9.7 个百分点，这致使当期财务费用占利润的比重高达 79%，较去年同期上升 14 个百分点。虽然银行利率下降，但由于企业盈利水平下降，使企业实际的融资成本的相对水平不降反升，主要表现为企业财务费用占利润总额的比重加速攀升。

3. 信贷投放量不足

从总量上来看，2019 年上饶市信贷投放总量与 GDP 比值为 1.25，位列全省第四，与全省信贷投放总量最高的南昌市（比值为 2.51）相比，上饶市信贷投放量还有较大的提升空间。从小微企业贷款来看，2019 年上饶市普惠型小微企业贷款余额占比为 13.47%（单户 1000 万元及以下），在全省排第五名。结合前

---

① 郭峰，王靖一，王芳，等．测度中国数字普惠金融发展：指数编制与空间特征［R］．2019.

文提到的上饶市小微企业贷款占比逐年下降的态势，进一步表明上饶市信贷结构失衡，小微企业贷款不足。

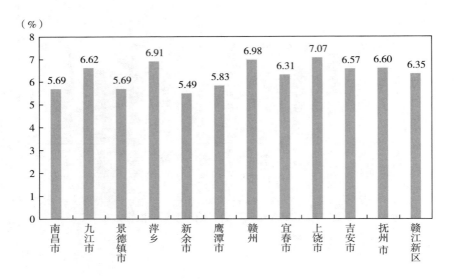

图7-3 2019年普惠型小微企业贷款平均利率

资料来源：中国社会科学院工业经济研究所承担的项目"江西省营商环境评价"。

（二）原因分析

1. 小微企业自身信贷风险相对较高

小微企业经营管理不够规范、生产经营的连续性弱。上饶市小微企业多以分散式经营为主，治理结构不健全，主要从事传统行业，经营的产品技术含量不高，抗风险能力较弱；一些小微企业环保、安全等不达标，一遇检查就停产整顿，生产不具连续性。实体企业缺乏有效担保物，一些企业生产经营的厂房多采用租赁的方式，有的企业虽拥有自己的土地、厂房，但由于种种原因，无法办理土地证和房产证，因此也无法办理贷款抵押手续。加之金融机构抵（质）押物范围狭窄，即使有些企业有抵押物，但是又由于抵押贷款评估折扣加大，普遍在30%左右，难以满足企业需求。

2. 金融部门的固有问题导致服务效力不足

上饶市金融在支持实体经济发展时存在多重结构性矛盾，导致金融服务效力不足，集中体现在以下四个方面：一是上饶市金融资源分配不均衡。上饶市域内银行往往将有限的信贷资源落实给规模以上企业和具备较好资质的大型企业，中型企业、小微企业受到的金融支持相对不足。根据对上饶市广丰区的调研发现，截至 2019 年 6 月底，11 家客户已批未用贷款 8.1 亿元，同比增长 10.2%，信贷资金不能"钱尽其用"的现象普遍存在。二是期限错配问题突出，短贷长用和频繁转贷的现象比较普遍。在银行风险管控加强的现实情况下，对民营小微企业的贷款审批手续更为复杂和严格，为便于控制风险和及时调整信贷策略，银行一般为企业提供 1~2 年的流动性贷款。而企业为了满足长期融资需求，分多次向多家金融机构借款，为缓解单笔贷款到期还款压力，增加了财务成本。同时，贷款短期化后，企业普遍需要频繁续贷，续贷过桥费用也增加了企业的贷款成本。三是融资结构问题十分突出。目前虽有少部分企业能通过上市和发行债券、票据等方式解决资金燃眉之急，但上饶市绝大部分的企业获取资金的唯一方式就是贷款。玉山县虽然启动了企业上市挂牌培育计划，着力推进"三个一批"工作，即推进一批企业实施股份制改造，推进一批企业新三板挂牌，推进一批企业提交上市申请，推动企业使用股权等融资形式，但从上饶市总体来看对于多层次资本市场的运用仍然不足。四是银行贷款动力不足。银行自身的考核机制有偏颇，大部分银行实行的是信贷责任终身追究制度，个人业绩与存款挂钩，责任与放贷挂钩。银行收益与风险不成正比，容易产生过度规避风险和追求短期效益最大化的问题，对政策性项目和大企业的贷款往往趋之若鹜，对民营企业的贷款业务则兴趣不大，担心存在坏账风险。此外，面对新兴产业的融资需求，可以利用的风险分散与风险补偿手段匮乏。

3. 环境风险提高进一步加剧了金融供需失衡

随着工业经济不断发展，上饶市经济社会发展面临的环境问题日益突出。一方面，上饶市工业在转型过程中面临着由环境因素带来的发展问题。随着我国生态环境保护工作的集中推进，上饶市企业面临的诸如生态环境治理投入、清洁技术更新改造成本、环境管理成本、环保税费等，将在一段时间内集中给企业的发展形成资金和成本压力，从而使企业融资需求显著提升。另一方面，金融业对于"两高一剩"行业（高污染、高能耗的资源性行业和产能过剩行业）的供给明显受到抑制，同时环境风险的提高、量化环境风险的能力不足等会进一步抑制金融机构对传统制造业的支持。

4. 社会信用体系不健全不利于实体经济融资

一是当前信用体系不够完善，造成金融机构与企业，特别是与民营企业之间存在严重的信息不对称问题，金融机构难以对企业完全信任。二是尚未有权威的信息机构能出具可靠的企业资质证明，且民营企业无法对其偿付能力进行进一步的明确和证实。三是上饶市政府性融资担保机构对企业的担保业务量总体偏低，企业贷款需求难以满足。

四、进一步推动金融支持实体经济发展的政策建议

针对金融支持实体经济发展所面临的问题，上饶市需要加强企业内部管理，提升经营绩效，不断创新金融服务方式，进一步改善金融生态环境，有效破解融资难、融资贵问题，持续加大金融对实体经济发展的支持。

（一）加强企业内部管理，提升经营绩效

提升银行贷款积极性的关键就是要增强企业实力。一是要逐步建立股份合作制，具备条件的企业可以进行公司制改造，规范企业财务制度，稳步提高财务管理水平。民营企业要始终保持良好的信用并继续获得更多的市场信任，与金融机构保持长期合作关系，吸引资本进入。二是加大企业创新和研发投入。加快技术改造和新产品开发，大力发展科技含量高、技术标准高、产品质量高的"三高"经营模式，着力提高产品的创新驱动力，助力企业自身提高经营绩效和市场竞争力，实现企业从初创期到成长期的跨越式发展。三是增强企业履约守信的观念意识。一方面，要加强宣传，牢固树立诚信办企的宗旨，自觉按照市场规则办事，坚持履约守信，按借款合同规定的时间及时还款，提高企业信用度，建立健康稳定的银企关系。另一方面，要积极引导民营企业加强财务管理，依法建立账本，增加信息透明度，自觉接受工商、税务、金融等部门的管理和监督。

（二）优化服务环境，确保服务实体经济实效

一是提高思想认识。全市上下应充分认识金融服务实体经济的重要性和紧迫性，切实把金融服务实体经济作为一项重要工作来抓，为持续增加金融投入营造

良好的发展环境。二是优化金融领域的服务环境。加快构建线上线下综合服务渠道、智能化审批流程、差异化贷后管理等新型服务机制。三是积极争取信贷资源，加大对中小微企业的支持力度。提高中小微企业首贷率、信用贷款占比、无还本续贷占比，增加中小微企业中长期贷款投放比例，进一步降低中小微企业综合融资成本。四是加大政府财政对融资的扶持力度。大力发展政府出资设立或控股的专门针对民营中小微企业的担保公司，并建立"担保公司引导基金"，运用入股、合资、率先担保等形式，充分利用"杠杆效应"，引导社会资本投资，有效降低企业融资成本。着力支持专门针对民营企业的小额贷款公司，充分发挥小额贷款公司贷款成本低、效率高的特点，同时政府要建立相应的"引导基金"，以带动小额贷款公司积极参与民营企业的投融资活动。

（三）引导金融创新，提升服务实体经济的能力

鼓励金融机构转变观念，围绕当前全市重点发展战略，明确差异化战略定位，加大创新力度，提升综合服务能力，逐步培育一批具有一定影响力的特色金融产品和服务品牌，形成金融业差异化优势，在实现自身发展的同时，更好地支持实体经济发展。一是进一步发挥绿色金融的作用。尽快在绿色金融领域实现政策协调，发挥绿色金融的作用，培育上饶市新的绿色经济增长点，引导传统制造业绿色转型升级。二是鼓励发展专门支持高端制造业和行业转型升级的金融产品。例如，在传统信贷层面，鼓励商业银行以未来收益权开发信贷产品，同时把控住制造业企业信用风险的敞口，不盲目进行信用扩张，保证资金的流动性松紧适度。在保险产品方面，鼓励保险公司创新出与高端制造业的发展相关的保险产品。此外，大力发展信托、融资租赁等金融产品，支持高端制造业和行业转型升级。三是大力发展支持中小民营企业发展的中小商业银行、科技支行。通过发展一批中小商业银行、科技支行来提供中小民营企业信贷资金。通过有针对性地提供更加个性化的贷款，专门满足民营企业的贷款需求。四是建立有效的抵押、评估、担保、保险体系，解决民营企业信贷融资所面临的资产专用性问题。可以采取贷款贴息、以奖代补和项目补助等方式来扶持特色优势产业和科技创新，推广并购贷款、动产抵押、商标权抵押等新型信贷产品，加大对民营企业的贷款投放力度，助推小微企业发展。

（四）转变银行考核导向，适当降低民营企业信贷门槛

一是引导商业银行自上而下转变和完善考核体系。强化服务实体经济的理

念，综合评价民营企业的信用评级，结合企业所属行业的特点，对于资信良好且绩效较好的民营企业要多放贷、多支持，充分考虑企业承受能力，适当调整不合理的绩效考核指标。二是积极调整信贷结构，加大对实体经济特别是民营企业的信贷投放力度，通过提高对民营企业的不良贷款的容忍度、执行优惠利率、减少续贷过桥费用等一系列措施，降低应收状况质押贷款、订单质押贷款等信贷品种门槛，引导信贷资金支持小微企业。三是在财政上实行结构性减税，提高对民营中小微企业贷款贴息的标准，集中规范中介机构行政事业性收费和服务性收费项目、标准，抑制银行筹资成本不合理上升和高息揽储，优化商业银行贷款管理。

（五）建立民营企业信用数据库和评价体系，畅通银企信息渠道

一是引导银行通过跟进服务民营企业，推动完善普惠金融服务体系，鼓励银行机构创新涉农、小微、扶贫金融服务方式，建议逐步推广浏阳农商银行小额贷款经验模式，通过小额贷款的发放，充分发挥信用评级机构的作用，系统收集民营企业的经营和信用信息，切实解决薄弱领域融资症结，减少融资中间环节。二是有效收集企业经营及信用情况，建议政府主导成立覆盖工商、税务等的大数据共享平台，借助大数据技术实现金融机构对小微企业的风险评级和信用管理考核评价，通过对企业工商数据、经营数据、网站行为数据、社交数据、金融数据等结构化及非结构化数据进行挖掘，科学评价民营企业的信用等级，为金融机构提供信用参考。三是借鉴金融科技的发展模式，引入大数据、区块链、人工智能等新技术，拓宽银行业务范围，为企业提供更加个性化的贷款服务。

（六）利用股权、债券等直接融资，多层次对接资本市场

充分发挥直接融资的作用，需要上饶市金融服务实体经济的方式更加精准化、多元化、综合化。一是完善上饶市促进股权投资发展的政策，积极引进创业（风险）投资基金和产业投资基金，通过政府出资引导，组建产业重组基金，促进成长型企业的发展提升和衰退期企业的整合重组。同时，通过为 PE（私募股权投资，Private Equity）、VC（风险投资，Venture Capital）等风投资本提供通道，拉动银行贷款等间接融资跟进。二是大力开展"映山红"行动，鼓励上饶市掌握核心技术的高端制造业企业在科创板、主板或创业板上市，通过发行股票的方式募集资金。三是完善中小企业改制上市培育系统，通过上市奖励、土地优惠、财政补贴、税收优惠或返还和提供中介桥梁、协调服务等，促进民营企业上市。

参考文献

［1］黄群慧．论新时期中国实体经济的发展［J］．中国工业经济，2017（9）：5-24.

［2］王国刚．金融脱实向虚的内在机理和供给侧结构性改革的深化［J］．中国工业经济，2018（7）：6-34.

［3］张晓晶．符号经济与实体经济——金融全球化时代的经济分析［M］．上海：上海人民出版社，2002.

［4］中共中央马克思恩格斯列宁斯大林著作编译局．马克思资本论节选本［M］．北京：人民出版社，1998.

第八章 上饶市工业高质量发展的要素支撑

习近平总书记在党的二十大报告中强调，"高质量发展是全面建设社会主义现代化国家的首要任务。发展是党执政兴国的第一要务"，"我们要坚持以推动高质量发展为主题，把实施扩大内需战略同深化供给侧结构性改革有机结合起来，增强国内大循环内生动力和可靠性，提升国际循环质量和水平，加快建设现代化经济体系，着力提高全要素生产率，着力提升产业链供应链韧性和安全水平，着力推进城乡融合和区域协调发展，推动经济实现质的有效提升和量的合理增长"。我国经济已由高速增长阶段转向高质量发展阶段，正处在转变发展方式、优化经济结构、转换增长动力的攻关期，建设现代化经济体系是跨越关口的迫切要求和我国发展的战略目标①。经济高质量发展阶段必须坚持质量第一、效益优先，以供给侧结构性改革为主线，调整经济结构，减少无效和低端供给，扩大有效和中高端供给，使要素实现最优配置，提升经济增长的质量和数量。

工业是实体经济的主体部分，是实现现代化的主导力量，工业高质量发展是经济高质量发展的重要组成部分，促进工业高质量发展事实上成为经济高质量发展的基础和关键②。2018年，江西省委、省政府出台的《关于深入实施工业强省战略推动工业高质量发展的若干意见》指出，深入实施工业强省战略，推动工业高质量发展，加快建设具有江西特色的现代化经济体系；并指出要加强保障，加大财政扶持力度，强化金融支持保障，保障重大项目用地，夯实工业人才支撑，切实降低企业成本，深化数据开发利用。2018年以来，上饶市坚决贯彻执行省委、省政

---

① 习近平. 决胜全面建成小康社会　夺取新时代中国特色社会主义伟大胜利 [N]. 人民日报，2017-10-28（001）.

② 郭朝先. 当前中国工业发展问题与未来高质量发展对策 [J]. 北京工业大学学报（社会科学版），2019，19（2）：50-59.

府出台的《关于深入实施工业强省战略推动工业高质量发展的若干意见》，大力实施工业强市战略，奋力推动工业高质量发展。2022年上饶市以第一名的成绩获评全省工业高质量发展先进设区市。这是上饶市连续第五年获此殊荣，且蝉联全省工业高质量发展考核第一，规模以上工业总量连续突破5000亿、6000亿大关，被国务院评为2021年度全国工业稳增长和转型升级成效十大地市之一，获评全省2019~2021年度加快工业发展加速工业崛起先进单位突出贡献奖等。

上饶市工业取得如此成绩，离不开上饶市工业高质量发展的系统支撑。本章结合上饶市工业基本情况和要素配置情况，从金融、科技、土地、人才、能源等方面构建上饶市工业高质量发展支撑体系。考虑到已有章节对上饶市金融、科技等支持工业高质量发展的情况进行了深入的分析，本章不再赘述，而重点从土地保障体系、人才支撑体系、能源保障体系等方面展开论述。

一、上饶市工业高质量发展的土地保障体系

（一）上饶市土地资源基本情况

1. 上饶市土地利用结构

一直以来，上饶市重视土地规划、利用工作，先后编制了《上饶地区土地利用总体规划（1997—2010年）》《上饶市土地利用总体规划（2006—2020年）》，对上饶地区的全部土地资源的开发、利用、整治和保护在时间、空间上作出总体部署和统筹安排。根据2014年度土地变更调查数据，上饶市土地总面积为2273725.06公顷。从土地用途结构上看，农用地1893878.75公顷，约占土地总面积的83.29%，建设用地174515.89公顷，约占土地总面积的7.68%，其他土地205330.42公顷，约占土地总面积的9.04%。特别地，建设用地中城乡建设用地128095.89公顷，约占土地总面积的5.64%。其中，城镇工矿用地41028.27公顷，约占土地总面积的1.81%；农村居民点用地87067.62公顷，约占土地总面积的3.82%；交通水利及其他建设用地46420.00公顷，约占土地总面积的1.90%。

2. 上饶市工业用地基本情况

根据《上饶统计年鉴2019》和《江西统计年鉴2019》，上饶市全市行政区

域土地面积为 22757.28 平方千米，城市建设用地 244.75 平方千米，其中居住用地、公共管理与公共服务设施用地、商业服务业设施用地、工业用地、物流仓储用地、道路与交通设施用地、公共设施用地、绿地与广场用地分别占比为 33%、10%、7%、10%、2%、19%、5%和 14%；市辖区行政土地面积为 1770 平方千米，城市建设用地 79.99 平方千米，其中居住用地、公共管理与公共服务设施用地、商业服务业设施用地、工业用地、物流仓储用地、道路与交通设施用地、公共设施用地、绿地与广场用地分别占比 37%、7%、4%、4%、0.5%、21.5%、4%和 21%（见图 8-1）。全市范围内工业用地占建设用地的比例 10.60%高于

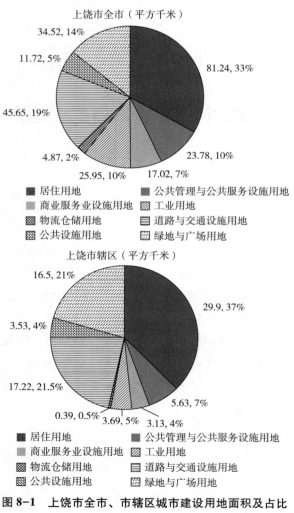

图 8-1　上饶市全市、市辖区城市建设用地面积及占比

市辖区的对应指标 4.61%，由此可见，上饶市信州区、广丰区、广信区工业用地占比相对较低，集约化程度高，工业用地多分布在县域和其他园区内。

3. 工业用地出让价格情况

在工业用地出让价格上，上饶市工业用地出让最低价格在全国范围内处于相对低的水平。根据《全国工业用地出让最低价标准》（国土资发〔2006〕307号）所公示的全国各个县域土地等别和最低价标准数据，上饶市 12 个区县中，信州区为土地十等等别，最低价标准为 168 元/平方米；德兴市为土地十二等等别，最低价标准为 120 元/平方米；上饶县、广丰县、万年县为土地十三等等别，最低价标准为 96 元/平方米；玉山县、铅山县、横峰县、弋阳县、鄱阳县、婺源县为土地十四等等别，最低价标准为 84 元/平方米；余干县为土地十五等等别，最低价标准为 60 元/平方米（见图 8-2）。

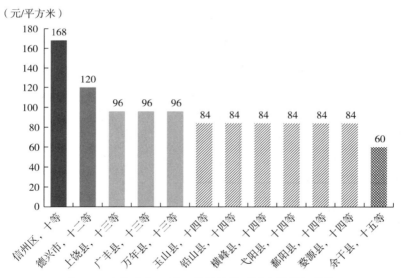

图 8-2　上饶市各区县工业用地等别及出让最低价格

（二）上饶市土地要素保障工业高质量发展的现状

1. 科学规划，优化用地空间

立足工业高质量长远发展，以科学的规划带动园区工业用地的高效利用。比如，信州区编制了《信州产业园控制性详细规划》，主园规划范围为：北至上广路、南至丰溪河、西临广丰区、东与朝阳镇相连，规划总用地 5 平方千米；另在沙溪镇和秦峰镇分别规划了附园用地，围绕光学、汽摩配、装备制造和苎麻生产四大产业进行布局规划。同时，扎实开展国土空间规划的编制，按照"增量提升、存量优化"的思路，划定高质量发展的"增量空间"，整合优化现有工业用地的规模、布局，充分释放发展空间。

2. 创新模式，降低用地成本

积极创新用地模式、节地技术，优化工业用地结构，降低工业企业投入成本。一是工业用地按全国工业用地出让最低价出让。比如，上饶市原工业用地按报批、征迁成本 25 万元/亩出让，全部按全国工业用地出让最低价 6.4 万元/亩出让。二是对现有工业用地，在符合规划且不改变工业用地性质的前提下，进行厂房加层改造以提高容积率的，不再增收土地价款。比如，广丰区月兔橱柜原供地 26 亩，投资 1000 万元，容积率 0.81，建筑面积 1.4 万平方米，通过"零增地"技术改造，容积率提高到了 1.2，总建筑面积达到 2.08 万平方米，年产值从 5400 万元提高到了 8000 万元。三是创新工业用地供应方式。积极探索长期租赁、先租后让、租让结合的工业用地供应制度，降低工业企业前期投入成本。比如，上饶经开区采取先租后让的方式，拍卖 96.84 亩工业用地，前 5 年采取租赁的方式供地，5 年租金 6400 元/亩；5 年后采取协议出让的方式完善手续，按 6.4 万元/亩补足出让金，共节省投入 557.76 万元。四是取消、减免部分行政事业性收费。不仅取消了征地管理费，而且根据《江西省发展改革委关于降低产权交易服务收费等经营服务性收费标准的通知》（赣发改收费〔2017〕922 号）规定，在原收费标准基础上，按降低 10% 的标准收取土地使用权交易服务费。此外，在小微企业办理不动产登记业务时，凭当地县（市、区）工信局出具的小微企业（含个体工商户）认定证明，减免不动产登记费。

3. 节地增效，提高土地效益

2019 年，上饶市政府印发了《关于开展"节地增效行动"的实施方案》，在全市开展以企业"亩均论英雄"改革、工业"标准地"制度、建设用地"增存挂钩"、低效用地再开发为一体的"节地增效"行动，创新用地供给制度、政策，促进工业用地节约集约高效利用。一是积极推行工业"标准地"制度。明确拟出让地块的规划建设、能耗、污染排放、产业导向、单位产出、亩均税收等标准，并以此标准出让工业用地，提高工业用地产出率。目前已供应工业"标准地" 13 宗，总面积 1112.35 亩。二是积极盘活工业低效（闲置）用地。通过协商收回、鼓励流转、协议置换、合作经营等多种形式，推进企业旧厂房改造，推进闲置、废弃厂房再开发、再利用。比如，上饶经开区通过专项清理，以及"腾笼换鸟"的方式，引进了神州医疗、合赢科技、维真裸眼 3D 等项目，占地总面积 154.8 亩，建筑总面积约 14 万平方米，3 个项目建成后达产达标可实现年产值 12 亿元，利税 6000 万元以上；广丰工业园区通过项目"嫁接"的方式对停产、破产企业进行盘活，目前已经收购、对接了久通实业、越悦玩具、荣汇夏布、红路实业、月兔西服 5 家企业，合计盘活面积 90.82 亩。

4. 强化保障，提高服务质量

建立重大项目对接服务机制，由班子成员牵头负责，项目提前介入、主动对接、上门服务，第一时间安排建设项目用地预审、新增建设用地计划和耕地分解平衡指标等，推进工业项目及时落地。

深入推进"放管服"改革，印发了《关于进一步提高工作效率提升服务质量的实施意见》，在窗口建设、优化行政审批流程和强化服务上下功夫，提高行政审批效率。比如，对建设项目用地预审流程进行再造，实行"先办理后上会"政策，办理时间由法定的 20 个工作日压缩到 6 个工作日。优化不动产登记流程，实现不动产登记、交易、纳税"一窗受理、集成服务"，企业只进一个门、到一个窗口、提交一套申请材料、进行一次面签，即可办结不动产交易、纳税、登记等业务，以及土地、房产首次登记、转移登记等业务，从法定的 30 个工作日压缩到 5 个工作日，抵押登记、预告登记等业务压缩到 2 个工作日，不动产查封登记、异议登记实行即时办理。深入开展挂点结对帮扶，每年均选择 3~5 个工业企业开展挂点帮扶，定期开展"入企走访连心"活动，对企业反映的事项，涉及本单位职责范围的，依法依规及时解决到位，对不涉及本单位职责的事项，积极协调相关部门给予解决。

（三）上饶市土地要素保障方面存在的问题

1. 工业用地空间有限

根据《上饶市土地利用总体规划（2006—2020 年）调整完善方案》，2006~2014 年，随着城镇化进程的推进，上饶市农村居民点用地不减反增，农村居民点集约利用水平有待提高，存量建设用地仍有挖潜空间。从市辖区工业用地面积及其占比来看，上饶市工业用地存量不足、占比偏低的问题更加突出。根据《江西统计年鉴 2019》，上饶市市辖区工业用地面积为 3.69 平方千米，在被统计的 22 个市辖区中排第 15 名；上饶市工业用地占市辖区行政区域土地总面积的 4.61%，在被统计的 22 个市辖区中排倒数第一（见图 8-3）。

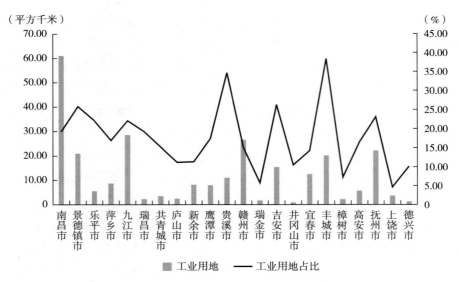

图 8-3 江西省主要城市（市辖区）工业用地面积及其占比

除了建设用地存量占比相对不高之外，上饶市建设用地在增量上也面临发展空间不足的问题。根据《上饶市土地利用总体规划（2006—2020 年）》，到 2020 年建设用地总规模为 170083.25 公顷，城乡建设用地面积为 123346.27 公顷，而根据 2014 年度土地变更调查数据，建设用地总规模为 174515.89 公顷，城乡建设用地面积为 128095.89 公顷，建设用地总规模和城乡建设用地面积已突破了该规划的目标，分别超出了 4432.64 公顷和 4749.62 公顷。这说明该规划对于社会经济发展预测不足，已满足不了社会经济发展对于土地的需求。用地指标不足的问题，也同样存在于各个区县，如玉山县、铅山县等，严重制约了区域招商引资、项目落地。这也反映了上饶市应更加注重推进节约集约的土地利用方式，提高地均产值。

2. 工业用地利用粗放

一方面，由于部分园区在招商引资过程中，对入园企业把关不严，在土地出让时未明确固投强度、容积率、单位能耗、单位排放、亩均税收等标准，一些园区企业亩均固投不足、亩均税收少，单位面积用水量、用电量以及污染排放量较大，能耗较高。根据《上饶统计年鉴 2019》，2018 年上饶市工业园区平均每平方千米主营业务收入为 274735 万元，在上饶市产业园区中，上饶经济技术开发区、上饶高新技术产业园区、玉山经济开发区、横峰经济开发区和万年高新技术产业园区每平方千米主营业务收入高于平均值，分别为 484898 万元、412407 万元、

469078 万元、365557 万元和 291423 万元，而铅山工业园区、弋阳高新技术产业园区、余干高新技术产业园区、鄱阳工业园区、婺源工业园区和德兴高新技术产业园区则均低于平均值，分别为 149577 万元、160638 万元、143708 万元、95800 万元、62040 万元和 175839 万元（见图 8-4）。

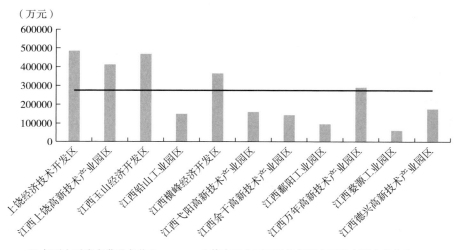

图 8-4 上饶市工业园区每平方千米主营业务收入

另一方面，一些园区为了支持企业发展，工业用地出让价格普遍偏低，造成部分企业圈地围地，并以零星建设规避闲置土地查处，"土地多、厂房少"，土地利用效率低。

3. "标准地"制度执行范围有待扩大

截至 2020 年 9 月，上饶市只有上饶经济技术开发区和玉山县推行了工业用地"标准地"出让，其余县（市、区）多数还处于探索阶段，且部分企业集约节约用地意识不强，对建设规划、能耗标准、环境标准和亩均税收等"硬指标"望而却步，仍倾向于以传统的出让方式"拿地"，这不仅使得"标准地"制度执行受阻，更从根本上制约了土地要素配置，难以促进本地吸引高产值企业和工业企业高质量转型发展。

4. 闲置工业用地处置难度大

在上饶市，园区内还存在停建、停产且未有再建、再产迹象的企业，导致区域内存在闲置的工业用地。以铅山县为例，2018 年园区内有停建、停产且未有再建、再产迹象的"僵尸企业"24 家，涉及闲置土地 1000 余亩，以及江西金瑞铜业有限公司、江西和源实业有限公司等 6 家企业合计 500 余亩的低效用地。各个工业园区都相应地存在闲置工业用地，其处置面临着多部门协作、认定难、历史遗留、收回补偿等问题，导致收回土地压力、阻力大。

（四）完善土地要素保障体系的对策建议

1. 积极探索市场化工业用地模式

积极探索工业用地市场化配置方式，建立符合企业发展规律、产业生命周期和产业发展方向的工业用地供应制度，提升土地资源利用效率。在用地方式上，除采取现有的工业用地供应方式外，可以尝试灵活选择长期租赁、租让结合、先租后让、弹性出让等方式。探索差异化土地供应政策，对国家鼓励发展的战略性新兴产业、先进制造业，以及区域内重点发展的产业等，优先安排供地；严格产业准入和用地标准，超出工业项目建设用地控制指标和土地使用标准的，要严格开展节地评价工作；鼓励对现有工业用地追加投资、转型改造，合理利用地上地下空间等。在引入社会资本方面，评估《上饶市工业地产项目预售许可试行办法》的实行效果，总结问题及改进措施，积极在全市范围内推广执行，鼓励社会资本开发投资建设工业地产项目，培育小微企业并促使其发展壮大，促进和规范工业地产开发建设。

2. 大力推行"标准地+承诺制"

严格落实《江西省"节地增效"行动领导小组办公室关于印发〈江西省企业投资工业项目"标准地"工作指引（试行）〉的通知》，明确拟出让地块的规划建设、能耗、污染排放、产业导向、单位产出等标准并出让工业用地，强化对用地企业的协议履行、承诺兑现情况的监管，并按约定予以奖惩。

3. 积极推进园区低效用地再开发

开展开发区（园区）闲置土地专项清理工作，加快推进对开发区（园区）低效企业、僵尸企业和僵尸项目等的低效用地的盘活利用，对圈而不建、圈大建小、半拉子工程等项目闲置土地要依法收回，及时处置盘活。

4. 强化土地要素动态管理

上饶市应构建土地实时监控数据平台，通过数据打通、数据实时同步等方式，加强对项目用地情况的跟踪、监管和动态管理，重点对土地利用规划和执行计划，以及土地供应和项目用地开发利用情况等进行动态监管，构建区域内土地要素动态管理机制。

二、上饶市工业高质量发展的人才支撑体系

人才作为第一资源，是最重要的创新供给要素。新形势下，人才资源作为经济社会发展第一资源的特征更加明显，人才红利已成为经济社会发展的最大红利，人才优势已成为竞争的最大优势。对于上饶市工业高质量发展而言，补齐人才发展短板，破除体制机制障碍，构建科学规范、开放包容、运行高效的人才发展治理体系，形成具有竞争力的人才制度优势，才能为经济社会发展增添蓬勃活力和强大动力，为实现经济高质量发展提供坚强的人才支撑。

（一）上饶市人才基本情况

1. 上饶市工业发展所需人才类型分析

从上饶市主导产业结构来看，2017年有色金属、新能源产业、机电光学、新型建材四大主导产业分别完成主营业务收入1043.0亿元、687.3亿元、441.5亿元和264.8亿元，占全市工业总量比重分别为29.7%、19.6%、12.6%和7.5%，四大主导产业总量占全市工业总量比重近70%。光伏、光学、汽车"两光一车"企业数分别达26家、26家、32家，实现主营业务收入773.6亿元，占规模以上工业总量比重达22.0%，增加值实现17.1%的增长，比规模以上工业平均增速高出8.0个百分点[①]。从产业增长情况来看，2019年四大主导产业增长11.5%。其中，有色金属产业增长18.3%，新能源产业增长11.8%，机电光学产业增长3.7%，新型建材增长5.4%。全市"两光一车"产业增长8.4%。其中，光伏产业增长12.2%，光学产业增长8.0%，汽车产业下降16.9%。

根据上饶市四大主导产业和战略性新兴产业的特点来看，上饶市人才需求以高层次人才和职业技能人才为主。具体而言，上饶市产业以新兴工业产业为主，"两光一车"、生物和新医药产业、新一代信息技术产业等的核心竞争力是技术竞争力、人才竞争力，工业高质量发展和企业向龙头迈进的要求都导致上饶市工

---

① 上饶市工业和信息化局. 2017~2018年上饶市工业和信息化发展报告［M］//雷平. 上饶发展报告2017-2018. 北京：社会科学文献出版社，2019.

业企业迫切需要以科研人才和管理人才为代表的高层次人才。同时，上饶市重点产业以制造业为主要产业，从企业日常运营和控制成本的角度来看，上饶市工业高质量发展还需要大量的职业技能人才。

2. 当前上饶市工业人才结构

从上饶市工业各个行业从业人员占比及分布来看，电气机械和器材制造业，纺织服装、服饰业，非金属矿采选业，有色金属冶炼和压延加工业，纺织业，通用设备制造业，汽车制造业，计算机、通信和其他电子设备制造业，化学原料和化学制品制造业和仪器仪表制造业位列前十，从业人员年平均人数分别为 18398、14801、14326、13616、12233、10914、9813、9640、9445 和 8597 人，占比情况见图 8-5。

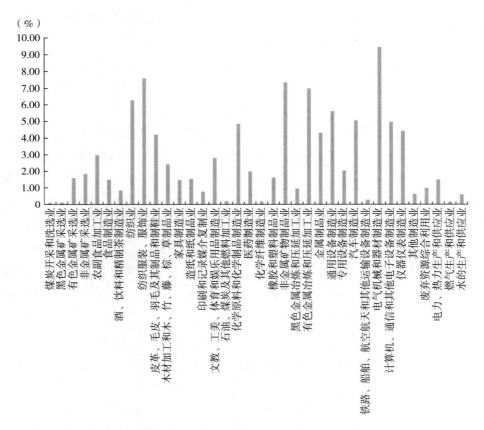

图 8-5　上饶市各个工业行业从业人员占比

从人才类型上来看，根据上饶市经济社会发展需要，特别是工业企业发展需要，可以将上饶市人才分为高层次人才和技能人才。根据上饶市人力资源和社会保障局统计数据，2019年末，上饶市已认定高层次人才129人，其中博士96人；技能人才总量达296628人，其中专业技术人才总量超过13万人，职业技能鉴定共计168228人，涉及115个职业工种，其中高级工鉴定6079人，中级工鉴定106572人。

3. 上饶市工业人才需求

根据上饶市统计局2020年6月开展的全市范围内的企业用工情况调查，被调查的33家企业中（规模以上企业29家，规模以下企业4家；按行业分，制造业15家，建筑业、批零业、交通运输业、住餐业、房地产业和租赁服务业各3家），2020年上半年从业人员人数合计为22165人，环比减少508人，降幅为2.24%。人数减少主要出现在制造业、租赁和商务服务业，其中：制造业减少375人，降幅达4.31%；租赁和商务服务业减少78人，降幅达21.55%，可以发现制造业从业人员存在一定下降和缺口。从企业具体人才缺口数据来看，33家调查样本中，有48.48%的企业最需普通员工，39.39%的企业最需专业技术人员，36.36%的企业最需经营管理人员和技术岗位操作人员。其中，近半数的企业最缺普通员工，分行业可以看出，交通运输、仓储和邮政业，制造业中最缺普通员工，分别占66.67%、46.67%。

（二）上饶市人才队伍建设的进展

1. 人才政策出台情况

为了吸引优秀人才前来创业，并留在上饶，2016年以来，上饶市政府相继制定了《上饶市特色人才特殊政策实施办法》《上饶市高层次人才引进暂行办法》《上饶市大数据人才支持服务办法》等吸引人才的配套性政策。这些政策甚至细化到每个星期给人才报销一张高铁票。积极打造"省级服务支持人才创新创业示范基地"，进一步精心招才引智，构筑人才集聚高地，着力引进高端领军人才、创新创业人才，加强人才交流，为上饶人才提供更加高效便捷的服务。以大数据产业为例，上饶市坚持做优产业人才服务，积极探索服务新模式，创新服务内容，成立全省第一个大数据人才服务中心，制定具有吸引力的创业服务、生活服务措施；与中科院云计算中心联合成立了上饶市中科院云计算中心大数据研究院；与华东师范大学共建数据科学研究院，培养工程硕士；与南昌大学、江西财经大学对接，协调设立大数据人才培养基地的有关事宜；在上饶职业技术学院设立混合制二级学院——大数据学院并招生120名。

为了全面培养上饶职业技能人才，上饶市积极实施职业技能提升行动，大力推进技能强市建设，制定《上饶市职业技能提升行动实施方案（2019—2021年）》，计划在方案实施期间开展各类补贴性职业技能培训 20 万人次以上，其中2019 年培训 8.5 万人次以上；到 2021 年底技能劳动者占就业人员总量的比例达到 22.5% 以上，高技能人才占技能劳动者的比例达到 30% 以上。从培训主体来看，企业职工培训是职业技能培训工作的重点，以"两光一车"、大数据、大健康、大旅游等主导产业的企业职工为重点培训对象，支持企业大规模开展适应岗位需求和发展需要的技能培训，广泛组织岗前培训、技能提升培训、企业新型学徒制培训、企业技师培训等，通过追加单位绩效工资、增加学校公用经费、民办职业培训和评价机构与公办同类机构享受同等待遇等利好政策，鼓励企业广泛开展企业职工培训。

2. 人才培养模式

上饶市积极开展高等教育和中等职业教育。2018 年全市有高等教育学校 4所，成人高等教育学校 3 所，中等职业教育学校 41 所。从人数上看，2018 年全市普通高等教育招生 1.10 万人，在校生 3.25 万人，毕业生 0.99 万人；成人高等教育招生 1.63 万人，在校生 1.43 万人，毕业生 0.44 万人；普通高中招生5.47 万人，在校生 15.48 万人，毕业生 4.34 万人。中等职业教育招生 1.50 万人，在校生 4.34 万人，毕业生 1 万人（见表 8-1）。招生人数均多于毕业生人数，说明上饶市人才培养数量呈现逐渐递增的趋势。

表 8-1　2018 年各类学校招生、在校生和毕业生人数　　　单位：万人

指标	上饶市			江西省		
	招生数	在校生数	毕业生数	招生数	在校生数	毕业生数
研究生教育	—	—	—	1.5	3.9	1.0
普通高等教育	1.10	3.25	0.99	32.4	105.4	31.1
成人高等教育	1.63	1.43	0.44	7.4	18.4	5.1
中等职业教育	1.50	4.34	1.00	12.3	35.5	10.9
普通高中	5.47	15.48	4.34	34.5	100.8	30.5
初中学校	12.26	33.74	9.05	74.1	207.0	57.6
普通小学	10.44	64.04	11.97	70.2	421.2	73.2

上饶市积极选拔职业技能人才。2019 年培训技能人才为 88485 人，技能人才

总量达 296628 人。先后举办江西省"振兴杯"砚雕行业职业技能竞赛（婺源）、市"振兴杯"职业技能竞赛等多项技能竞赛，并多次组织上饶市技能人才参加全国乃至世界技能大赛，实现以比赛发现更多技能人才、促进不同领域技能水平提升的目的。同时，加大技能人才培训平台建设。在第 45 届世界技能大赛江西选拔赛筹备工作座谈会上，上饶市晨曦职业培训学校被确定为世界技能大赛江西美容项目集训基地。

上饶市积极培育专业技能人才。上饶市人力资源和社会保障局积极组织"百千万人才工程人选""享受政府特殊津贴人员"的申报工作。2019 年，新材料领域专家郁丰善入选国家级"百千万人才工程人选"，4 人成功入选省级。2020 年，3 人入围国务院政府特殊津贴候选名单，6 人入围省政府特殊津贴候选名单。积极开展"饶城英才"选树活动，首届活动中专业技术类、职业技能类各评选出 41 名、49 名。大力建设博士后工作平台，在上饶市现有的 3 家博士后科研工作站、6 家博士后创新实践基地的基础上，2020 年新申报 3 家博士后科研工作站，9 家博士后创新实践基地，争取 2020 年新增 2~3 家博士后创新实践基地和 1~2 家博士后科研工作站。2019 年全市专业技能人才总量超过 13 万人，近 5000 人取得中级以上职称。

3. 人才引进情况

积极引进高层次人才方面，聚焦上饶市"两光一车"以及大数据、大旅游、大医疗等产业的发展，加大高层次人才引进力度。2019 年出台了《上饶市高层次人才引进培养办法》《上饶市急需紧缺人才引进培养办法》。在此基础上，2020 年又出台了《上饶市高层次人才引进培养办法操作细则（试行）》和《上饶市急需紧缺实用性人才引进培养办法操作细则（试行）》。大胆创新人才引进服务模式，在全省设区市中率先将公开招聘程序搬到全国各地名校现场，实施"带编招聘"，引才成效显著。截至 2020 年 3 月，上饶市已认定高层次人才 129 人，其中博士 96 人，落实人才补贴资金 730 多万元。此外，还组织高层次人才进行健康体检，协调解决高层次人才子女入学问题，帮助二类以上高层次人才落实"厅级医疗保障待遇"。截至 2020 年 7 月，市财政已下拨 135 万元人才经费，用于 2020 年高层次、急需紧缺人才政策的落实及人才引进的前期工作。2020 年 108 人申报高层次人才认定，其中一类 2 名，二类 9 名，三类 20 名，四类 77 名。2020 年 7 月 21 日，上饶市下发《关于开展 2020 年上饶市急需紧缺实用性人才申报认定及政策兑现的通知》，启动 2020 年急需紧缺实用人才相关工作，目前已收集急需紧缺岗位 236 个，收集首批赴外引才需求 130 个。

4. 人才就业/创业情况

2020 年，上饶市 12 家市属国企共有专技人才 875 人。已认定的 129 名高层次人才中，有 49 人在上饶市 18 家企业中任职。2020 年新申报人才认定的 108 人中，57 人在企业中任职，人数和比例都有所增加。其中，江西汉氏医学发展有限公司的韩朝忠为上饶市目前唯一一位一类高层次人才，汉氏联合干细胞科技有限公司去年 11 月引进的技术副总乌赞（法籍）作为国际顶尖人才目前正在申报上饶市一类人才认定。上饶市已为 13 家企业落实人才平台（建站）补助 340 万元。此外，对符合条件的高层次人才创业项目实施额度为 100 万元的免担保、免息创业贷款扶持政策，2019 年以来，共扶持 8 名高层次、高技能人才创业，发放 8 家企业贷款（1980 万元）。加快搭建创业平台，2020 年全市共 39 家创业孵化基地，其中省级 9 家，市级 13 家，县级 17 家。2020 年以来，发放运行费补贴 258.15 万元。近三年累计发放运行费补贴 1005.63 万元，发放市级创业孵化示范基地一次性补助 280 万元。将大学生作为重点扶持创业人群，将大学生创业贷款额度提高到 30 万，2020 年 1～6 月共扶持大学生创业 604 人，贷款金额 8361 万元，为 845 名见习青年发放见习补贴 240 万元。全市共有见习基地 165 家，2020 年新增见习青年 305 人，发放见习补贴 240 万元。

（三）上饶市人才体系建设面临的问题

1. 上饶市专业技术人才仍存在空缺

长期以来，受经济发展水平相对落后、高等教育不发达等因素的影响，高素质人才匮乏始终是上饶经济社会发展的重要短板，严重制约了上饶产业的转型升级和高端化发展。2018 年，上饶市企事业单位各类专业技术人员 90556 人（其中工程技术人员 4476 人，占比 5%；科研人员仅 140 人，占比 0.15%），平均每万人口中专业技术人员为 133 人；同期，江西省企事业单位各类专业技术人员 740891 人（其中工程技术人员 77174 人，占比 10%；科研人员 4539 人，占比 0.61%），平均每万人口中专业技术人员 160 人。上饶市专业技术人员占比低于全省水平近 17%。

专业技术人才的匮乏，导致上饶市产业的"低端化"特征较为显著。上饶市"两光一车"产业中的龙头企业，其研发中心大多设在上海、杭州等人才高地城市。特别地，上饶高铁经济试验区集聚的数字服务产业集群，高质量发展人才空缺更为明显。近年来，上饶高铁经济试验区虽然形成了以数据存储、数字内容审查、数字文娱、数字营销等为特色的数字服务产业集群，但上述行业总体上属于数字服务产业的低端环节，技术含量不高、准入门槛较低，行业竞争激烈，企业甚至产业的成长存在较大的不确定性。比如，贪玩科技前期试图将研发部门迁移至上饶，但是上饶本地的人才不能满足企业的发展，技术人才在此处的工作意愿不强；软通动力仅有一些中低端的业务在上饶。多数数字服务企业将客服等"低端化"业务板块布局在上饶，这一定程度上不仅反映了上饶市高端人才的空缺，也反映了上饶市数字服务产业总体上处于低端环节。上饶市产业发展要想走出低附加值洼地，向"微笑曲线"两端延伸，必须突破人才瓶颈。

2. 上饶市人才培养相对薄弱

与全省相比，上饶市人才培养相对薄弱。截至 2020 年，上饶仅有高等院校 4 所，其中具有本科培养能力的高校仅有上饶师范学院一所，且无研究生教育。2018 年，上饶市常住人口规模超过 680 万人，占江西省人口比重接近 15%，但当年上饶的高校在校生规模仅为 3.25 万人，仅占江西省高校在校生人数的 3.1%。根据表 8-1，2018 年上饶市普通高等教育在校生数仅占江西省普通高等教育在校生数的 3.08%，成人高等教育在校生数占 7.77%，中等职业教育在校生数占 12.23%。

3. 上饶市企业"招工难""人才短缺"问题突出

根据上饶市统计局 2020 年 6 月开展的企业用工调查，在 33 家调查样本中，45.45% 的企业存在"招工难"问题。其中，36.36% 的企业反映存在"招工难"问题，但不太严重，且比较严重。其主要原因是求职者对薪酬、就业环境等期望过高，以及符合岗位要求的应聘者减少。

除此之外，受新冠疫情的影响，上饶市网络云招聘人才转化率较低。2020 年 6 月，上饶市举办 2020 年上饶市引进高层次、急需紧缺人才网络云招聘会，75 家高等院校、科研院所、大型国有企业、民营科技企业和上市公司提供了 341 个岗位、749 个职位，19.29 万人观看了网络云招聘会在线视频直播，然而最终的达成意向人数仅有 83 人，高端人才转化率低。

（四）完善人才支撑体系的对策建议

1. 创新招才引智的方式，激发创新创造活力

加强引才体制机制创新，逐步破解上饶人才"引不来、留不住、用不好"难题。强化需求导向，注重引才对象精准化。围绕本地主导产业、优势产业和特色产业，深入产业园区摸排重点企业技术需求情况，制定本地紧缺急需高层次人

才目录。围绕区域发展方向和企业发展需求引才纳贤，实现人才与生产要素、工作岗位的最佳结合。坚持"不求所有，但求所用；不求常在，但求常来"的原则和理念，打破户籍、地域、身份、档案等刚性约束，采用多种方式借脑引智，强化以才引才，聚集高端人才，不断畅通渠道柔性，以引进高层次人才。坚持引育并举，将引进和培育人才工作成效明显的单位确立为人才工作示范点，充分运用示范成果转化，加大本土人才培养力度，强化相互协作，产生"引进一个、带动一批"的链式反应。建立产教融合的职业人才培育体系，推广上饶市弋阳县中专校企合作办学模式，鼓励更多的民营企业参与职业教育的发展，解决制造业和服务业的人才匮乏问题。

2. 打造"飞地"高端人才与科技支撑体系

上饶地处赣浙闽皖四省交界区域中心，东临浙江，北接安徽，南连福建，是江西离长三角地区最近的设区市，是内陆通往长三角地区的重要通道，一直被作为江西向东开放、融入长三角的桥头堡。然而，上饶市距离上海、杭州等江浙沪中心城市仍有一定距离，且经济社会发展差距大，对高端人才的吸引力也相对较弱。因此，打造"飞地"高端人才与科技支撑体系可以更好地解决高端人才制约问题。以浙江省金华市为例，其率先在上海松江科技城设立了科创中心和人才大厦，并成为 G60 科创走廊九个城市中首个落地上海的人才科创"飞地"，借助这一人才科创平台，身处内陆的金华企业可以"跳跃式"接轨上海的高端人才和科技资源，实现就地招才用才和委托研发，极大地破解了当地企业的引才和引智困境。学习借鉴金华的做法，上饶市应积极参与 G60 科创走廊建设（延伸 G60 科创走廊至上饶），在中心城市搭建科创平台，帮助企业实现"异地用人"和"委托研发"，这对于在短期内突破人才科技瓶颈、推动上饶产业高端化发展不失为一条捷径。

三、上饶市工业高质量发展的能源保障体系

（一）上饶市能源生产供应态势及企业用能成本分析

1. 能源基础设施建设不断加快

"十二五"时期以来，上饶市的电源点由无到有，新开工建设了黄金埠发电

厂一期2×66万千瓦机组，年发电量65亿千瓦时。信州区、德兴潭埠、广丰大南500千伏变电站相继建成投运，2018年底建成投运500千伏信州—上饶东线路，形成500千伏环网。新能源供应总体平稳。近几年光伏太阳能得到长足发展，上饶市作为国家光伏产业集聚区之一，被列为国家级光伏产业基地，2014年11月，上饶经济技术开发区被国家能源局授予"分布式光伏发电应用示范区"。2017年12月国家能源局将上饶市列入国家光伏发电技术领跑基地，基地建设50万千瓦。截至2018年6月，上饶市光伏发电站建成并网规模约105万千瓦。在天然气基础设施建设上，2013年上饶市接通西气东输二线，从此上饶市进入了天然气利用时代，截至2017年，全市12个县（市、区）均已使用天然气，年用气量5600万方。

2. 能源消费规模持续扩大

"十三五"时期以来，上饶市将节约能源、削减煤炭、降低碳排放与结构调整、污染治理、普惠民生相结合，推进大气污染综合防治，实施能耗总量和强度双重控制，2019年规模以上工业综合能源消费总量为389万吨标准煤，比2018年增长2.4%（见图8-6）。

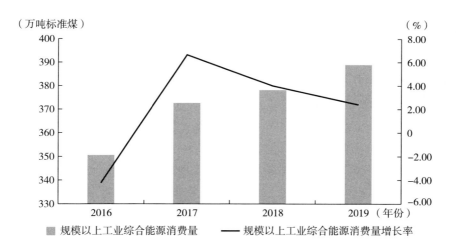

图8-6 2016～2019年上饶市工业能源消费总量及增速情况

从能源消费种类上来看，上饶市工业企业能源消费呈现"清洁化"趋势。2018年，上饶市规模以上工业企业平均每天焦炭、汽油、燃料油的消费量较

2014 年均有所下降，分别下降 60.00%、2.39% 和 25.52%，特别是焦炭，其消耗量逐年下降，2015～2018 年增长率分别为 -23.87%、-9.84%、-34.57% 和 -10.95%；2014～2018 年，原煤和柴油的消耗量在波动中略有上升，2018 年平均每天消耗量基本维持在 2014 年的消耗水平；电能消费比重持续升高，2014～2018 年平均每天电力消耗量分别为 1511.6 万千瓦时、1653.06 万千瓦时、1721.91 万千瓦时、1809.75 万千瓦时和 1810.48 万千瓦时，2018 年比 2015 年提高 19.77 个百分点（见图 8-7）。2016 年以来，在供给侧"去产能、调结构"政策的影响下，上饶市产业结构转型加快，进一步与国家电能替代、清洁能源消纳、"煤改电"等能源政策形成叠加，有效促进了电能消费。

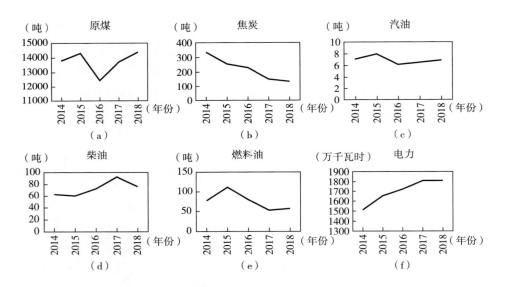

图 8-7　上饶市规模以上工业企业平均每天主要能源消费量

3. 节能成效明显，能源利用效率显著提高

随着化解产能过剩、大气污染防治同步推进，环保督察力度加大，上饶市加快传统产业升级改造，培育新动能，加强重点行业能效管理。"十三五"时期以来，上饶市能源利用水平显著提升。2019 年，上饶市全社会能源消耗量为 825.5 万吨标准煤，同比增长 3.9%；万元 GDP 能耗为 0.347 吨标准煤/万元，同比下降 3.5%。2018 年，全社会用电量为 157.9 亿千瓦时，其中工业用电量为 95.64 亿千瓦时；单位工业增加值能耗为 0.63 吨标准煤/万元，同比下降 4.92%。2018

年单位 GDP 能耗较 2013 年下降 17.13%，单位工业增加值能耗较 2013 年下降 35.58%，单位 GDP 电耗较 2013 年下降 2.01%（见图 8-8）。

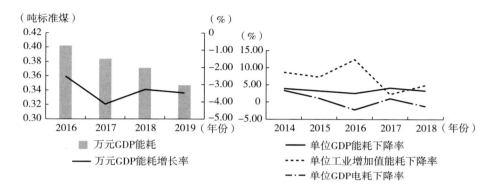

图 8-8　上饶市能耗及其下降率

4. 企业用能成本逐渐降低

随着供给侧结构性改革的深入推进，上饶市积极出台相关政策，切实降低企业用能成本。2016 年中共上饶市委、上饶市人民政府印发《开展降低企业成本优化发展环境专项行动实施方案》，出台 100 条降成本优环境政策，其中包括适度降低企业用能成本的 5 条细则，涉及降低电价、扩大直接交易电量规模、推进电网输配电价改革等。2019 年 10 月，上饶市通过了《上饶市人民政府关于进一步降低企业成本 32 条政策措施》，以进一步降低企业用能成本，内容包括：进一步降低城市燃气配气价格，非居民配气降为 0.592 元/方；进一步降低老城区城镇燃气工程安装收费标准，天然气管道安装费用由原来的 2700 元/户降低为 2300 元/户；精准降低部分新兴产业用电成本，加强输配电价监管，降低用电成本，积极对接国家发展改革委第二监管周期电网输配电定价核定，进一步降低上饶市电网售电价格等。"100 条"和"32 条"的出台，进一步降低了上饶市工业企业成本，助力打造"四最"营商环境。

（二）上饶市能源发展存在的问题

1. 依靠外部输入比重偏高，能源安全供应有隐忧

上饶市工业企业能源外部输入规模大。根据《上饶统计年鉴 2018》，2018 年上饶市原煤、煤制品、焦炭、其他洗煤、燃料油的购进量中，从省外购进的比例

分别为 94.48%、87.84%、67.9%、64.44% 和 38.73%，特别是原煤购进量，5422478 吨中购买自省外的达到 5125262 吨，比例高达 94.52%，自有煤炭资源严重不足，生产依赖于省外资源，安全稳定存在风险。

2. 工业企业节能成效仍需进一步推进，清洁化转型任重道远

工业企业对于煤炭等一次能源的消费量仍维持在高位水平，清洁化煤转电仍有突破空间。2016~2018 年，上饶市万元规模以上工业增加值能耗从 0.46 吨标准煤逐年上升至 0.63 吨标准煤，直至 2019 年才有所回落，降至 0.578 吨标准煤，工业节能成效有待进一步加强（见图 8-9）。2018 年上饶市规模以上工业消耗原煤 5253853 吨，在全省位列第三，转化为标准煤为 375 万吨标准煤，约占规模以上工业能源消费量的 99.18%，远高于江西省全省水平 81.7%。从工业用电量上看，2019 年上饶市工业用电量为 99.91 亿千瓦时，在全省位列第五，然而增长率为 4.5%，仅位列全省第八，清洁化转型仍任重道远。

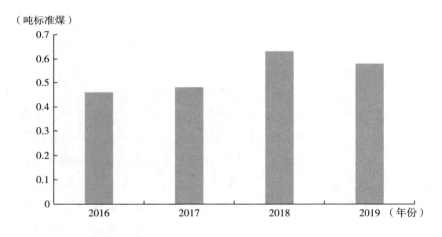

（吨标准煤）

图 8-9　2016~2019 年万元规模以上工业增加值能耗

3. 新能源消纳仍存在"硬件"瓶颈约束

上饶市以光伏产业为主的新能源产业快速发展，然而本地新能源消纳仍面临基础设施建设瓶颈。上饶市光伏产业以省外销售为主，本地仍缺少规模化光伏发电厂；风电、垃圾焚烧发电项目建设仍需进一步推进；天然气管网建设缺少省级连接；电动汽车充电基础设施建设仍存在不足。

（三）完善能源保障体系的对策建议

1. 推动当地可再生能源发展

借助上饶市新能源产业，大力发展绿色低碳能源，加快推进可再生能源基地建设，加强生物质能和垃圾能源化利用，积极推进氢能利用，寻求省外清洁能源并引入上饶。发展智慧能源，实现供需互动、多能互补、降本提效，为可再生能源创新发展奠定基础。

2. 推进传统能源的清洁化利用

加快传统能源技术进步，提高煤炭、石油、天然气等传统化石能源的清洁化利用水平，推动钢铁、焦炭、建材等行业转型升级，提高煤炭利用效率。大力推广加氢化、煤制油、煤气化等清洁化利用方式，优化煤炭消费结构，促进传统能源清洁、高效、循环发展。

3. 推进能源基础设施建设

积极开展燃气调峰、抽水蓄能电站等灵活电源建设，完善电网、气网等能源输配网络设施，进一步加强新能源基础设施建设。加快推进上饶火力发电厂（一期）前期工作，积极推进横峰、弋阳、万年、余干、德兴5个分散式风电项目建设，加快推进上饶经开区、婺源、德兴、鄱阳、余干等地生活垃圾焚烧发电项目建设，加快推进广丰、玉山、德兴、婺源连接省级天然气管网建设，积极推进上饶市增量配电业务改革试点项目建设，积极推进全市电动汽车充电基础设施建设。加强能源安全生产工作，确保全市能源行业安全、高效、稳定运行。

4. 完善能源交易机制

完善电力交易机制，实行差别化能源价格政策，引导激励分布式能源、柔性负荷、储能、虚拟电厂、新能源汽车等各类新兴主体参与电力市场交易。完善新能源交易机制，积极推动区内外绿色电力企业与用户之间开展直接交易，形成保障性收购和市场化交易相结合的绿色电力交易体系。

参考文献

［1］习近平. 决胜全面建成小康社会 夺取新时代中国特色社会主义伟大胜利［N］. 人民日报，2017-10-28（001）.

［2］郭朝先. 当前中国工业发展问题与未来高质量发展对策［J］. 北京工业大学学报（社会科学版），2019，19（2）：50-59.

［3］江西省统计局，国家统计局江西调查总队．江西统计年鉴 2019 ［M］．北京：中国统计出版社，2019．

［4］上饶市工业和信息化局．2017～2018 年上饶市工业和信息化发展报告 ［M］//雷平．上饶发展报告 2017-2018．北京：社会科学文献出版社，2019．

［5］上饶市人民政府．政府数据 ［EB/OL］．［2022-06-15］．http：//www. zgsr. gov. cn/zgsr/zfsj/zfsj. shtml．

［6］上饶市统计局，国家统计局上饶调查队．上饶统计年鉴 2019 ［M］．北京：中国统计出版社，2019．

第九章　上饶市政务服务改革

近年来，上饶市政府以建设"忠诚型、创新型、担当型、服务型、过硬型""五型"政府和打造"政策最优、成本最低、服务最好、办事最快""四最"营商环境为目标，大力推进"放管服"改革尤其是政务服务"一网、一门、一次"改革，推行"一窗进""一码清""一把抓"审批制度、"人生十件事"一站式联办、"无差别全科受理"窗口、"跨省通办"等系列改革举措，加快推动政府职能转变，不断优化营商环境，持续提升政务服务效能，让企业和群众真真切切感受到改革带来的新变化、新气象，成为我国通过政务服务改革优化营商环境的一个地方实践样本。

一、上饶市深化政务服务改革的主要做法和创新点

为贯彻落实《中共中央办公厅国务院办公厅印发〈关于深入推进审批服务便民化的指导意见〉的通知》《国务院办公厅关于印发进一步深化"互联网+政务服务"推进政务服务"一网、一门、一次"改革实施方案的通知》精神，上饶市政府在借鉴浙江、上海、江苏等地经验基础上，结合当地实际，于2018年8月出台了《上饶市深化政务服务推行"一网、一门、一次"改革实施方案》，在全市大力推行"一网、一门、一次"政务服务改革，创新实践，办事效率显著提高，营商环境大为改善，有力地促进当地经济高质量发展，并出台了《上饶市人民政府办公室关于印发纵深推进"放管服"改革全面优化政务服务助力经济社会发展22条措施的通知》（2020）、《上饶市人民政府2021年深化"放管服"改革优化政务服务工作要点》（2021）、《上饶市贯彻落实纵深推进"放管服"改

革进一步提升政务服务若干措施的工作方案》（2022），持续推进深化政务服务改革。

（一）建设政务服务平台，推进"互联网+政务服务"

搭建三个政务服务平台：一是"一网通办"平台。将江西政务服务网市、县分厅作为各级政府部门为企业和群众提供线上线下政务服务的"一网通办"平台，加快部门业务办理系统与"一网通办"平台的有效对接联通，推动更多政府部门使用"一网通办"平台开展政务服务。二是移动办理平台。建设全市一体化移动政务服务平台，利用手机 APP 和微信公众号等形式，推动简单便民服务事项"不见面""指尖办"。三是自助办理平台。在行政服务中心大厅、便民服务站、金融网点等场所部署自助办理服务平台终端，企业和群众通过平台终端实名认证注册后，实现便民服务事项就近办、自助办。2022 年底前，实现市县乡三级政务服务中心（便民服务中心）通用综合窗口全覆盖；按照"省级批发、市县零售"模式，2022 年底前，按省里的部署在市、县两级政务服务大厅可受理省级行政许可事项 30%；2023 年底前，按省里的部署在市、县两级政务服务大厅可受理省级行政许可事项 50%。随着智能化导办、智能化预约、智能化受理、智能化统计、智能化管理等一系列智能化系统全面启用，上饶市政务服务进入"互联网+政务服务"新时代，江西省政务服务网、江西省政务服务"一窗式"综合服务平台、"赣服通"上饶分厅等"互联网+"办事平台在政务服务大厅集成运行。依托网上审批平台在政务服务大厅开展"线下受理、线上办理、集成服务"，实现线上线下审批融合发展，使"一网通办"成为审批服务新常态。

（二）重塑审批流程，打造"一窗受理、集成联办""无差别全科受理"审批服务新模式

推进集成联办，即从以职能部门审批的"一个事项"为中心，转向以企业和群众办理的"一件事情"为中心，"一件事情"涉及一个部门多个环节的，明确牵头科室，推进办理环节内部整合优化；"一件事情"涉及多个部门、多个环节的，明确牵头部门，强化协同联动，精简流程、加快流转。从需向有关部门逐次申请"多头跑"，变为一次申请、部门"集成"审批、一次办结。

按照"一网通办""一窗受理、集成联办""中心之外无审批"等要求，进行审批流程再造，打造审批服务新模式。一是整合"多门变一门"。将原来在市

政务服务中心之外的 12 个市直部门自设大厅，通过同类归并、进驻中心等方式，整合减少为 6 个，其中，市不动产登记与房产交易整合进驻了政务服务中心。市公安交警新车挂牌、车驾服务、违章处罚三个大厅"三合为一"，市人社、医保、社保、就业等事项实现"一厅通办"。二是拓展集中办事内容。市政务服务中心由办理行政许可事项为主，拓展为办理所有依申请类政务服务事项。进驻事项由 153 项行政许可事项迅速扩展为 1262 项政务服务事项，是全省地级市事项集中度最高的政务服务中心之一。三是全面推行"受理、办理一体化"。凡是在市政务服务中心受理的事项均实现受理、审核、办理、会审、办结一体化。按照"一窗受理、集成服务"模式，设置了市场准入、不动产登记与房产交易、工程项目审批三大"联审联办"平台。

大力推进审批服务便民化。推行"三个一"制度，实现项目审批"极简化"。在全面推行项目招投标"报价承诺法"的基础上，推出工程建设项目"一窗进""一码清""一把抓"审批制度改革。"一窗进"实现一个大厅集中办。在 79 项省工改事项清单的基础上，精简梳理出上饶市工改事项清单 47 项，其中市本级 43 项，涉及 13 家市直单位和 5 个市政服务单位。2021 年，市本级 43 项工改事项全部进驻工程建设项目审批管理系统，13 家市直单位审批人员全部进驻政务服务大厅工改审批专区集中办公，严禁超清单审批、"体外循环"、"二次录入"。"一码清"实现一张清单全告知。对工改全流程实行"清单式管理"，制定审批事项清单、容缺材料清单、收费清单；对全市 47 项工改事项所涉 337 份申报材料制作统一模板；结合申报材料研究制定《上饶市工程建设项目审批服务事项告知"一码清"工作方案》并生成二维码，在办事窗口显著位置公开公示并实时更新，有效做到了审批材料清单规范、服务指南标准规范、事项告知公开规范。"一把抓"实现一个部门抓到底。按照年度计划、三年行动和五年规划统筹建立项目滚动储备库；制定《可行性研究报告文本通用模板》《初步设计文本通用模板》，指导项目申报单位编制相关材料；明确由市发展改革委"一把抓"开展项目并联审批，并将原来散落在 10 个部门的 13 项评估内容直接在项目可研报告中体现，变项目单位跑路为行政单位跑路。实行"容缺受理"。市本级 33 个部门的 133 项事项实行告知承诺、容缺受理。实行"不打烊"服务。全市各级办事大厅全面实行"不打烊"服务，解决群众"上班没空办事、下班没处办事"的困扰。

（三）加强全市政务服务体系建设，推进"最多跑一次"向纵深发展

大力推进下属县（市、区）政务服务大厅建设和基层便民服务中心建设。全市 12 个县（市、区）和上饶经济技术开发区均设立了行政服务中心，德兴、信州、铅山、横峰等县（市、区）普遍开展了政务大厅智能化升级改造，使全市政务服务逐步走向信息化、智能化。全市 219 个乡镇已经全部设立乡镇便民服务中心，实现全覆盖；村级代办点已经普遍建立，全市 2736 个行政村（社区）有 2684 个设立便民服务代办点，覆盖率达 98.1%。

与此同时，推动"最多跑一次"向纵深发展：

一是推进"最多跑一次"改革向工业投资项目延伸。按照审批阶段和部门职能分工整合，分立项、供地、设计、报建四个阶段并联审批办理。相关职能部门同步联审联办，涉及各职能部门的相关资料同步办理、同步共享，缺少的资料由各联办部门主动相互完善。流程上进一步优化，环节上进一步减少，实现工业投资项目从正式签约至实质性开工审批全流程不超过 50 个工作日。

二是推进"最多跑一次"改革向涉及审批事项中介机构延伸。通过厘清涉批中介机构与审批部门关系，梳理涉批中介服务事项清单，编制中介服务事项办事指南，明确服务范围、服务方式、所需材料、收费标准和具体联系方式。制定投资项目中介服务机构信用评级办法，对投资项目中介服务机构进行信用评级。根据信用评级结果，刚性实施淘汰机制。实行"多评合一""多审合一"和"多测合一"，将审批中介事项纳入行政审批全过程管理，进一步解决涉批中介服务时间长、收费高和服务不规范问题。提高行政审批全过程效率，提升企业对"最多跑一次"改革获得感。

三是推进"最多跑一次"改革向乡镇（街道）、村（社区）延伸。推行乡镇（街道）行政审批"一门化""一窗化""网化"和便民服务"跑小二"代办制，达到"窗口即办、网上可办、全程代办"，实现企业和群众到政府办事"进一扇门、上一个网、一次办好"。通过推行"一窗受理、集成服务"审批新模式、"跑小二"全程代办、整合网络资源、便捷化承接审批权限、优化办事流程等方式，切实打通服务群众的"最后一公里"。

（四）创新市场监管方式，营造公平有序的竞争环境

创新市场监管方式，改变重审批轻监管的行政管理方式，加强事中事后监

管，营造公平有序的竞争环境。一是监管范围实现全覆盖。积极推行信用监管为基础、重点监管为补充的监管机制，提升监管效能。2018年12月1日正式实施《上饶市个体工商户信用联合激励和失信联合惩戒办法》，试点建设的"上饶市个体工商户信用评价公示系统"成功上线，实现对市场主体信用监管全覆盖。二是强化随机抽查惩戒。通过"双随机、一公开"的形式，对公示企业开展监督抽查。三是加强部门联合惩戒。积极推动企业信用公示平台与市直各部门建立信息共享机制，对列入经营异常名录企业进行联合惩戒措施。自《企业信息公示暂行条例》颁布以来，社会关注度和影响力不断提高，金融、证券、电商公司等部门已经广泛开展企业信用信息查询。现在全市各相关部门对列入经营异常名录的企业在办理贷款、推荐驰名、著名商标、重合同守信用企业、政府采购、工程招投标、国有土地出让、授予荣誉称号等方面都给予了限制。

（五）推动数据共享，探索跨省异地无差别通办

将优化政务服务作为便民利企的重要举措，通过流程再造、服务升级，依托系统联通、数据共享，逐步实现政务办理"事项无差别、人员无差别、地域无差别"。率先开展"跨省通办"全国试点。主动对接衢州、南平、黄山等毗邻地市，探索推进"浙闽赣皖"四省交界区域中心城市政务服务"跨省通办"。目前已在全国一体化政务服务平台设立"浙闽赣皖"四省边际城市线上专栏，在四地市政务服务大厅设置"异地通办"线下窗口，101项政务服务高频事项实现跨省异地无差别通办。

二、上饶市深化政务服务改革优化营商环境的成效

（一）释放改革红利，经济保持快速增长

通过政务服务"放管服"改革，优化营商环境，释放改革红利，上饶市延续经济快速增长的好势头，多数经济指标继续保持了"两高于"的良好态势。2021年上饶市地区生产总值为3043.5亿元，首次突破3000亿元；按可比价格计算，同比增长9.0%，高于全省平均水平0.2个百分点，两年平均增长6.5%。规

模以上工业增加值增长 12.0%，全省第 2 位，高于全省平均水平 0.6 个百分点。一般公共预算收入 236.0 亿元，增长 4.0%，全省第 2 位。社会消费品零售总额完成 1448.9 亿元，增长 17.9%，全省第 4 位，高于全省平均水平 0.2 个百分点。

政务服务"放管服"改革和营商环境改善吸引了更多的投资，2021 年，500 万元项目固定资产投资完成额增长 11.3%，全省第 4 位，高于全省平均水平 0.5 个百分点；其中工业投资完成额增长 25.3%，全省第 1 位，高于全省平均水平 9.9 个百分点。2019～2021 年，全市共引进"5020"项目 62 个，签约总额达 1909.98 亿元；截至 2022 年 8 月，有 62 个"5020"项目实际完成投资 1072.3 亿元，占总投资的 55.76%；有 53 个项目投产或试产，投产或试产项目占比 85.5%。

（二）提升"互联网+政务服务"集成服务水平，商事制度改革取得重大进展

围绕"一网、一门、一次"改革的目标，借助在智能化、现代化、标准化的政务服务平台，市、县、区"一网通办"基础平台基本建成，市本级 1087 项依申请类政务服务事项网上可办率达到 100%。上饶经开区梳理出"一次不跑"事项 57 项，"最多跑一次"事项 228 项，承接省、市赋权开发区审批事项 339 项。通过政务服务"一窗受理、一网通办、集成联办、全程代办"，基本实现工业项目从立项到施工许可的"3535"目标，即开办企业 3 个工作日、不动产登记 5 个工作日、施工许可证办理 35 个工作日。政府投资项目审批时限由 120 个工作日减至 41 个工作日，企业投资项目审批时限由 90 个工作日减至 36 个工作日，简易低风险项目审批时限则减至 14 个工作日。

纵深推进商事制度改革，简化了注册登记和注销登记流程。简化注册登记，减少前置审批：除要求实行实缴制的 27 类公司外，都实行注册资本认缴制；严格执行注册登记前置审批事项，除国务院规定保留的工商登记前置审批事项外，其他一律不得作为注册登记前置审批事项，登记前置审批事项现已取消 226 项。落实《工商总局关于全面推进企业简易注销登记改革的指导意见》，对申请简易注销登记的企业，进一步简化公司清算程序、优化注销登记流程、减少提交材料。

（三）审批服务新模式高效运转，营商环境显著改善

随着"一窗受理、一网通办、集成联办、全程代办"审批服务逐步落地，目前市发展改革委对所有审批项目时限由法定的 20 个工作日压缩至 5 个工作日内办结，极大地提高了审批效率，受到了项目单位的好评。市自然资源局对建设项目用地预审流程进行再造，实行"先办理后上会"政策，办理时间由法定 20 个工作日压缩到 6 个工作日。市场监督管理局对新设立变更和注销企业登记的时限由法定的 15 个工作日缩减到 2 个工作日办结，其中名称核准 1 个工作日；资料齐全的立即办，资料不全的容缺办、指导办，做到"最多跑一次"。

由于实现"跑多门为一门""变多窗为一窗"，因此，办事效率显著提高。加之推行全程帮办，即通过政府买单、无偿帮办的方式，组建帮办服务队伍，各级行政服务大厅工作人员、窗口审批人员为企业和群众提供"一对一"贴心帮办（代办）高效便捷服务，大幅度降低了营商成本、提高了营商便利性。

三、深化政务服务改革存在的若干问题

据调研，上饶市深化政务服务改革存在的主要问题有：

（一）部门系统互联互通、数据共享应用不到位

"一网通办"融合难。国家和省级层面的原因主要是缺乏顶层设计，缺乏政务服务"一张网"、全国"一盘棋"建设的长远规划。地方层面的原因主要是市县等相关部门对"一网通办"的对接、协同、使用、培训的力度不够。比如，市场监督管理局所使用业务系统还未实现与政务服务平台对接，导致其行政许可事项暂时无法通过政务服务网实现"一网通办"，存在办事入口不统一，工作人员依靠二次录入、人工推送至服务平台，无形之中增加了办事环节，影响了办事效能。

（二）各部门使用行业标准表述不统一，影响办事效率

因传统行政管理体制存在多年，部门间信息沟通并不顺畅，各个部门都有自己的行业分类标准和专业名称术语。许可证与执照内容的不一致，增加了证照返工的

麻烦。如运输、建筑等行业，必须按后置审批许可后核定的范围开展经营活动，"先照后证"改革后，一些市场主体在办理营业执照时对后面办理审批许可时可以核定的经营范围并不清楚，导致营业执照和许可证核定内容不一致的情况时有发生，这就需要市场主体根据许可证核定的范围再次赶赴市管登记窗口办理营业执照变更登记，既给市场主体带来了许多不便，也在一定程度上影响了准入效率。

（三）"最多跑一次"有前提条件，容易导致误解

"最多跑一次"要求事先准备好必要的材料。有时群众在窗口办事时，碰到材料审核不全，需要补齐材料后，才能正式受理的问题，部分群众对此就表示不理解，认为"最多跑一次"就可以什么事情都办好，忽略了一些前提条件。

四、启示与建议

（一）通过主动作为深化政务服务改革、优化营商环境，是地区经济争创竞争优势的一个法宝

近年来，通过深化政务服务推行"一网、一门、一次"改革，倒逼政府部门服务理念、制度、模式、作风变革，优化营商环境，为上饶市经济社会发展带来实实在在的好处，上饶市经济增长、招商引资成绩显著，企业办事满意度和群众办事满意度都大幅度上升。上饶市的做法表明，作为一个普通的地级市，完全可以通过主动作为深化政务服务改革，改善地方营商"软环境"，降低制度性交易成本，为地区经济发展争创竞争优势，这也是当前中西部地区承接东部地区产业转移所特别需要的样本。

（二）进一步深化地方政务服务改革，打造市场化、法治化、国际化营商环境，需要顶层设计，打造全国政务服务"一张网"

上饶市当前在政务服务改革中遇到的系统互联互通不到位、数据共享应用不畅、行业标准表述不统一、跨省市事项"异地"办理难等问题，实际上基本都是全国其他地方政务服务改革遇到的共性问题，解决这个问题，需要完善顶层设

计，需要在国家层面出台相应的法律法规，只有这样，才能突破地方进一步推进政务服务改革遭遇到的"天花板"。下一步，我国亟须以市场主体期待和需求为导向，围绕破解企业投资生产经营中的"堵点""痛点"，依托全国一体化在线政务服务平台，加快打造全国政务服务"一张网"，实现更大范围"一网通办"、异地可办"、"掌上可办"，加快打造市场化、法治化、国际化营商环境。

（三）结合各地政务服务改革实践经验，并适时向全国推广

近年来，各地在推进"放管服"改革、政务服务改革、优化营商环境等方面产生不少好做法和经验，比如浙江省"最多跑一次"经验做法、江苏省"不见面审批"经验做法、天津市滨海新区"一枚印章管审批"经验做法、广东省佛山市"一门式一网式"经验做法等，通过在全国宣传推广应用，产生了良好的示范效果。上饶市在打造"一窗受理、集成联办"基础上，创新出"无差别全科受理"审批模式，应是一个亮点，其做法经验值得重视。

第十章 上饶市经济技术开发区高质量发展

上饶经济技术开发区位于上饶市中心城区西部，始建于 2001 年，2005 年由上饶县旭日工业园、信州区三江工业园和市本级凤凰工业园整合为上饶工业园，2010 年 11 月经国务院批准升级为国家级经济技术开发区。先后获批国家加工贸易梯度转移重点承接地、台资企业转移承接基地、国家级中国科协海智工作基地、国家光伏高新技术产业化基地、国家光学高新技术产业化基地、国家新能源汽车高新技术产业化基地，省生态工业园区、省级智能制造示范基地，省就业扶贫示范园区。

上饶经济技术开发区辖区代管广信区董团乡、兴园街道办及铅山县鹅湖镇的 8 个行政村，总面积为 207 平方千米，其中规划建设面积为 104 平方千米，实际开发面积为 15.4 平方千米。作为上饶市本级工业的主战场和主平台，近几年来，上饶经开区发展态势非常强劲、形势喜人，2017~2021 年工业企业主营业务收入、企业数量、招商资金及基础设施投入情况如图 10-1 和图 10-2 所示。2022 年，全区工业营收首次突破 2000 亿元，总量跃居全省第二位，成为全省第二个过 2000 亿元的国家级开发区，在全省 8 个过千亿的国家级开发区中营收增速排名第一位。在 2021 年国家级经开区综合发展水平考核中排名第52 位。

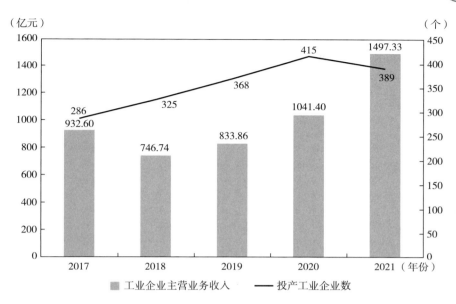

图 10-1　2017~2021 年上饶经开区工业企业主营业务收入和企业数量

资料来源：历年《上饶统计年鉴》。

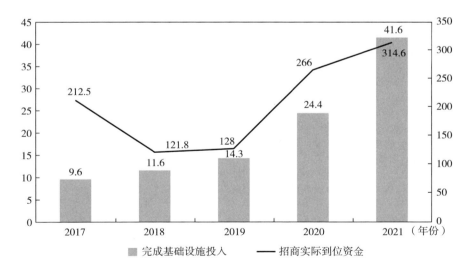

图 10-2　2017~2021 年上饶经开区招商资金及基础设施投入

资料来源：历年《上饶统计年鉴》。

一、上饶经开区产业发展情况

近年来，上饶经济技术开发区围绕"世界光伏城、中国光学城、江西汽车城"三城同创战略目标，持续聚焦培育主导产业，突出主导产业集群发展，明确"四城一谷"产业发展目标，着力打造世界光伏城、中国光学城、江西汽车城、江西北斗城和国际细胞谷。三大产业实现主营业务收入占全区工业主营业务收入比重的85%，即以晶科能源（全球最大晶硅光伏企业）为龙头的光伏产业，构建了垂直一体化完整的产业链条；以凤凰光学为龙头的光电产业，集聚了近300家光电企业；以吉利新能源汽车为龙头的汽车产业，已集聚蜂巢能源、安驰科技等一批核心零部件企业。

（一）主导产业

1. 光伏产业

上饶经济技术开发区光伏产业集群起步于2006年，是唯一的国家光伏高新技术产业化基地。集聚了规模以上光伏企业14家，初步形成了"1+3+10"的产业格局，即以晶科能源作为龙头企业，以展宇新能源、晶科光伏材料和中昱科技作为核心配套企业，10家一般配套企业，形成了"硅料加工—硅片—电池片—组件—应用"垂直一体化产业链。上饶的光伏产业影响力大，集群龙头晶科能源凭借完整的产业链条、一流的研发平台、高端的专利产品，综合实力排名跃居全国第二、全球第四。2021年上饶经济技术开发区光伏产业实现主营业务收入703亿元，同比增长38%，实现外贸出口166亿元，同比增长26%。

晶科能源有限公司由香港栢嘉科技有限公司全资创办，集太阳能单晶硅棒（片）、多晶硅铸锭（片）、太阳能电池及电池组件研发、生产、销售、应用于一体，是国内最具规模的光伏产品生产企业之一，其太阳能电池、组件产量居全省第一，垂直一体化产能居全国前三，是国家高新技术企业和国家火炬计划重点高新技术企业。公司生产的组件产品获得ISO9001、IEC、TUV、VDE、UL、CAS、CEC、INMETRO、MCS等多项国际认证以及荣誉称号，代表了世界一流的先进技术、工艺和卓越的产品品质。晶科能源2006年落户上饶市经济技术开发区，

2010 年 5 月在美国纽交所成功上市，成为全球规模第三、盈利能力第一的光伏企业。位列全球新能源企业 100 强、中国企业 500 强。现拥有 14 个全球化生产基地，也是上饶本土培育起来的首家市值过千亿元的上市企业，其产品服务于 160 余个国家和地区的 3000 余家企业客户。据测算，全球每 10 块发电的太阳能发电板有 1 块来自晶科能源，每 10 公斤的碳减排有 1 公斤由晶科能源贡献。2021 年，晶科能源（含晶科上饶）主营业务收入 546 亿元。

江西展宇新能源股份有限公司成立于 2008 年，是一家行业领先的集研发、设计、生产、销售和服务于一体的高新技术企业，是全球领先的垂直一体化新能源解决方案供应商，业务覆盖高效太阳能电池及光伏组件生产、光伏电站开发、电站运维等。经过十年多的发展，公司电池产能由起初 300 兆瓦提升至 4.2 吉瓦，年产能复合增长超过 35%，已成功投资且并网运营各类光伏电站超过 1 吉瓦。公司主打的多晶黑硅太阳能电池及单晶 PERC 达到国际领先水平，已成为行业内单体规模最大技术最先进的黑硅电池生产商。公司获国家专利共 95 项，62 项已获证书，其中发明专利 21 项，实用新型专利 41 项且拥有 12 项省级新产品。公司先后获得高新技术企业、国家两化融合管理体系认证、省级企业技术中心、江西省民营企业 100 强、电子信息百强企业、省级两化融合示范企业、省级智能制造示范企业、江西省名牌产品等各类荣誉；电池片产品获得 ISO9001、ISO14001、CSA 认证，组件获得 TUV 国际专业认证。

江西晶科光伏材料有限公司于 2010 年 10 月注册成立，2011 年 4 月正式投产，是集产品研发、生产及销售于一体的现代化大型光伏配件产品制造商，是全球为数不多拥有垂直一体化产业链的晶科能源控股有限公司（纽交所股票代码 JKS）下属全资子公司。公司已引进大中型精密注塑成型、冲压成型、自动焊接、模具加工等国内一流生产设备，并配套最新检测设备，检测方法符合国际标准。拥有接线盒生产线、五金件加工生产线、铝边框生产线、光伏支架生产线以及配套的模具加工中心。公司于 2012 年 1 月已通过 ISO9001：2008 质量管理体系认证。产品均已通过 TÜV、UL 认证，并畅销全国，同时出口美国、印度、德国等 10 多个国家和地区。

江西中昱新材料科技有限公司是一家高度专注于生产半导体材料单晶硅、多晶硅用的坩埚及石墨热场系统产品科技型企业，拥有先进的石英、陶瓷坩埚生产线，率先采用美国进口高纯优质原料，生产高质量、高纯度的坩埚产品，并形成产品生产、销售、维修、服务等多功能一体化的产业链。

2. 光学产业

上饶经济技术开发区光学产业集群以凤凰光学为龙头，形成光学加工、模具制造、精密金属、辅料配套企业捆绑发展产业格局。现有光学企业170余家，年加工镜片10亿片以上，占全国产量的65%以上、占全球产量的50%。上饶经济技术开发区的光学产业优势比较大，产业基础成熟、专业化程度高、分工细、专业技术人员数量多、素质高，拥有行业内标准制定话语权。光学产业主要布局在上游基础产品，应用范围广，合作空间大。近年来，上饶经济技术开发区还规划建设了五个光学产业基地，以引进产业中高端产品生产企业为重点。

凤凰光学股份有限公司系凤凰光学集团有限公司下属公司。凤凰光学主要从事光学镜片、光学镜头、电芯、照相器材、光学仪器零配件等产品的生产和销售，具有光学、机械、电子、塑料等多专业综合研究开发和生产经营能力，在光学冷加工、金属加工、热处理、表面处理、注塑、压铸和精密模具制造等加工工艺方面具有国内领先水平。凤凰光学作为许多全球跨国公司的首选供应商之一，生产的产品广泛应用于国际知名品牌的数码相机、照相手机、投影仪、安防监控等消费类光电子产品之中，出口业务占销售收入的70%以上。目前，凤凰光学正在中电海康的支持下，加快布局智能控制器、红外镜头、车载镜头等中高端产品。

3. 汽车产业

汽车产业是上饶经济技术开发区发展最快的一个产业，已聚集汉腾汽车、爱驰汽车、上饶客车、吉利商用车等整车企业，建成后可形成60万辆乘用车和22万辆商用车的产能，初步形成了"新能源与传统汽车齐头并进，乘用车、公交车、物流车交相辉映，整车与零部件企业互动发展"的良好格局。具体包含传统汽车的发动机和新能源汽车电池、电机、电控三电系统、增程器和新能源汽车动力总成等项目。其中电池企业产品涵盖了磷酸铁锂、三元锂电池和镍氢电池等主流电池类型，年总产能达30亿安时。以新能源汽车核心零部件产业园、关键零部件产业园、安信零部件产业园和中汽零彩诚汽车零部件基地为中心，上饶经济技术开发区内已签约入驻一批汽车钣金冲压件、内外饰件等零部件企业70余家。上饶经济技术开发区正在建设国内功能最全、智能化最高的新一代汽车综合试验场，建成后可为半径500千米的汽车整车厂提供汽车检测、试验等服务。

爱驰汽车有限公司成立于2017年，是一家致力于智能新能源汽车产品的研发、制造、销售和智慧能源生态服务企业，2020年4月获选2019年度江西省唯一一家独角兽企业。公司已实现横跨欧亚的全球化布局，在江西以工业4.0标准自建具备整车资质的数字化、智能化、柔性化超级智慧工厂，在上海拥有研发和销售中心，在江苏拥有电池包工厂，在山西建设甲醇制氢燃料电池总成基地，在德国拥有电动跑车研发制造公司和欧洲市场销售公司，在丹麦拥有甲醇制氢科研中心和制造基地。公司在电动化、智能化两大核心技术领域实现突破，国内外总专利申请量近600项，已获得授权近200项。目前整车已正式量产，达产后可实现年主营业务收入400亿元、税收12亿元。

吉利新能源智能化新一代城市商用车项目由浙江吉利新能源商用车有限公司投资建设，总投资146亿元，用地1200亩，年产能为20万台新能源智能化新一代城市商用车。项目于2018年6月正式开工建设，将于2019年10月实现总装车间整车下线，2021年6月建成达产并上市销售。浙江吉利新能源商用车有限公司是世界500强企业浙江吉利控股集团有限公司的全资子公司，主营新能源商用车研发、制造、销售等，拥有远程商用车和伦敦电动车品牌，研发及工程技术人员1000多人，在浙江杭州、四川南充、英国考文垂设有研究院和中试生产基地，在英国考文垂、四川南充、浙江义乌、上海、山西晋中等地建有整车和动力总成研发制造基地。上饶基地是吉利商用车板块总体设计建设水平最高、投资规模最大的基地。

江西星盈科技有限公司成立于2016年，是一家致力于打造从锂电池原材料到电芯研发、生产，PACK轻量化设计，再到废旧电池回收再利用产业链闭环的新能源电池企业，主要生产各类磷酸铁锂方形铝壳电芯、三元方形铝壳电芯、软包动力电芯、动力电池模组等产品。公司拥有由中国工程院专家和日本Hitachi公司资深专家组成的顾问团队和由中南大学冶金和材料专业博士团队领衔的120余人的技术团队，已累计获得各项专利50余项。目前，公司三元电池产品已通过国家强制性检测，并取得三元锂电池市场准入许可证。江西星盈科技有限公司锂电池项目总投资30亿元，用地面积318亩，主要建设内容为形成年产10亿安时锂电池生产能力，建成达产后预计年营业收入60亿元、年纳税额3.15亿元。

（二）新经济产业

新经济产业是由创新驱动，以信息技术变革、大数据挖掘应用、制度创新等带动发展的经济形态，上饶市经济技术开发区着力培育和打造以生物医药、北斗产业、高端装备制造为主要方向的新经济产业集群，力争到2025年，集聚新经济企业超100家，年产值突破100亿元。

1. 生物医药产业

上饶经济技术开发区生物医药产业致力于构建细胞及基因治疗技术创新、药品及医疗器械制造、供应链服务的产业发展体系，初步形成了干细胞存储、细胞及再生医学技术开发、药物生产为主导的产业发展格局。当前，已经集聚了各类生物医药企业 40 余家，其中，研发制造类 20 余家，供应链服务类 10 余家。下一步上饶经济技术开发区将以正在打造的国际细胞谷为依托，力争在 2025 年前集聚生物医药企业超 100 家，生物医药产业年产值突破 100 亿元。

2. 大数据产业

引进和华为同台竞标的知名数据中心、智慧城市综合服务提供商一舟股份，建设智慧型园区。宁波一舟投资集团有限公司致力于网络通信、网络能源、智慧城市三大产业，已成为国内知名的建筑智能综合布线及数据中心基础设施解决方案与服务商。上饶经济技术开发区大数据产业园项目由宁波一舟集团投资建设，总投资 50 亿元，占地面积 800 余亩，主要为大数据中心基础设施的生产制造，包含机体冷通道、电源模块、综合布线、环动监控、总装制造等；项目分三批次建设，第一批次于 2019 年建设完成并全面投入使用，用于年产 150 万箱的五类、六类数据线和安防线，年产值约 10 亿元，全面建成后，总产值可达 50 亿元。上饶经济技术开发区物联网智慧产业园项目由宁波一舟集团投资建立，总投资 50 亿元，占地 525 亩，计划集聚 30 家大数据、物联网产业链上实体制造型企业，项目建成后可实现年产值 50 亿元以上、纳税 2 亿元以上。上饶经开区 5G 产业基地以"企业创新、品牌创新、产品创新"为核心，建设了双创科技城、合创汇科技园项目，集互联网金融大数据中心、科技企业孵化器、加速器、企业总部、专家楼于一体，打造创新创业平台，已拥有小微（科技）企业孵化器 5 个、众创空间 1 个。目前，上饶经开区已培育发展了一批 5G 产业骨干企业，其中，年产值 1 亿元以上的 5G 企业有 14 个。

3. 高端装备制造

上饶市经济技术开发区已入驻中材机械、耐普矿机、海铂机械、维易尔电子等企业，主要布局先进制造、数控机床、光刻机等领域。其中，上饶中材机械有限公司隶属于中国中材集团公司，公司的主要产品为水泥熟料输送设备，占有国内 80% 以上的市场份额，总销售量世界第二，是公认的知名品牌。江西耐普矿机新材料股份有限公司是一家集研发、生产、销售和服务于一体的重型矿山选矿装备及其新材料耐磨备件专业制造高新技术企业。

二、上饶经开区推动产业发展措施和成效

在晶科能源、凤凰、康佳、一舟、吉利、蜂巢能源、江铜等龙头企业的带动下，上饶经开区经济快速发展：2022年工业营收首次突破2000亿元，成为全省第二个过2000亿元的国家级开发区；2022年，晶科能源在上交所科创板成功上市，首次入选胡润中国榜单前50强，系全省唯一入选企业，以晶科、捷泰、海优威、彩虹等企业为龙头和骨干的光伏产业，已形成了从前端硅片到中端光伏玻璃、胶膜、电池，再到终端组件的完整产业链，2022年营收实现1055亿元；汽车产业（含锂电产业）呈现出"整车与零部件互动发展"的良好态势；江铜集团铜杆、铸造新材料项目仅用8个月就实现了"双建成、双投产"，有色金属（含新材料）产业2022年营收实现715亿元。但是上饶经济技术开发区产业高质量发展还面临着新动能培育和发展不足、发展要素支持不足等问题。

（一）主要措施

1. 优化产业政策

针对产业特点和发展趋势，上饶市经济技术开发区制定了关于促进"光伏、光学、汽车、细胞谷、北斗城、金融、人才"等政策措施，进一步扶持产业做大做强。上饶经济技术开发区先后出台了《上饶经开区关于金融促进企业发展的十条政策措施》《上饶经开区关于促进股权投资基金发展的十条政策措施》《上饶经开区关于支持光学产业高质量发展的十条政策措施》《上饶经开区关于支持汽车零部件产业高质量发展的十条政策措施》《上饶经开区关于支持光伏配套产业高质量发展的十条政策措施》等产业发展政策。从产业发展的不同阶段和重点领域，如平台建设、产业补链、设备投资、生产要素、产业金融、扩大再生产、企业升级、开放交流、外贸出口、研发创新、企业成长等方面予以支持。比如，对符合规定的新引进的购买经济开发区区属国有公司投资建设的标准化厂房的企业，给予300元/平方米的购房补贴。对符合规定的新引进入园的企业，凡属于填补经济开发区产业链空白的项目，给予50万元或者100万元的一次性奖励。

2. 聚焦招商引资

上饶经济技术开发区强化招商引资，让更多的创新链产业链在园区扎根。牢

牢牵住项目"牛鼻子",不断加大项目招引力度,2020 年以来,先后引进"5020"项目 26 个,有 7 个投资过 100 亿元。其中,2022 年 1~6 月,引进项目 50 个,签约资金 350 亿元,"50"项目 3 个,其中包括两个过百亿元项目。目前,拥有彩虹、吉利、江铜 3 家世界 500 强企业,长城、康佳、晶科 3 家中国 500 强企业;拥有 6 家上市企业,有 5 家正在积极培育上市,为培育增量注入更多源头活水。

3. 强化要素支撑

一是着力解决企业"融资难"问题。上饶经济技术开发区通过做大做强区创投、财投、金控、城建四大国有融资平台,支持项目建设和企业发展资金超过 70 亿元,帮助 90 多家中小微企业获得贷款;聚集金融类金融机构 100 多家,管理资金超 700 亿元。二是着力解决企业"落地难"问题。上饶经济技术开发区成功将汽车综合试验场、关键零部件产业园及安信新能源汽车等项目纳入省重点项目计划,争取省、市级用地计划,成功代管铅山县鹅湖镇 8 个行政村,为经开区产业发展赢得了未来 10~15 年的发展空间。三是着力解决企业"引智难"问题。引进和培育了博士以上人才 100 余人,硕士人才 1500 余人,其中院士 8 人,国家级专家 9 人。实施了"十百千万人才计划",为晶科、汉腾等 17 家企业 73 位高端人才兑现奖励 1211 万元。推荐王长江、乌赞 2 位专家入选国家"千人计划"。

4. 完善安商制度

全力推进"一网一门一次"改革。梳理完善"一网受理"事项清单 465 项,承接省、市赋权开发区审批事项 290 项。推行标准化、专业化、信息化、个性化、零式服务理念,制定全程代办、超时默许、并联审批、容缺受理、收费清单、责任追究等安商制度。建立在建项目"五人行"安商服务小组,每个在建项目由一名副县级以上领导担任组长,招商、安商、政法、建设口各明确一名干部组成服务小组。对已经建成的投产企业,制定了百名干部联百企制度。成立 6 人代办小组,为在建项目提供全方位的业务咨询、政策指引、审批代办。通过项目调度会,实行"微"服务工作机制,有问题及时反映,第一时间解决,回复率 100%,办结率超过 90%。一体化推进招安商改革,对工业企业实行 ABCD 分类管理,精准帮扶;创新推出"4499"极简审批模式,即 4 个审批环节、4 项工作机制,前期审批环节和验收环节时限均为 9 个工作日,推动所有工业项目实现"签约即拿地、拿地即审批",造就了项目建设、企业发展你追我赶之势。

（二）取得成效

上饶经济技术开发区发展速度和质量不断提升。2021 年，经开区一般公共预算收入完成 14.55 亿元，为预算数的 115.2%，较 2020 年决算数（下同）增长了 21.2%。主要经济指标三个进入全省第一，四个进入全省第一方阵。开工纳入省商务厅统计项目数 86 个，实际进资 285.6 亿元，引进"50100"工业项目 5 个，均列全省第一。营收首次接近 1500 亿元，增速 45.6%，总量在全市工业营收占比首次突破 30%，在全省国家级开发区中排名从第六前进至前四，一年赶超了两个国家级开发区；现汇进资 1.74 亿美元，全市占比 72.8%；固定资产投资 160.2 亿元，四项指标均列全省第一方阵。

（三）存在不足

从相关部门座谈和企业实地调研了解到，上饶经济技术开发区产业高质量发展还面临着诸多问题。

一是经济增长面临放缓的压力。近年来，受生产要素成本不断上升、资源和环境约束、贸易摩擦升级等因素影响，主要依靠要素和投资驱动经济发展动力，经济增长面临放缓的压力。当前，上饶市经济开发正处在还本付息的高峰期，而光伏、光学产业还在转型升级的攻关期，基础设施处在大投入、大建设的关键期，总体经济发展在负重顶压中前行。

二是新动能培育和发展不足。上饶经济技术开发区依靠投资扩张在短期内形成较大的规模效益，但是对提升产业技术创新能力、攻克关键核心技术、开发新产品等方面显得不足。此外，还缺少与新兴产业的发展规律和需求的相对接和相适应的园区建设、招商引资、投资促进政策、企业筹建模式等。总体上看，目前上饶经济技术开发区战略性新兴产业增长较快而比重偏低，新一代信息技术、高端装备制造、生物医药、新能源等战略性新兴产业总体规模还不够大。

三是发展要素支持不足。经过多年的开发建设，土地资源已难以支持新企业入驻的需求，可开发利用空间不足的问题凸显。民生项目和产业项目用地需求有较大幅度的增长，用地的规模和指标日益紧张。由于区域产业对接不协调，产业布局未形成协同集聚效应，空间的精准匹配、集约高效利用有待增强。同时，环境保护的刚性约束进一步增强，节能减排压力不断加大，产城融合的加速推进，增加了环境保护和环境管理的难度，产业结构调整、企业深度治理与环境保护体制机制的完善更加紧迫。此外，还存在融资难融资贵和高端人才不足等问题。

四是产城互动发展不足。开发区"先天不足"带来的单一产业园区配套不完善的问题，针对性地满足不同群体的实际需求不够，财政投入、规划和用地等关键环节向民生工程倾斜的力度不足，交通、居住、商贸、教育、医疗等设施配套存在短板，现代化、特色化的城市服务设施和区域文化引领功能不强。而快速增长的人口规模和不断提高的公共服务预期，给服务供给带来了巨大压力，供给相对不足的矛盾日渐突出。不同组团之间在发展上还存在不平衡不充分问题，快速接入中心城区和枢纽站点的交通路网体系不够完善，产城之间尚未形成有机衔接与互动。

三、未来上饶经开区推动产业发展计划和设想

"十四五"时期上饶经济技术开发区将围绕"五年决战两千亿，挺进全国四十强"的经济发展目标和打造世界光伏城、中国光学城、江西汽车城、江西北斗城、国际细胞谷这"四城一谷"的产业发展目标，重点实施产业集群、产城融合、产融结合和产教融合战略，全面推进滨江商务中心和信江产业新城板块、马鞍山板块、笔架山板块、龙凤湖板块和老城区板块六大组团规划建设，努力推动经开区在高质量发展、高水平建设上走在全省国家级开发区前列。

（一）发展战略

产业集群发展战略。产业集群是经开区的核心竞争力，是四大战略之首。一个成熟的产业集群，必然是点、线、面一应俱全的立体矩阵，必须有几个"顶天立地"的龙头企业，有一批市场好、销售好、不可或缺的骨干企业，还要有一批具有补链强链作用的配套中小微企业。一个完善的产业集群，有利于延伸产业链条，实现集团作战效应，有利于降低企业的生产成本、交换成本，做到专业化分工协作，提高生产效率，有利于提高产业和企业的市场竞争力，提高产业规模和经济效益。上饶经济技术开发区推进产业集群，既要招大引强、引行业百强，也要做好平台建设，完善功能配套，促使企业扎堆聚集，形成规模效应。

产融结合发展战略。要形成高质量的产业集群，金融资本和产业资本这两个

翅膀必须联动。发达国家和发达地区的企业从天使投资开始，到最后的上市、退市"全生命周期"金融服务，每个阶段都有相应的金融产品做支撑。今后，上饶经济技术开发区将不断推动资本招商和金融创新，不断提升金融服务实体经济的能力和水平，有力推动产业发展上水平、有特色。

产教融合发展战略。园区之间的竞争就是人才的竞争。上饶经济技术开发区提出要打造产教融合生态圈，重点是解决产业和教育如何深度融合、企业和高等院校如何深度融合、教育如何对产业提供人才支撑等问题，全力打造一个集"科教融"一体化的科技产业。

产城融合发展战略。上饶经济技术开发区提出产城融合发展战略，利用产业带动城市的发展，推动城市完善功能、提升品质，进而再用良好的投资兴业环境促进产业进一步发展，两者相辅相成。

（二）空间布局

为优化区域发展布局，改善产业发展结构，上饶经济技术开发区着力构建"1+5"空间布局，全力推进"一个中心、五大板块"六大组团的建设。

1. 做实滨江商务中心，打造经开区"城市客厅"

滨江商务中心位于经开区的城市中心。按照"一年拉开框架、三年基本建成、五年精美呈现"的工作目标，未来定位为"城市客厅"。在这一块，今年我们已经布局了行政大楼、创投大楼、南师大附属学校、干细胞三甲医院、科技绿洲、细胞谷、图书馆、规划展示馆、体育馆、五星级酒店等20多个项目。其中，南师大附属学校已经成功签约，并召开了首次校管会，明确了学校定位、发展规划等问题。对这所十五年一贯制学校，基本定位就是打造全市最好、全省一流、全国知名的学校。汉氏联合产学研基地已经建成，三甲医院在建，医养中心和细胞谷已经争取到政府专项债，即将启动建设。这些优质项目的落地建设，将为群众提供安心停留、舒心入住的城市环境，对外全面展示经开区活力魅力和精气神，对内充分提升群众幸福指数和满意度。

2. 五大板块突出特色，差异化发展

信江产业新城板块定位为"打造开发区可持续发展的产业新城"。信江产业新城板块工作目标是一年"起步"、两年"起势"、三年"成势"、五年"成形"、八年"成城"。主要是解决经开区未来10～15年可持续发展的问题。

马鞍山板块定位为"打造高质量发展的示范区"。马鞍山板块工作目标是一年迅速拉开框架，两年完成项目布局，三年项目基本建成，四年全面竣工投产，五年形成规模效应。这里落户的每个项目都是精品工程、高质量项目。目前已经落户了晶科再倍增、一舟大数据、核心零部件产业园、汽车综合试验场、常熟内饰件。今后，这里将会成为我们最主要的经济增长点。以后实施的项目，无论是基础设施建设，还是落地的项目，都要体现高质量，力争把这个板块打造成全省国家级经开区的样板。

笔架山板块定位为"打造主导产业的核心区"。笔架山板块工作目标是平台打造加速、招商项目攻坚、立足三年填满、实现量质双升。这个板块现在有五六百亿元的产值，今后工作的重心要放在三个提升上：一是新引进项目质量的提升，继续引进高质量的主导产业项目，尤其是北斗卫星导航这类科技含量高、技术水平先进、单位产值高的优质项目。二是助力现有企业改造提升，比如帮助艾芬达这样在园区多年又是行业龙头的企业进一步做大做强，同时要引导成长性好、潜力大的光学企业入驻。三是板块功能配套的提升，要充分利用自然资源优势，打造西郊公园、笔架山北斗公园，完善区域路网建设等。

科教园区板块定位为"打造人才集聚的核心区"。依托凤凰大道这条"城市动脉"，逐一布局上饶职业技术学院、干细胞学院、国际学校和一些科研院所、院士工作站、博士工作站、工程检测中心等，再全面打造对标龙潭湖公园的龙凤湖公园，做活做旺科教园区。

老城区品质提升板块定位为"打造城市品质提升的样板区"。老城区板块，主要指现在的旭日片区和黄源片区，大约有 7000 多亩用地。一是进行城市品质提升，把各家企业进行收储，同时布局一些现代服务业项目，不断完善城市功能，建设成为经开区的"城市副中心"。二是通过整合资源，有效解决现有企业的环保、安全生产隐患，提升土地价值。

四、对策建议

（一）深化"放管服"改革，优化营商环境

《中共中央　国务院关于新时代加快完善社会主义市场经济体制的意见》已

正式发布并明确提出，以一流营商环境建设为牵引持续优化政府服务。上饶经济技术开发区要大力转变政府职能，深化"放管服"改革，探索建立与开发区建设相适应的行政管理体制。一是落实《优化营商环境条例》，完善营商环境评价体系，加快打造市场化、法治化、国际化营商环境。二是创新新型业态的监管和服务模式，允许"政策留白"。市场模式的创新远远快于政府监管体系的改革，要给新生事物进行"政策留白"，为新型业态设置风险控制的红线，在红线内部可以让市场主体去尝试、去试点。三是进一步完善市场准入机制。在地方权限内，逐步放开对民企市场准入和工商经营范围的核准，对民企真正实现公开透明的"负面清单"管理，推进"非禁即入"普遍落实，最大限度地实现准入便利化。四是建立健全政府部门内部的沟通核查机制，通过政府部门之间的高效协作，避免企业和群众多头跑、来回跑。推动政府部门优化职责配置、加强业务协同，实现减环节、减材料、减跑动、减时间的目标。

（二）坚持创新驱动，加快新旧动能转换

坚持创新引领发展，培育壮大上饶经济技术开发区产业发展新动能。一是开展知识产权运用和保护综合改革试验。推动建设与北京、上海、广东常态化创新合作平台，共建一批技术转移中心和科技服务中心。主动对接全球创新资源，建立境外科技创新成果转移转化机制，开展"互联网+"新型协同创新合作，打造国际协同创新创业合作平台。二是突出政府服务的靶向精准性。倾听企业创新需求，建立高新技术企业培育库，为企业提供个性化服务，着手制定各地创新能力企业评估体系，对入围企业提供重点服务，促使企业在创新转型中快速做强做大。三是探索高质量承接境内外产业转移新模式，创新推动与沿海地区和欧美国家的产业链合作，建设一批各具特色的集群式产业链合作园区和"飞地经济"园区，实施科研及孵化前台在沿海和境外、生产及转化后台在内陆的"双飞地"发展模式。四是支持和鼓励企业增加创新投入、提升创造力。支持企业引进和培养创新团队和科技型企业家，重点培育一批技术水平高、创新能力强、成长潜力大的科技创新龙头和骨干企业。加大对企业技术创新的支持力度，给予企业技改贷款财政贴息资金补助，建立和完善支持中小企业发展的科技投融资体系和风险投资机制，鼓励企业对能源减排型和环境友好型的新产品、新技术、新工艺的开发和引进，加快推进创新型企业研究开发平台或基地建设。

（三）加强要素支持，破解产业发展制约难题

加强引才体制机制创新。围绕经济开发区发展方向和企业发展需求引才纳贤，实现人才与生产要素、工作岗位的最佳结合。坚持"不求所有，但求所用；不求常在，但求常来"的原则和理念，打破户籍、地域、身份、档案等刚性约束，采用多种方式借脑引智，强化以才引才，聚集高端人才，不断畅通渠道柔性以引进高层次人才。坚持引育并举，加大本土人才培养力度，强化相互协作，产生"引进一个、带动一批"的链式反应。建立产教融合的职业人才培育体系，推广上饶市弋阳县中专校企合作办学模式，鼓励更多的民营企业参与职业教育的发展，解决制造业和服务业的人才匮乏问题。

提升金融服务实体经济能效。创新银行业投贷方式，推广并购贷款、动产抵押、商标权抵押等新型信贷产品，鼓励开发专门支持高端制造业和行业转型升级的金融产品，鼓励银行开展投贷联动试点。建立园区发展专项基金，重点支持特色优势产业和科技创新，推进园区专业化特色化发展。引导企业有效对接资本市场，充分利用多层次资本市场的平台功能，助推产业转型升级。完善上市挂牌梯队培育资源库，强化动态管理，实施上市（挂牌）企业倍增计划。

加强土地工作机制创新。一体化推进"征拆安调报平"工作，进一步完善收储工作机制。鼓励园区采取用地弹性出让、长期租赁、先租后让、租让结合等方式供地。开展土地集约节约利用评价工作，加强土地开发利用动态监管，盘活存量用地，加强存量用地二次开发，加快闲置土地和"僵尸企业"处置，对批而未供、供而未用、低效利用的土地开展全面清理。坚持节约集约，继续建设高标准厂房。鼓励土地使用者在符合规划的前提下，通过厂区改造、内部用地整理等途径提高土地利用率。

（四）坚持协同发展，推动区域高质量发展

产城融合。坚持生产生活同步规划，融合发展。以"生产空间集约高效、生活空间宜居适度、生态空间山清水秀"为目标，统筹规划和布局产业集聚区、人口集聚区、综合服务区、生态保护区，加快向综合型城市经济转型，把园区发展成为产业发展基础较好、城市服务功能完善、边界相对明晰的城市综合功能区。加强园区公租房、学校、医院、商场、宾馆、体育娱乐等公共服务设施建设，补齐生活性服务业短板，完善服务功能，逐步建成完善的园区生活配套体系。

产业协同。注重政策资源在传统产业与高技术产业之间的平衡，避免政策资源投入过度偏向高新技术产业。务实推进传统制造业与信息技术、智能制造的紧密结合。鼓励相关制造业创新中心针对传统制造业行业、企业的具体发展情况，结合成熟的自动化技术、信息技术、智能化技术开发经济适用型技术。培育发展智能制造系统解决方案供应商，培育发展基于互联网平台的行业解决方案提供商和工程服务公司。支持发展针对传统产业转型升级和中小微企业发展的专业技术服务、人才培训、数字化转型解决方案等服务。

（五）激发国有经济活力，更好地服务于经开区发展大局

激发上饶经济技术开发区国有经济活力，积极参与主导产业转型升级、城市形象提升、民生福祉持续改善，更好地服务于经开区的发展大局。一是强化国企引领作用。以体制机制改革为牵引，深度融入上饶经济技术开发区建设大局，进一步提高资本配置效率，引导更多社会资本、创新资源进入产业功能区、服务社会民生事业等领域。二是深化国企改革。促进企业突出主业、做强主业，增强核心竞争力。健全完善法人治理结构，有序推进市场化选聘高级管理人员，完善企业薪酬分配制度，加强现代企业制度建设。三是健全完善国资监管体系。建立从管企业向管资本为主转变的授权经营体制，建立以资本为纽带的国资监管体系。修订完善并动态调整履行出资人事项权利责任清单，厘清出资人职责边界，规范行权内容和履职方式。

（六）深化绿色发展理念，推动可持续发展

一是加快传统行业绿色改造升级。用高效绿色生产工艺技术装备改造传统制造流程，加快实现重点行业绿色升级。加强绿色产品研发应用，推广轻量化、低功耗、易回收等技术工艺，持续提升终端产品能效水平。二是积极引领新兴产业高起点绿色发展。新兴领域增强企业绿色设计、绿色生产、绿色技术、绿色管理能力，提高产品绿色运行、绿色回收、绿色再生水平，鼓励应用绿色能源、使用绿色包装、实施绿色营销、开展绿色贸易。三是推进资源高效循环利用。支持企业强化技术创新和管理，增强绿色精益制造能力，大幅降低能耗、物耗和水耗。推行循环生产方式，促进企业、园区、行业间链接共生、原料互供、资源共享。四是推进绿色工厂建设。实现厂房集约化、原料无害化、生产洁净化、废物资源化、能源低碳化。

第十一章　上饶市高新技术产业园区高质量发展

上饶高新技术产业园区位于上饶市广丰区，成立于1996年12月，原名"广丰经济开发区"，2016年12月更名为"上饶高新技术产业园区"（以下简称上饶高新区）。上饶高新区作为位于广丰区的产业园区，始终保持在江西省工业园区的前列，推动了广丰区经济的高速发展。[①] 上饶高新区以"开放立区、工业强区、经营活区"为发展思想，建立功能完善、配套齐全、环境优美、宜业宜居的现代化经济开发区，多次荣获江西省先进园区、六大指标综合先进单位等荣誉称号，被省政府评为省级一类园区、省级民营科技园、省生态工业园区试点单位、省级重点工业园区。

上饶高新区规划面积25平方千米，建成区面积11.9平方千米，现已基本形成了"一区三园"发展框架，一区即广丰经济开发区，三园分别是芦洋产业园、信江产业园、霞峰产业园。截至2021年底，高新区高新技术企业总数达到455家。为促进各产业企业集聚，上饶高新区构建了开发区新型化、多元化的产业支撑体系，着力培育黑滑石深加工、金属新材料、电子信息制造业、先进机械制造业等产业，有效推动了上饶市广丰区经济的发展。按照高新技术产业行业分类来看，455家企业中属电子信息领域的共有64家，占总数的14.1%；航空航天领域共有3家企业，占总数的0.7%；光机电一体化领域共有221家企业，占总数的48.6%；生物、医药和医疗器械领域共有57家企业，占总数的12.5%；新材料领域共有70家企业，占总数的15.4%；其他领域共有40家企业，占总数的8.8%。

---

① 由于数据的可获得性，本章部分地方以上饶市广丰区的数据代替上饶高新技术产业开发区的数据。

一、发展现状

上饶高新技术产业园确定重点发展以黑滑石深加工为代表的传统产业与以金属新材料、电子信息制造业、先进机械制造业为代表的战略性新兴产业。电子信息产业园、双创园、金圣产业园三座新建"园中园"的加速推进，为高新区产业高质量发展提供了强劲的支撑。

（一）战略性新兴产业加速发展

上饶高新区大力发展金属新材料、电子信息制造业、先进机械制造业等战略性新兴产业，带动园区产业实现高质量发展。

（1）金属新材料。

上饶高新区融合上下游产业，重点发展铜基、钽铌等新材料，推进新材料向多功能、智能化方向发展。依托龙头企业和重点项目，上饶高新区围绕产业优势和资源优势，着眼于产业"补链、增链"，引进一批规模大、技术含量高、资源转化能力强的产业项目，形成了包括特钢、普钢、有色金属、铜、锡、镍合金、贵金属等金属新材料生产、加工为一体的产业体系。其中，特钢、普钢生产以瑞丰型材、台鑫钢铁和烽银钢铁为代表；铜、锡等有色金属冶炼和熔炼生产以上铜电力科技、科鼎、康鑫、正田、金宏等5家再生资源退税企业为代表；贵金属加工以银泰乐科技为代表；镍合金生产以科维、升华、卓达为代表。未来上饶高新区金属新材料的工作重点是最大化地释放已获批的73吨铜加工产能，力促宏锋铜业、巨帆铜业等企业尽快达产达标。

（2）电子信息制造业。

上饶高新区着力引进具有核心技术和自主品牌、增值效益好的电子元器件制造和智能终端制造企业，其中以智能终端产业、半导体照明产业、基础元器件产业为发展重点。以富荣电子、华凯丰科技、金酷电子等企业为龙头，以电子信息产业园和双创园为主战场，重点引进手机、平板电脑、智能电视等智能终端设备生产企业及集成电路、数码配件、LED发光管、电子元器件等零部件配套企业，力图将其打造成主导型产业。

（3）先进机械制造业。

先进机械制造业方面，上饶高新区充分发挥广丰区先进机械制造业的比较优势，以推进汽车零部件、工程机械、精密紧固件制造为主要方向，全力扶持同欣、寸金、宏鹏等龙头企业转型升级做大做强，力图将其打造成特色型产业。

（二）传统产业做优做强

在大力推动战略性新兴产业发展的同时，上饶高新区有效发挥特色资源与传统产业优势，拓展传统产业上下游产业链，着力推动黑滑石精深加工业等传统产业做优做强。以黑滑石精深加工业为例，上饶市广丰区是全球罕见的高品质黑滑石矿产地，存储量达 10 亿吨以上，居世界之首。上饶市广丰区黑滑石目前最大的经济价值就是突破高岭土、骨质材料等传统陶瓷原料的供应瓶颈，创制可规模化替代的新型高档陶瓷原料。这种新材料属于填补陶瓷原料需求空白的"补短板"。近年来，广丰黑滑石资源从无序开采、竞相贱卖原矿，到矿权公开招标、集中开采，培育出科技创新型龙头企业方正非矿开发公司。公司在投资低迷的大环境下，积极配合地方政府落实投资引导，将公司全部积蓄 6 亿元投入大规模深加工基地建设，已建成投产的一期项目，搭建起广丰黑滑石矿业向新材料产业转型升级平台；公司也由单一卖原矿，发展为科研、采矿、深加工和商贸一体化，具有产业链前沿控制能力，下游企业客户超过 3000 家的黑滑石新材料产业龙头。

（三）产业结构逐步优化

通过提高招商引资规模，加快产业集聚，上饶高新区产业结构逐步优化，充分发挥龙头企业辐射面广、带动力强、关联度高的优势，放大其在协作引领、产品辐射、技术示范和营销网络等方面的带动效应，不断完善龙头企业与中小企业互动发展机制，拉动电子信息上下游产业同步发展，形成完整的产业链。按照高新技术产业行业分类看，全区 455 家企业在电子信息领域共有 64 家企业，占总数的 14.1%；航空航天领域共有 3 家企业，占总数的 0.7%；光机电一体化领域共有 221 家企业，占总数的 48.6%；生物、医药和医疗器械领域共有 57 家企业，占总数的 12.5%；新材料领域共有 70 家企业，占总数的 15.4%；其他领域共有 40 家企业，占总数的 8.8%。此外，产业结构进一步优化。近年来，上饶高新区引进的项目中，电子信息、先进制造等项目占了 78%，高新产业比重大幅提升，以电子信息服务为主、电子信息产品制造为基础的电子信息产业发展体系初见雏形。目前，通过龙头企业带动引进了一批以达瑞电子、华菱电子、银扬电子为代表的电子元器件中小企业，初步形成了一条完整、高效、现代化的电子信息产业链。

二、发展措施

（一）优化政策体系

上饶高新区坚持把政策创新作为引财之法、招贤之术，构建一整套政策扶持体系，主动适应经济发展新常态。结合实际情况，制定出台了《上饶市广丰区电子信息制造业产业扶持办法》① 等多项扶持政策，释放政策红利，吸引投资，加快产业集聚。

（1）落实用地保障政策。

实施代建厂房制度，加大标准厂房建设力度。根据企业落户协议，按照企业生产需求先行出资建设厂房。为优化产业结构，对新办电子信息制造工业企业，土地价格执行国家规定上饶高新区的最低出让价，固定资产投资 1 亿元人民币以上，或境外资金 1000 万美元（其他外币按国家当时汇率折算）以上的企业，在招拍挂基础上，土地款奖补实行"一企一策"，允许弹性出让、先租后让、长期租赁等多种供地方式。固定资产投资达 2000 万元人民币（含）以上或年纳增值税达 200 万元人民币（含）以上的新办电子信息制造工业企业，在租赁、购买标准厂房和配套用房等方面可享受产业支持补贴，包括：①租赁补贴。入驻上饶高新区电子信息产业"双创"基地的电子信息制造企业可租赁标准厂房和配套用房，租赁期间可享受租金补贴政策，即入驻后第一年免租金，第二、三、四年按 3 元/m^2/月收取租金，从第五年开始，每年递增 1 元/m^2/月租金，直至达到同期市场实际租赁价格为止。②购房补贴。鼓励抱团购置并享受购置补贴。入驻上饶高新区电子信息产业"双创"基地的电子信息制造企业可优先购置标准厂房和配套用房，购买方式可一次性结清或按揭贷款，企业所购买的厂房办理独立合法

---

① 上饶市广丰区电子信息制造业产业扶持办法［EB/OL］．［2016－07－14］．http：//www.gfx.gov. cn/mlgf/gftz/tzhj/1317111.html.

的房产手续。目前，上饶高新区已新建标准厂房 100 多万平方米，为富荣电子、柘阳 LED、华凯丰、金酷电子等投资 10 亿元以上的项目提供了坚实的用地保障。

（2）贯彻财税扶持政策。

结合企业投产及纳税实情，加大力度为企业进行"减负"。自投产起五年内，对高新企业实施最高 15%年度纳增值税额的奖励，企业所得税地方实得部分全额奖励；企业就任的高级管理人员，按在区内缴纳的个人所得税地方所得部分实行全额奖励。对国家需要重点扶持的高新技术企业，按 15%的税率征收企业所得税，比其他企业低了 10 个百分点。对企业开展研发活动中实际发生的研发费用，未形成无形资产计入当期损益的，在按规定据实扣除的基础上，按照本年度实际发生额的 50%，从本年度应纳税所得额扣除；形成无形资产的，按照无形资产成本的 150%在税前摊销。在上饶高新区电子信息制造业就任的高级管理人员，自投产之日起五年内，按在区内缴纳的个人所得税地方所得部分，实行全额奖励。

（3）执行人才引进政策。

上饶市广丰区积极对接国家、省级、市级重大人才工程和人才计划，印发了《上饶市高层次人才引进暂行办法操作细则（试行）》[①]，设立了高层次人才引进专项基金 600 万元，不断完善人才引进政策和人才激励机制，搭建人才引进平台，对企业引进的电子信息类全职博士人才给予每年 5 万元补助，硕士人才给予每年 2 万元补助，境外本科毕业生参照全职硕士人才补助标准。同时，全力保障引进人才的子女入学、配偶就业、交通补贴等各方面生活需要，全方位消除人才发展的后顾之忧。

（二）鼓励企业自主创新

上饶高新区支持符合条件的企业认定省级、国家级高新技术企业，并协助企业申报国家火炬计划，重点新产品、制造业信息化创业基金等各类科技计划，帮助企业享受各项科技成果配套扶持政策。企业的技术中心被认定为国家级或省级的，上饶高新区财政给予 50 万元或 10 万元奖励。企业新建立的省级工程技术研究中心、重点实验室、科技企业孵化器、众创空间由上饶高新区财政给予 10 万元奖励；鼓励拥有自主知识产权，对引进重大专利技术并形成产业的按引进额度

---

① 上饶市高层次人才引进培养办法（试行）［EB/OL］.［2019-12-04］. http：//www. srhrss. gov. cn/html/zwgk/zcfg/2020/757625017539. html.

的 30% 予以补助，最高不超过 200 万元；对新授权的发明专利、实用新型专利、外观设计专利每件分别资助 5000 元、1500 元和 500 元。

（三）优化营商环境

（1）坚持实施"饶商回归"工程。

通过激发广大饶商恋祖爱乡热情、凝聚饶商智慧和力量、加大回报家乡力度等有效途径，"饶商回归"工程成为整合饶商资源、促进饶商提升发展的有力抓手。根据《国务院关于鼓励和引导民间投资健康发展的若干意见》① 及其配套政策和省、市政策规定，上饶市政府制定出台了《关于实施"饶商回归"工程的意见》②，为鼓励在外创业成功的饶商回归家乡投资兴业、推动上饶经济快速发展奠定基础。

（2）提升行政办事效率。

一是积极推广"在线办""掌上办"政务服务模式。根据最新公布的依申请事项类政务服务事项清单，上饶市广丰区及时组织各部门对网办事项进行重新网办配置。目前，所有依申请政务服务事项 1425 项都已开通"在线办理"业务，网上可办率达 100%。企业和群众可直接登录江西政务服务网广丰区分厅进行在线申请办理。此外，上饶市广丰区加快建设"赣服通"3.0 版，拓展更多高频事项实现掌上办、指尖办。在前期已经纳入赣服通平台的 37 项事项基础上，进一步梳理出了 122 项事项拟上线赣服通平台。用户通过手机可以一键通办社保、医保、公积金、不动产、公安便民、交通出行、出入境、医疗健康、水电服务等高频多发事项，实现"不见面审批"。二是持续深入推进"最多跑一次"改革。上饶市广丰区已梳理编制了三批"最多跑一次"事项清单，累计形成 833 项"最多跑一次"事项，其中"一次不跑"事项 230 项。第四批"最多跑一次"事项清单正在梳理中，力争达到"最多跑一次"事项占比 95% 的目标。三是推动工程建设项目审批制度改革。以规范流程、简化环节为原则，构建标准规范的事项清单和办事指南。落实审批会议制度，实行建设工程联合验收。强化入库管理，房建、水利、公路建设企业现已全部入库。

---

① 国务院关于鼓励和引导民间投资健康发展的若干意见 ［EB/OL］. ［2010 - 05 - 13］. http：//www. gov. cn/zwgk/2010 - 05/13/content_1605218. htm.

② 关于实施"饶商回归"工程的意见 ［EB/OL］. ［2014 - 01 - 27］. http：//www. jiangxi. gov. cn/art/2014/1/27/art_4643_209718. html.

（3）降低企业融资成本。

推动普惠性金融发展，降低小微企业贷款利率，切实让利实体经济。一是引导辖内各金融机构积极争取信贷资源，加大对中小微企业等实体经济的支持力度，提高中小微企业首贷率、信用贷款占比、无还本续贷占比，增加制造业中小微企业中长期贷款投放，确保普惠小微贷款增速高于各项贷款增速，降低综合融资成本。二是深入推进重点领域信贷产品创新，积极推广应收账款融资服务平台建设，创新推出出口退税企业账户质押贷款、景区收费权质押贷款等特色金融产品。三是督促指导辖内银行业金融机构加快构建线上线下综合服务渠道、智能化审批流程、差异化贷后管理等新型服务机制，满足小微企业融资需求。

（4）完善平台配套功能。

通过完善平台功能，实现软硬件两手抓，进一步提升平台承载力和吸引力。在硬平台建设方面，加速国家级高新区创建进程，加快完成上饶高新区产业发展规划、发展战略规划编制。同时，加快"一区三园"基础设施建设，重点推进黑滑石产业基地和石灰石产业基地建设。抓好工业项目"标准地"建设，算好投入产出比，加大"腾笼换鸟"力度，加快处置"僵尸企业"。在软环境建设方面，抓好《关于加强工业企业政策落实工作的实施方案》的落地执行，用好工业开放型经济绩效考核指挥棒，倒逼"效率低、态度差、不担当"等问题得到根治。加快出台《强化政务服务优化营商环境实施方案》，全速推进区行政服务中心整体搬迁，并加快高新区企业服务中心建设进展。与此同时，以企业为主体、市场为导向，搭建产学研相结合的创业创新服务平台——广丰区科技服务中心，与上饶师范学院、江西省工业和信息化技术创新推进中心等大专院校、科研院所签订了战略合作协议；推进同欣机械等企业与福州大学、南昌航空大学等科研院所开展技术合作。

三、成效与不足

（一）上饶高新技术产业园区产业高质量发展的成效

在面临经济下行和结构调整双重压力的情况下，上饶高新技术产业园区工业转型升级取得了较为显著的发展成效，向高质量发展迈出了坚实的一步。

（1）高新技术产业规模不断扩大。

从产业规模看，2021 年全市高新技术产业企业 455 家，较上年增加 102 家，增长 28.9%，高出全省平均水平 12.3 个百分点。从营业收入和利润总额两项指标增长情况来看，均保持高速增长，分别增长 53.6% 和 40.1%，分别高出全省平均水平 30.3 个和 16.7 个百分点。全省高新技术产业营业收入前 100 名企业中，2021 年全市共有 12 家企业入围（其中，晶科能源股份有限公司营业收入排全省第一位），较上年增加 5 家。2019 年，全区规模以上工业主营业务收入 539 亿元，总量位于全市 12 个县市区第一，增幅为 10%。全区新增规模以上企业 26 家，以立景创新科技、精元电脑为代表的电子信息产业，以银泰乐为代表的新材料产业，以同欣机械制造为代表的先进机械制造产业迅速成长，进一步壮大了骨干企业群体。

（2）质量效益进一步提升。

2021 年，全市高新技术产业营收达到 1926.1 亿元，电子信息领域营收 115.8 亿元，占比为 6.0%；航空航天领域营收 2.2 亿元，占比为 0.1%；光机电一体化领域营收 1085.4 亿元，占比为 56.4%；生物、医药和医疗器械领域营收 84.8 亿元，占比为 4.4%；新材料领域营收 568.0 亿元，占比为 29.5%；其他领域营收 69.9 亿元，占比为 3.6%。高新技术产业增加值占比稳步提高。近年来，高新技术产业增加值占规模以上工业增加值的比重稳步提高，2021 年的比重达到 36.0%，较上年提高 3.3 个百分点；高新技术产业增加值占规模以上工业增加值的比重与全省平均水平的差距从 2019 年的 6.6 个百分点缩小到 2021 年的 2.5 个百分点。

（3）市场主体多元化发展。

按登记注册类型看，在 455 家高新技术产业企业中，内资企业有 447 家，占总数的 98.2%；港澳台商投资企业 7 家，占总数的 1.5%；外商投资企业 1 家，占总数的 0.2%。按规模看，大型企业 10 家，占总数的 2.2%；中型企业 38 家，占总数的 8.4%；小微企业 407 家，占总数的 89.5%。企业规模不断扩大。

（二）存在的主要问题

上饶高新技术产业园区产业高质量发展在取得显著成效的同时，也面临着诸多问题。

（1）产业结构还需优化。

虽然全市高新技术产业规模在逐步扩大，但结构还需持续优化。2021 年，全市高新技术产业主要集中在光机电一体化领域，该领域的企业数占比和营收占比虽较上年分别下降 2.1 个和 5.2 个百分点，但仍分别高出全省平均水平 14.1 个和 23.6 个百分点。技术含量和附加值高的领域如电子信息领域和生物、医药和医疗器械领域规模不大。2021 年，光机电一体化领域和新材料领域总营收占比达到 85.8%，电子信息领域占全市高新技术产业营收比重较上年下降了 1.2 个百分点，比全省平均水平低 23.4 个百分点；生物、医药和医疗器械领域占全市高新技术产业营收比重较上年下降 0.9 个百分点，比全省平均水平低 5.7 个百分点。全市高新技术产业对光机电一体化领域等传统产业的依赖程度较高，知识密集型产业的发展还需提速。从规模以上工业来看，2021 年，全市有色金属产业实现营业收入 2228.3 亿元，占全市规模以上工业的比重达 44.2%，是第一大工业产业。但按照高新技术产业行业分类来看，绝大多数的有色金属产业行业不属于高新技术产业范畴，这也间接影响了高新技术产业增加值占规模以上工业增加值的比重。

（2）外商投资企业稀缺。

2021 年，全市高新技术产业仅有 1 家外商投资企业，营收为 0.1 亿元；全省高新技术产业有 131 家外商投资企业，营收为 1198.9 亿元。江西省其他设区市高新技术产业中的外商投资企业情况为：南昌市 44 家，营收为 502.7 亿元；九江市 19 家，营收为 191.4 亿元；赣州市 26 家，营收为 178.4 亿元；吉安市 16 家，营收为 175.1 亿元；宜春市 10 家，营收为 95.6 亿元。

（3）高新区亟待提档升级。

自 2018 年以来，全省已拥有 9 个国家级高新技术产业开发区，全省 7 个大地级市中只有上饶还在创建国家级高新技术产业开发区。目前，上饶是拥有省级高新技术产业园区最多的地级市，但近年来拥有省级园区的比重出现了下降。上饶省级高新技术产业园区的数量占全省的比重从 2018 年的 50.0% 下降到 2021 年的 37.5%。

四、"十四五"时期上饶高新区发展战略和重点产业

（一）发展战略

上饶高新区将进一步明确"十四五"时期产业定位，实施四大战略，助推高质量发展。

（1）产业布局与定位。

上饶高新区加速新兴产业倍增集聚、传统产业优化升级、特色资源产业开发利用。主攻电子信息产业，以产业加速集聚实现产业质效的显著提升；加快推进资源优势向产业优势、经济优势转化，围绕重点产业建立链长制，促进产业高端补链、终端延链、整体强链。

（2）产业集群战略。

上饶高新区的金属新材料产业集群已具有一定的规模，当前应通过引进培育发展电子信息产业、先进机械制造业、新材料等科技创新行业项目，建设特色产业集群，推动经济转型发展。园区作为产业集群的重要载体，不仅体现区域产业结构的优化升级，还能促进区域内企业的纵向一体化发展，进而打造区域品牌。

（3）产业融合战略。

上饶高新区作为产业融合发展先导区，应以知识产业为主导，第一产业为基础，第二产业为中介，第三产业为核心，信息产业为配套，多维度提高产业、产品附加值，形成相对成型、成熟的融合发展模式和全产业链条，创造区域品牌溢价，形成新的经济增长点。

（4）产城融合战略。

拓展产业发展空间，优化产业平台，加快上饶高新区与中心城区一体化进程，推进基础设施建设、公共服务、产业发展、生态共建的共享与合理布局，全面提升中心城区承载人口和经济社会发展的能力。重点加快高新区与上饶中心城区建设的对接，建设上饶中心城区先进制造业、现代服务业重要发展基地和宜居宜业宜游的首选生态居住区。

（5）政用产学研融合战略。

为推动上饶高新区电子信息产业、先进机械制造业与新材料产业的发展，建立区域产学研融合机制，充分利用学校与企业、科研单位在人才培养、资源优势、技术创新等方面的各自优势，充分调动企业的积极性，在新旧动能转换、创新驱动经济发展的背景下，使传统"产学研"向"政产学研用"，再向"政用产学研"协同发展转变。

（二）重点产业

（1）新材料产业。

上饶高新区已建成烯牛石墨烯产业园并将积极开展各种工业大规模应用研发，一旦打通石墨烯产业化"瓶颈"后，相应的石墨烯上下游配套企业就会在烯牛石墨烯产业园落户并进行应用生产，石墨烯产能一开始释放，将为高新区工业经济发展添上无限风采。鼓励银泰乐科技、丰和贵金属进行生产扩张，充分挖掘108吨稀贵金属的产能，积极和上级环保部门对接，做好环评和危废证办理等工作，力促凯大贵金属、丰收贵金属等建成企业尽快投产。积极发展黑滑石精深加工，加快黑滑石产业基地建设，加大黑滑石应用的研发，力争黑滑石在新材料应用方面有新的重大突破。力争让广丰成为江西省乃至全国主要的石墨烯产业之一和全国唯一的黑滑石产业基地。

（2）电子信息制造业。

加快建设电子信息制造产业起步区和电子信息制造业聚集区，着力构建"广丰智造"新高地，重点引进具有核心技术和自主品牌、增值高效益好的电子元器件制造和智能终端制造企业，构建以电子信息产品制造为主线，以电子信息服务为基础，以软件为突破口的电子信息产业发展体系。全力推进显示屏、集成线路板、触摸屏、电源电器、精密连接线、LED发光管、电子元器件等生产项目建设，建成集电子通信研发、数码设备制造、精密紧固件加工、软件开发应用、手机配件生产等于一体的新基地，建成全市最大的电子信息产业基地。逐步形成以电子信息服务为主线，以电子信息产品制造为基础的电子信息制造产业发展体系。

（3）先进机械制造业。

以汽车零配件制造、工程机械再制造、精密紧固件生产为重点方向，加快推进凯强与比亚迪、同欣与吉利、兆垣宸与吉利合作项目建设，打造3~5个具有一定竞争力和品牌影响力的汽车零部件集团。扶持以同欣、寸金等产业龙头企业，力促同欣新能源汽车配件项目竣工投产、同欣新增 120 万根凸轮轴生产线扩建完成；寸金实现年产 300 亿件精密紧固件、10 亿件自动车件和汽车冲压件的目标。加快在建机械制造项目建设进度；加大引进汽车发动机整机生产及零配件生产项目、工程机械再制造项目、精密紧固件生产项目。鼓励龙头企业通过收购兼并国内外高端智能装备领域的企业，大力发展新能源汽车、可穿戴设备等高端智能装备产业，从而实现机械制造业的快速增长。

五、对策建议

（一）落实"放管服"改革，创新招商方式

上饶高新技术产业园区应加快政府职能转变，深化简政放权、放管结合、优化服务改革，持续优化市场化法治化国际化营商环境。加强事中事后监管，对新产业新业态实行包容审慎监管。厘清党政机关及公职人员与企业交往界限，为构建亲清新型政商关系提供纪律保障。牢固树立"发展是第一要务，环境是第一要素"的责任意识和"环境是生产力"的创新意识，以更加积极的姿态、更加优惠的政策、更加宽松的环境、更加优质的服务，努力创建"亲商、安商、扶商、富商"的人文环境和良好氛围。优化政务服务、规范市场秩序、改善发展硬环境等要求，全面落实水、电、天然气等价格改革举措，加快构建全要素保障应用场景，打造公平透明可预期的营商环境，推动市场主体持续增多、民间投资持续上升、企业成本持续下降。进一步创新招商模式，加强培育招商载体，尽快把上饶建设成同等条件下投资成本低、发展环境好、办事效率高、服务质量优的投资"宝地"。

（二）坚持创新驱动，推动产业链融通创新

上饶高新区应加快落实《中共中央关于制定国民经济和社会发展第十四个五年规划和二〇三五年远景目标的建议》中的企业创新主体地位，发挥企业家在技

术创新中的重要作用，鼓励企业加大研发投入，推进产学研深度结合。① 经济的发展与生态的保护不能分割开来，尤其是 2030 年前碳达峰与 2060 年前碳中和目标的提出，环境治理被摆在越来越重要的位置，生态经济的重要性也日益凸显。上饶高新区应践行将传统产业链上"资源—产品—废物"的单向线性运行方式改进为"资源—产品—再循环"的循环运行方式。发展生态经济、循环经济、低碳经济和节水经济，向节水、节能、低排放、高效益的模式转变，构建绿色产业体系，推进资源综合利用，强化能源、资源节约，持续改善生态环境。总之，上饶高新区应实施创新驱动，用新技术赋能传统产业，大力发展绿色环保产业，实现传统产业高端化、智能化、绿色化，打造新型产业链。

（三）调整优化产业结构，提升全市高新技术产业布局

不断壮大支柱产业、提升传统产业、培育未来产业，针对电子信息、生物医药等重点领域，扶持一批产业核心竞争力强的企业成长为龙头企业，鼓励企业扩能升级和一体化延伸，吸引上下游配套企业入驻，不断延伸产业链条；积极培育发展小微企业，支持开展技术创新，积极拓宽小微企业融资渠道、落实各项税费优惠政策，激发小微企业创新创业活力。

（四）深入实施"5020"项目，招大招强

聚焦国内外 500 强、跨国公司、大型央企、行业龙头企业，加快招商一批带动性强、科技含量高的高新技术产业项目。深化与沿海发达省份开展电子信息、生物医药等产业合作，探索开展"飞地"招商，尝试建立跨省域"飞地"平台，重点布局产业创新研发项目，开展基础、前沿未来产业招商引资。充分利用高交会、中博会等各类投资贸易活动平台，加强与大型电子信息、生物医药企业的对接与合作。

（五）拓宽人才培养与人才引进渠道，补齐人才短板

上饶高新区要形成以本地培养为基础、以人才引进为引领、以委托研发为辅助的人才培养与人才引进体系。重点引进产业高精尖人才。加快实施人才集聚工

---

① 中共中央关于制定国民经济和社会发展第十四个五年规划和二〇三五年远景目标的建议 ［N］. 人民日报，2020-11-04（001）.

程，主动对接国家级、省级重大人才工程，多途径引进高层次创新人才。探索通过扶持一批高新技术产业重点项目，采取项目引进落地、项目融资、项目技术成果交易、合作入股等多种方式，加大柔性人才的利用。加快培养专业技术人才。紧密对接产业需求，鼓励高校、科研院所与本地企业开展产学研合作，培养一批紧缺的跨学科、复合型、高学历、高专业度的技能型人才，实现专业技术人员订单式培养与输送。推进完善留人用人制度。完善人才服务政策，持续优化人才发展环境，确保高精尖人才"留得住"。探索建立高新技术产业领域人才评价、激励、流动和保障机制，在住房、医疗、保险、子女入学等方面，对高层次产业人才给予一定的政策倾斜。除继续落实本地的人才引进培养体系外，上饶高新区可以积极探索多种人才培养和人才引进渠道，以"走出去"的方式在省外中心城市搭建科创平台，最大限度利用中心城市、经济圈人才资源优势，帮助企业实现"异地用人""异地研发""委托研发"，这对于在短期内突破人才科技瓶颈、推动上饶高新区产业高端化发展不失为一条可行路径。

第十二章　上饶市高铁经济试验区高质量发展

2015 年 7 月，纵穿南北的京福高铁开通，与横贯东西的沪昆高铁在上饶形成十字交汇，上饶成为全国首座骑跨式十字交汇的高铁城市，上饶站日均停靠高铁客运列车 300 多趟，是省内日均停靠车次最多的高铁站。2015 年 8 月，江西省政府批复正式设立上饶高铁经济试验区，明确提出了要把上饶高铁经济试验区打造成"华东地区重要的综合交通枢纽，开放合作先行先试区，产城融合示范区，绿色崛起重要增长极"的战略定位。2017 年 7 月，江西省政府定位上饶为"江西省数字经济示范区"，2017 年 12 月，江西省工信厅批复认定上饶高铁经济试验区为"江西省大数据产业基地"。2018 年 7 月，省编委办批复同意上饶市高铁经济试验区加挂"江西上饶数字经济示范区管理委员会"牌子。

一、基本情况

上饶高铁经济试验区规划包括上饶高铁站、三清山机场、坑口西货站及其周边区域、上饶朝阳产业园和广丰经开区洋口片区，总面积 88 平方千米，依托上饶高铁站规划的高铁核心区，规划面积约 18 平方千米。重点布局大数据产业、总部基地、大型旅游综合体、国际会展、创新创业孵化、大型现代农副产品展示交易中心等为主要内容的现代服务业；以绿色城市、智慧城市、人文城市为导向，打造产城融合发展的新型城市。2021 年，上饶高铁经济试验区有数字经济企业 535 家，规模以上数字经济企业达 37 家，实现营收 300.2 亿元，同比增长 99%，约占全市数字经济企业总营收的 40%。2022 年 3 月，上饶高铁经济试验区入选第十批国家新型工业化产业示范基地。

（一）"一层三基地"格局

近年来，通过招商引资，上饶高铁经济试验区初步形成了"一层三基地"的格局。其中，"一层"是指江西省数字游戏产业层，游戏产业占营业额的 30%～40%；"三基地"是指华东地区网络内容审核基地、江西省网络文学原创基地与电商直播基地。依托上饶广丰经开区洋口片区的现有设施和企业，建设产业升级示范区，规划面积 20 平方千米。通过承接产业转移，引进嫁接新技术、新工艺，加快推进传统产业转型升级，优化产业结构，朝阳产业园；以高铁核心新区与西货站物流区、空港新区和朝阳洋口工业园区为核心引领、三区支撑，规划"一核三区"功能布局。依托坑口西货站建设的现代物流园区，规划面积 30 平方千米，重点布局现代综合物流服务中心，着力发展物流运输、信息服务、交易配送、保税加工等物流配套服务业。依托三清山机场，建设空港新区，规划面积 20 平方千米，着力发展空港物流、信息技术、电子商务、科技研发及成果转化等高新技术产业。

（二）数字经济六大板块业态圈

经过近年来的发展，目前上饶高铁经济试验区已初步形成了数字经济六大板块业态圈：一是数据基础板块，引进了华为江西云数据中心；二是数字文娱板块，引进了贪玩游戏、乐游电竞、浙数传媒等；三是数字医疗板块，引进了迈普医学、东信医疗、健康之路等；四是数字营销板块，引进了洋码头、易知邦知识产权交易中心；五是数字金融科技板块，引进了易购信息、智享教育、江西省金融大数据实验室等；六是数字呼叫板块，引进了中移在线、天域云呼等（见图12-1）。

上饶市高铁经济试验区数字经济六大板块业态圈					
数据基础	数字文娱	数字医疗	数字营销	数字金融科技	数字呼叫
华为江西云数据中心	贪玩游戏 乐游电竞 浙数传媒	迈普医学 东信医疗 健康之路	洋码头 易知邦知识产权交易中心	易购信息 智享教育 江西省金融大数据实验室	中移在线 天域云呼

图 12-1　上饶高铁经济试验区数字经济六大板块业态圈

二、主要发展成效

近年来，高铁经济试验区按照市委提出的"上饶新经济的主阵地是高铁经济试验区，要把高铁经济试验区建设成为新经济新动能的增长极，数字经济的示范区"目标任务，以"闻鸡起舞、日夜兼程"的精气神，全力以赴推进各项工作，经济发展取得了新成效。

（一）招商引资势头取得新突破，集群效应进一步显现

坚持把招商引资作为头号工程，实行管委会领导带队招商、挂点服务的招商机制。一是强化专业招商，突出招大引强。建立了百强企业走访信息库，挂图作战、以商招商，走访对接数字经济相关领域前百强企业，开展"地毯+目标"联合式招商，朝五大板块集聚发力。二是完善政策，使扶持政策与产业发展更为契合。制定了《上饶高铁经济试验区扶持大数据产业发展实施办法》《上饶高铁经济试验区扶持网络文学产业发展的实施办法》等政策。成功举办了全国网络游戏信息安全大会、江西省信息产业自主创新大会和上饶市网络作家协会成立大会等大型活动。

数字内容审核业务全国领军企业软通动力正式落户，将在试验区成立数字内容审核基地，年主营业务收入达到 20 亿元；步步高（vivo）已落户，并设立了全资销售子公司上饶维沃，将实现年销售收入 50 亿元，成为华东地区结算中心。此外，由南京安元科技投资 5 亿元、占地 40 亩的上饶智慧安全大数据产业园项目，由尚诚云投资 2 亿元、占地 20 亩的数字营销科创中心项目，以及数字营销行业领先企业零距离科技、网络文学据点科技等一批数字经济企业和项目纷纷落户。试验区正在积极对接国内领先的网络文学企业阅文集团、上海看榜信息科技等，以及深圳中手游网络科技、盛趣游戏等数字文娱企业。贪玩游戏旗下的新新信息技术、开展垃圾智能回收业务的北京小黄狗环保科技、开展呼叫外包业务的天域云呼等 30 多家企业，600 多名企业员工已入驻文创中心南区。

试验区把招商引资、招才引智放到重要位置。试验区领导每月召开调度会，解决招商过程中遇到的问题；为督促干部及时掌握数字经济发展动态，围绕大数

据、区块链、产业基金管理等多次举办"新经济新知识大讲堂"。数字游戏紧盯广州天河区、成都天府软件园等游戏产业聚集区，数字文学紧盯南京、杭州等网文作家密集区，数字金融紧盯上海、杭州等金融城市，数字营销紧盯北京中关村、深圳等地。2019年，赴北上广深等地累计拜访企业110批次，接待客商380人次，签约大数据项目50个。数字文娱和数字营销作为上饶高铁新区数字经济产业板块的龙头，2020年半年度合计完成营收48.79亿元，缴纳税收0.93亿元，占数字经济产业总营收的64.29%、总税收的53.75%；上饶维沃、贪玩游戏作为上饶高铁新区数字经济企业的龙头，半年度合计实现营收33.5亿元，占数字经济企业总营收的44.14%。重点推进成效初显，总额11.2亿元的地方政府专项债券资金为推进重点项目注入了原动力。

（二）项目建设进度取得新突破，产业新城进一步融合

坚持"项目为王，项目优先"的理念，抓好产业项目和城市功能性项目建设，促进产城融合发展，高铁新区变化日新月异。对各项目实行"五人全程服务小组"制，主动服务，及时协调解决项目推进过程中存在的问题。全年共完成拆迁8.9万平方米，其中棚改拆迁完成7.6万平方米，全面完成2019年930套的棚改任务。

产业项目方面，截至2020年，华为江西云数据中心、江天农博城一期、欢乐风暴水上乐园已投入运营；投资8.5亿元的阿里云大数据人才培养基地项目前期准备工作顺利推进，正在进行土地清表。投资20亿元的洋码头新零售总部项目A地块与投资7.9亿元的文创中心北区项目已开工建设，中科数创、电竞总部基地等项目正在有序推进。城市建设方面，试验区内的一中新校区已开学、老年活动中心投入运营，信源路、广德路、站西一路等项目年内建成完工，投资1.2亿元的数创公园项目已开工建设，人才公寓正在有序推进，启动了试验区核心区污水专项规划编制工作。

（三）安商亲商服务取得新突破，营商环境进一步优化

近年来，试验区全力打造江西省最佳营商环境，推行了区直部门主要负责人各挂点1个大数据企业、1个重点项目和1个村（居）的"1+3"全程服务责任制，实行项目推进"1+5"的五人服务小组负责制，专门设立了重点项目推进办和大数据产业服务办，在重点项目推进方面出台了一系列管用的制度，在招商引资方面出台了一系列非常优惠的政策，帮助数字经济企业在试验区生根发芽、茁壮成长。

深化"放管服"改革。实行"一网通办"和"无差别全科办理"，一站式办结审批事项；委托腾讯公司开发了"上饶高铁经济试验区数字经济服务大厅"掌上 APP，线上办理审批事项。开展全程服务。围绕企业落户审批、运营等全流程、全生命周期，提供全程服务，2020 年为 143 家企业开展了全程服务。拓展服务功能。获省通管局授权，由数字经济服务大厅直接受理 ICP 证业务办理和出件。2020 年 1 月至 9 月，江西省共核发游戏类文网文证 37 件，其中高铁经济实验区共办理 13 件，占江西省比例的 35.1%；江西省共核发 ICP 证 88 件，其中试验区共办理 16 件，占江西省比例的 18.2%。打击侵权行为。知识产权犯罪侦查大队为入驻企业运营保驾护航，成功破获了"传奇"私服侵权案等案件，为企业挽回经济损失上千万元。

围绕住房、人才、交通、金融等企业关切事项，开展全方位的安商服务。2019 年 8 月，出台《上饶高铁经济试验区人才公寓使用暂行管理办法》，为企业各层次人才提供 50 平方米至 150 平方米的公寓和相应补贴，为员工提供 40 平方米至 90 平方米的宿舍并给予 30% 至 70% 的房租补贴；加强与智联招聘等专业网站、相关高校的合作，切实解决企业用工难题；积极协调市公交公司增加运营班次，延长运营时间；在 2 千米辐射圈内建设健身房、咖啡厅、酒吧等配套设施，投资 20 亿元的洋码头新零售总部即将开业；根据企业的具体需求，实施"一企一策"，推出对接融资贷款、协调办公用房等定制服务。2020 年一季度，签约 29 家数字经济企业，签约额近 13 亿元。目前，数字经济五大业态均有重点企业，相对完善的数字经济产业生态链基本形成。

（四）体制机制健全取得新突破，发展动力进一步激发

在市委、市政府的高度重视和市直有关部门、有关县区的大力支持下，试验区管理体制进一步理顺，机构职能进一步健全。一是代管乡镇方面，试验区已整建制代管灵溪镇、石狮乡，基本理顺了试验区与乡镇的体制关系。二是机构职能方面，发改、财政、建设等职能已授权到位；市自然资源、市场监督管理、税务等分支机构已入驻办公。三是财税方面，配合市财政局、信州区、上饶县（现广信区）合理划定了试验区税收管户和财政收支基数，试验区金库已经开始运行；加强收入征管，确保税收应收尽收；严格非税收入管理，深化收支两条线管理改革；完成政府投资项目评审 65 个，审减约 1060 万元。

三、重要项目简介

（一）上饶网易联合创新中心项目

上饶网易联合创新中心项目由试验区提供政策支持，网易公司负责技术产品赋能，项目运营公司负责落地的形式，完成网易联合创新中心在上饶落户。通过围绕"生态服务""技术创新""人才培育""媒体传播"等方式，三方致力于将网易联合创新中心打造成为上饶的科技创新高地，江西省产业聚集战略要地。

1. 公司概况

网易联合创新中心是由网易倾力打造，基于网易二十多年对互联网产品研发体系及运营模式的深入探索和经验积累，通过地方政府、网易、第三方运营商一起共建以及网易在互联网领域的实践探索的模式，利用云计算、大数据、人工智能、在线教育、消费升级、娱乐传媒等各个领域的优势资源，汇聚产业赋能、产业投资、人才引进、互联网升级等发展要素于一体的产业服务载体，在国内，网易现已在杭州、合肥、嘉兴、重庆、宜春等城市布局联合创新中心共20个。

2. 主要业务

主要业务包括基于网易二十多年发展的技术、经验，赋能地方创新企业，实现全方位赋能，"3+N"加速创新；携手政府与合作伙伴，构建区域协同的产业创新平台，优化生产布局，汇聚区域优势，打造产业集群；依托网易领先的技术优势，提供定制化解决方案及1V1咨询服务，为企业转型升级提供帮助。

（二）盛趣游戏（上海数龙科技有限公司上饶分公司）

盛趣游戏是中国网络游戏的领军企业，一直是国内游戏行业的开创者和领跑者。上饶交通便利、营商环境良好，近年来致力于发展以游戏产业为重点的大数据产业，引进培育了一大批相关企业和人才，基本形成了数字经济发展生态链，大数据产业呈现裂变式快速发展态势，吸引了盛趣游戏落户上饶。

1. 公司概况

盛趣游戏是全球领先的网络游戏开发商、运营商和发行商。立足"科技赋能文化"的新文化产业定位，盛趣游戏全面推进"精品化""全球化""新文化"三大战略，以科技为骨、文化为翼，用科技激活文化的精髓，致力于成为一家打造极致互动体验的科技文化企业。

2. 主要业务

2001年，盛趣游戏运营《热血传奇》，创下当时全球大型多人在线游戏运营纪录，开创了中国网络游戏时代；2005年，首创免费模式，引领了全球游戏行业模式变革。

作为中国游戏产业的开创者与变革者，盛趣游戏不断精进游戏品质，先后推出和运营了《热血传奇》《传奇世界》《泡泡堂》《龙之谷》《最终幻想14》等精品游戏，注册用户超过22亿。进入移动游戏时代，盛趣游戏先后成功发行代理游戏《扩散性百万亚瑟王》与推出自研游戏《热血传奇手机版》《传奇世界手游》《龙之谷手游》《辐射：避难所Online》等现象级作品。截至目前，盛趣游戏有近百款游戏在持续贡献利润，在运营产品中自研产品占比达到50%以上。

自2019年3月31日起，公司正式启用"盛趣游戏"作为全新的品牌标识，以全新的理念与姿态，探索极限科技，构建新文化产业的绿色生态，把优秀的中国文化带向全球。

（三）江西贪玩信息技术有限公司

贪玩游戏的总部在上饶，主要负责售后工作与推广工作，营收与税收均在上饶；核心研发部门作为分公司在广州，未来准备在上饶建设贪玩大厦，让包括市场部、运营部、研发部在内的多个业务部门迁移至上饶。贪玩游戏前期曾试图将研发部门迁移至上饶，但是上饶本地的人才不能满足企业的发展，技术人才在此处的工作意愿不强。贪玩游戏总部等落在上饶的因素有二：一是当地的营商政策吸引；二是上饶的人口基数较大，人才支撑有保障。

1. 公司概况

江西贪玩信息技术有限公司是国内领先的互联网游戏公司，旗下拥有网页游戏、手机游戏、H5游戏和海外游戏四大运营平台，总部位于江西上饶，在广州设立分公司。

公司由拥有十余年游戏从业经验的精英团队领衔。公司自成立以来，立足市场成熟、经验丰富的页游行业，向市场潜力更加广阔的手游行业不断开拓。目前已拥有"贪玩页游平台"和"贪玩手游平台"两大主营板块。同时，抢先布局

VR 产业和海外游戏市场，旗下 VR 应用资讯平台、海外游戏发售平台正在积极推进中。旗下运营的《贪玩蓝月》《传奇世界》《贪玩雷霆》《赤月传说》《最佳阵容》《铁骑冲锋》等产品都是受业内外一致好评的长周期精品游戏。

2. 主要业务

在贪玩手游平台方面，贪玩信息技术有限公司 2015 年从零开始，已经发展成为拥有全类别、数十款游戏独立运营经验的国内知名手游平台，注册用户超过 1000 万。形成了以休闲游戏与重度"ARPG+SLG"游戏为主的产品架构，旗下《龙腾传世》《蓝月传奇手游版》《剑雨蜀山》《苍穹绝仙》等数十余款产品，其中《苍穹绝仙》凭借重度 ARPG 与仙侠风的良好结合，得到了玩家的喜爱，成为平台首款千万级手游。

在泛娱乐方面，贪玩信息技术有限公司积极推行互联网行业"绿色共存"和多维度的立体式发展模式，并且和 AOM 众筹、星壳影业深度合作，投资拍摄了首部纯爱网络大电影《电车少女》，在爱奇艺等主流播放平台上点播次数超过百万，公司在品牌推广和泛娱乐产业发展上得到了新的提升。

（四）杭州妙聚网络上饶分公司

2020 年 4 月 3 日，妙聚网络联合游戏产业上下游兄弟公司签约上饶高铁经济试验区，此次签约集合了妙聚网络科技公司、南京西格玛网络科技、绝地科技、安徽众策等八家公司，涵盖了游戏、动漫、网红艺人孵化等泛娱乐内容行业。妙趣网络及上下游企业选择上饶高铁经济试验区作为合作伙伴主要是因为上饶高铁经济试验区数字产业的定位与妙聚网络的战略定位高度吻合，而试验区的区位优势、务实的团队更是双方合作的前提。

1. 公司概况

妙聚网络成立于 2013 年，是中国领先的互联网娱乐供应商之一，公司一直秉承"点滴快乐，妙聚于心"的经营理念。为亿万用户提供优质、有趣的内容服务，始终处于健康的发展状态。总部位于中国杭州，在北京、上海、广州、深圳、成都、沈阳等地拥有分支机构，在新加坡设有海外总部，并在首尔拥有一支运营团队。

2. 主要业务

妙聚网络旗下拥有乐都、兄弟玩、07073、优思行等平台。陆续推出了《热血三国》《莽荒纪》《锦衣夜行》等知名游戏。始终坚持整合产业链上下游资源，妙聚网络将围绕游戏 IP，持续打造小说、电影、游戏、动漫等文化产品体系，依托"IP 联动"塑造全球经典的中国品牌。

（五）软通动力上饶子公司

软通动力信息技术（集团）股份有限公司是中国领先的软件与信息技术服务商，致力于成为具有全球影响力的数字技术服务领导企业与企业数字化转型可信赖合作伙伴。2005 年，公司成立于北京，坚持扎根中国，服务全球市场。目前，在全球 43 个城市设有 100 多个分支机构、29 个全球交付中心，员工超70000 人。

秉承用数字技术提升客户价值的使命，软通动力长期提供软件与数字技术服务和数字化运营服务，其中软件与数字技术服务包括咨询与解决方案、数字技术服务和通用技术服务；凭借深厚的行业积累，公司在 10 余个重要行业服务超过1000 家国内外客户，其中超过 200 家客户为世界 500 强或中国 500 强企业。

软通动力在上饶的三个业务板块分别是：人才板块、业务板块与孵化板块。软通动力的数字内容审核业务属于服务外包。由于上饶人口基数大，软通动力作为从北京来的公司落地上饶，能够利用本地的更好的资源、更好的环境，把业务增长得更快、事情做得更好作为企业经营的目标。当前，软通动力仅有的一些中低端的业务在上饶，未来计划将高端业务迁移至上饶，随着数字经济的发展，信息产业的发展氛围更加成熟，企业吸引人才就更为容易，高端人才更愿意工作在此，到这一步，招聘人才会更加容易，留住人才也会更容易。综合评估来说，上饶的交通、营商环境、人才供给、资源成本，对软通来说是最佳的选择，所以落户在此。

（六）智创文化传媒有限公司

智创文化传媒有限公司，成立于 2019 年 12 月 31 日，是一家帮助实现企业形象塑造和产品价值提升的广告公司。经营范围包括：网络文化经营，互联网信息服务，互联网域名注册服务，营业性演出，演出经纪，食品互联网销售，组织文化艺术交流活动，信息系统集成服务，广告制作，广告发布，广告设计、代理，会议及展览服务，企业形象策划等。

智创传媒起源于杭州，后迁至上饶。上饶高铁经济试验区所给予的优惠政策，营商环境优势致使企业落在此处。智创传媒作为网红经济，企业多基于线上活动、线上签约，因此，只要营商环境好，政府配套设施更好，智创传媒落在上饶未来将会有更好的发展。

（七）元聚网络科技有限公司

1. 公司概况

元聚网络科技有限公司是一家专注于移动互联网领域，自主研发以及运营的公司，向广大互联网用户提供多元化的移动互联产品以及服务。公司成立于2012年，作为中国移动互联网的新锐，凭借先进的核心技术、敏锐的市场洞察力和广阔的国际视野，推出了一系列具有自主知识产权的原创网络游戏产品以及移动互联网产品。

2. 主要业务

元聚网络主要业务包括两个方面：一是网络小说，涵盖各大网站最火的连载小说，打造网络文学的用户读书社区；二是二次元漫画，致力于打造超全的二次元看漫画神器。

3. 元聚网络在上饶

元聚网络原成立于上海，后迁至上饶，落地在上饶是基于多方考量，其中主要是因为上饶地区的网络小说发展环境好。未来将参与组织网络文学大会，收集更多的产品在企业的平台发布。当前只有基础部门迁至上饶，企业内部的审核团队、原创团队都在逐步移到上饶。企业审核团队所需人才学历为大专或中专，精修团队所需人才需要对口专业与对口资质，人才对口问题是制约其他部门迁回上饶的重要因素。

四、当前发展面临的困难和问题

总的来说，尽管上饶高铁经济试验区的数字经济产业态势良好，但江西上饶属于欠发达地区，其发展仍存在诸多困难。

（一）发展空间不足

一是核心区可用建设用地少。核心区可用土地仅剩1000余亩，另外核心区北片区（高铁农都片区）尚有3000多亩农林用地未被利用。二是核心区部分地块规划指标偏低。核心区已编制控制性详细规划，但部分地块特别是核心区北片区（高铁农都片区）有较大比例地块容积率等规划指标整体偏低，土地利用率不高。

（二）融资能力较弱

试验区下属平台公司成立时间不长，目前公司总资产约15亿元，资产规模较小，缺少稳定的现金流，达不到评定信用等级的要求，融资能力弱，影响和制约了试验区的快速发展。

（三）对口人才短缺

引领数字经济发展的第一要素是人才，数字经济就是人才经济，这是核心驱动力。要实现国家级数字经济示范区的目标，关键是要依托人才的集聚。从试验区数字经济目前发展的态势上看，人才不足将会是试验区发展面临的长期问题，引进人才、培育人才也一直是试验区发展的长期任务。

（四）体制机制不完善

目前，发改、财政、建设等职能已授权，市自然资源、市场监督管理、税务等分支机构已入驻办公，但环保、城管、房管、交通等与发展息息相关的职能尚未到位，职能不健全影响了工作的顺利推进。另外，根据试验区"三定"方案，试验区管委会是市政府派出的正县级机构，为全额拨款事业单位。由于事业单位属性，试验区难以承接有关行政管理和执法职能，适应不了试验区发展的需要，也影响了干部交流。

五、未来发展设想

总体思路是：坚持以习近平新时代中国特色社会主义思想和党的二十大精神为指导，紧紧围绕"决胜全面小康，打造大美上饶"的战略部署，全力打好招商引资和项目建设两大"攻坚战"，大力培育数字经济，为加快江西省数字经济示范区、江西省大数据科创城建设，把试验区打造成为"数字经济的集聚平台""城市空间的拓展平台""市本级新的增长极"而努力奋斗。

（一）强化招商引资

突出数字经济特点，坚持以大数据为主导产业，围绕数字文娱、数字营销、数字医疗、数字金融、物联网和人工智能等新经济业态，在招商队伍建设、招商方法和策略提升、招大引强争取新突破等方面持续发力，大力实施补链、延链、强链工程。紧盯数字经济领域前百强企业，强化专业招商、以商招商、产业链招商、委托招商，突出招大引强，以产业引导基金为驱动，力争引进一批投资过50亿元、100亿元的大项目。通过"三请三回"等活动，"走出去"和"请进来"并举，吸引更多大项目、大企业和上下游关联企业入驻，打造游戏动漫产业园、直播+电商产业园、网络文学产业园、数字金融产业园、互联网审核+呼叫产业园五大特色产业园。

（二）着力推进项目建设

紧盯争创国家级数字经济示范区，做大做强数字经济，大力发展数字文娱、数字金融、数字营销、数字医疗、互联网内容审核、5G+应用示范产业，着力引进一批数字经济领军企业，推动盛趣游戏、网易联合创新中心等重大项目尽快落地并投入运营。一是完善项目服务机制，实行"1+2"服务制，强化人员配置，实现每个重点项目都有县级领导挂点，都有五人小组对口服务。二是强化项目督导推进，已落户的项目抓开工，已开工的项目抓推进。已签约的项目，在规划审批、土地挂牌等方面靠前服务，加快推进，促使早日开工。根据空间规划编制，调整完善大数据科创城二期用地布局和项目安排。启动占地 300 亩、投资 30 亿元的数字营销产业园，占地约 30 亩、投资 1.2 亿元的数字医学产业转化及生物实验基地，占地 38 亩、投资 6 亿元的汽车保险金融结算中心，占地 20 亩、投资 3 亿元的尚诚云数字营销科创中心，"安全大脑"大数据中心，文娱创意中心二期等 14 个重点项目建设；加快推进上饶市大数据科创城一期、洋码头新零售总部、博雅软件智慧 U+、文娱创意中心北片区、江天农博城二期等重点项目建设；饶商总部基地、电竞总部基地、建筑科技产业园一期、浙商总部、车站 110 千伏输变电工程等项目有序推进。

（三）提升安商服务质量

紧盯智慧城市产业园区建设，大力实施新基建项目，计划 3 年内投资 1.3 亿元，建成 210 个 5G 基站，实现 5G 网络全域全覆盖，为企业提供基础设施保障。紧盯打造江西省数字经济最佳营商环境，全力优化营商环境，组建专业代办服务队伍，为落户企业在工商注册、税务登记、银行开户、文网文证办理等事项上提供全程代办服务，在全程代办的基础上，进一步突出强化企业服务，不仅在企业和项目落户前帮办代办，更要在企业和项目落户并投入运营后，实现全生命周期的服务。强化安商队伍建设，每周至少走访企业一次，及时解决入驻企业诉求，真正让企业感受到"保姆式""妈妈式"和"爸爸式"的贴心服务。通过智慧化、信息化平台建设，提升服务质量，不断创新，提高管理水平和管理能力。

（四）千方百计筹措发展资金

一是积极争取上级资金支持。特别是上级已出台明确的政策性扶持资金，争取落实到位，除争取市政府统筹安排的 3 亿元专项扶持资金以外，加快各类土地征迁资金结算进度；二是多渠道筹集各类资金。借助上级融资平台协调帮助融资，力争通过市级平台融资 10 亿元，通过债券发行等形式融资 10 亿元；三是做大高投公司，力争资产总量超过 50 亿元，达到 AA 等级。

（五）加强招才引智

强化需求导向，注重引才对象精准化。围绕高铁试验区数字经济产业，深入产业园区摸排重点企业技术需求情况，制定本地紧缺急需高层次人才目录，围绕企业发展需求引才纳贤，实现人才与生产要素、工作岗位的最佳结合。坚持"不求所有，但求所用；不求常在，但求常来"的原则和理念，打破户籍、地域、身份、档案等刚性约束，采用多种方式借脑引智，强化以才引才，聚集高端人才，不断畅通渠道柔性以引进高层次人才。不断完善人才扶持政策，把人才引进来，积极营造有利于数字经济人才集聚、数字经济发展的营商环境，加快推进试验区数字经济创新发展，向"决战千亿"的目标进发。

后　记

　　2023 年 10 月 10 日至 13 日，习近平总书记时隔四年再次亲临江西考察并发表重要讲话，指导江西走好高质量发展之路，对江西发展提出了"走在前、勇争先、善作为"的目标要求，赋予了江西新的时代使命，明确了新时代江西工作的思路方向、目标任务、实现路径和重点举措。上饶作为江西省地级市，近年来高质量发展取得了令人瞩目的成果，走出了一条具有上饶特色的产业高质量发展之路。在国内国际双循环的大背景下，当前我国正在推进中国式现代化建设，构建以实体经济为支撑的现代化产业体系，区域产业高质量发展的重要性日益凸显，我们坚信上饶市探索区域工业高质量发展的经验、做法乃至存在的问题，对全国特别是中西部区域产业高质量发展均值得借鉴。

　　本书是在中国社会科学院国情调研重大项目"上饶市工业高质量发展调研"（GQZD2019002）和江西省社科基金"十四五"地区项目"新发展格局下上饶打造内陆开放'东部门户'的机遇、挑战与对策研究"（21DQ35）的研究成果基础上修订而成的。"上饶市工业高质量发展调研"项目立项后，课题组分别于 2019 年 3 月、8 月和 2020 年 9 月三次赴上饶开展调研，与上饶市政研室、发改委、经信局、财政局、税务局、商务局、科技局、人社局、自然资源局、统计局、产业园区，以及中国人民银行、金融监管局、行业协会等部门的负责人进行座谈，赴信州区、广信区、广丰区、玉山县、铅山县、横峰县、弋阳县、上饶经济技术开发区、上饶高新技术产业园区和上饶高铁经济试验区等地调研当地汽车、光伏、光学、电子信息、有色金属等产业发展状况，并实地走访了大量企业，最终完成了 20 万字的研究报告。项目于 2021 年初顺利结项后，课题组又获江西省社科基金地区研究项目资助，围绕上饶高质量打造内陆开放型经济试验区开展对策研究。在上述两个项目研究成果基础上，课题组以区域产业高质量发展为主题，以"十三五"和"十四五"以来上饶市的产业，特别是工业高质量发展的经验和教训为主要事实依据和案例分析对象，最终形成了这部书稿。

本书的成功出版首先要感谢中国社会科学院国情调研重大项目和江西省社科基金"十四五"地区项目的资金支持；其次要感谢上饶市委市政府各部门以及上饶社科联对我们调研工作的帮助和配合，不仅为我们提供了细致而周全的调研安排，地方同志还一路随行，为我们答疑解惑，帮助我们深入了解上饶的历史、人文、掌故；最后要感谢经济管理出版社的领导和编辑对我们书稿提出的宝贵意见，并保障了书稿的顺利出版。总之，要感谢的人非常多，由于篇幅所限，在此不一一列出，一并奉上真挚的感谢之情！

本书所揭示的产业高质量发展启示主要归功于从事实践的上饶市工业战线的同志们。由于种种主、客观原因所限，我们所做的补充调研无法涵盖初期调研的全部领域和企业，书中难免出现不足与疏漏之处，文责自负，恳请社会各界提出批评意见，以便于我们进一步推进区域产业高质量发展研究。

作　者

2023 年夏于北京